"十二五"职业教育国家规划教材
经全国职业教育教材审定委员会审定

全国职业教育规划教材·经济贸易系列

国际商务谈判

主　　编　窦争妍
副 主 编　王晓卉
参　　编　李　岚　徐　慧　顾　婧
　　　　　华　坤　高丽坤
主　　审　姚大伟

内容简介

本书是"十二五"职业教育国家规划教材，以国际商务谈判实务过程为主线，针对国际商务谈判的特点与要求，通过学习情境设计，重点介绍与分析了国际商务谈判的主要内容和操作方法，简要阐述了国际商务谈判中的文化差异与谈判风格及谈判礼仪，目的是让学习者掌握国际商务谈判的具体操作程序、灵活多变的谈判技巧，从而提高在国际商务谈判中分析问题和解决问题的能力。本书适用于高等职业院校、成人高校及本科二级职业技术学院国际商务专业教学，也适用于中高职贯通学生使用，并可作为国际商务谈判实务工作者的业务参考。

图书在版编目（CIP）数据

国际商务谈判/窦争妍主编．—北京：北京大学出版社，2016.5
（全国职业教育规划教材·经济贸易系列）
ISBN 978-7-301-26689-2

Ⅰ.①国⋯ Ⅱ.①窦⋯ Ⅲ.①国际商务–商务谈判–高等职业教育–教材 Ⅳ.①F740.41

中国版本图书馆CIP数据核字（2015）第304845号

书　　　名	国际商务谈判
著作责任者	窦争妍　主编
策 划 编 辑	胡伟晔
责 任 编 辑	周　伟
标 准 书 号	ISBN 978-7-301-26689-2
出 版 发 行	北京大学出版社
地　　　址	北京市海淀区成府路205号　100871
网　　　址	http：//www.pup.cn　新浪官方微博：@北京大学出版社
电 信 信 箱	zyjy@pup.cn
电　　　话	邮购部62752015　发行部62750672　编辑部62754934
印 刷 者	北京虎彩文化传播有限公司
经 销 者	新华书店
	787毫米×1092毫米　16开本　13.25印张　331千字
	2016年5月第1版　2022年8月第2次印刷
定　　　价	30.00元

未经许可，不得以任何方式复制或抄袭本书之部分或全部内容。
版权所有，侵权必究
举报电话：010-62752024　电子信箱：fd@pup.pku.edu.cn
图书如有印装质量问题，请与出版部联系，电话：010-62766370

前　言

国际商务谈判是商务谈判的延伸，是国际商务活动的重要组成部分。在全球化的今天，国际贸易往来越来越频繁，国际商务谈判成为国与国、企业与企业之间经济交往的重要环节，对交易的成败、企业的兴衰和国家的富强起到至关重要的作用。尤其是中国加入WTO以来，面对国际经济格局的变化，与其他成员国的利益竞争加剧，谈判已经成为推进中国经济发展进程的重要活动。因此，具有一定的实战经验，熟悉国际商务谈判知识、了解各国商务谈判风格的专业化、技能型国际商务谈判人才已成为21世纪的紧缺人才之一。

本书根据高等职业院校教育教学的特点，围绕企业发展需要和完成职业岗位实际工作任务所需要的知识、能力、素质要求，进行项目模块化编写，强调学以致用，力求学习者掌握操作原理和方法，形成岗位职业意识。本书具有以下三个特点：(1) 重"简"。本书侧重于将各种理论和实际工作中的案例进行融合、归纳、集成，形成一个理论阐述简单、重点技能突出的体系。(2) 重"练"。本书在体例上重视案例教学和技能实训，将学习、探究、实训、拓展有机结合起来，便于学习者能够自主学习知识和练习技能。(3) 重"用"。本书注重实用性，理论、案例分析和模拟谈判穿插进行，让复杂的问题简单化、枯燥的原理生动化、零散的问题系统化。本书立足职业教育人才培养目标，力求易懂、连贯、系统和实用，以国际商务谈判的实务程序为轴心，以国际商务谈判的原则、方法、策略和技巧为重点，在每个学习情境中引入案例导入、经典小故事、问题探讨、补充资料，使学习者产生阅读兴趣。每个学习情境的最后强化了实践与训练，对于巩固知识点，培养学习者的实践技能，具有一定效果。

本书由上海建峰职业技术学院国际商务专业带头人窦争妍老师担任主编，对本书框架和模块知识进行架构；由王晓卉老师担任副主编，协调整个编写工作；徐慧老师、顾婧老师、华坤老师、高丽坤老师和企业专家李岚老师参与编写。教育部外经贸职业教育教学指导委员会委员姚大伟老师进行了审核。此外，本书在编写过程中还借鉴并参考了大量国内外同行的优秀著作和成果，在此一并表示感谢。

书中疏漏之处，恳请业内专家和广大读者指正和赐教。

编　者
2016年2月

目 录

学习情境 1　国际商务谈判概述 ·· (1)
　　任务一　国际商务谈判的概念及特点 ··· (1)
　　任务二　国际商务谈判的类型 ·· (6)
　　任务三　国际商务谈判的基本原则 ·· (11)
　　任务四　国际商务谈判的影响因素 ·· (16)

学习情境 2　国际商务谈判的组织与管理 ··· (26)
　　任务一　国际商务谈判人员的组织结构 ··· (26)
　　任务二　国际商务谈判人员的个体素质 ··· (32)
　　任务三　国际商务谈判的管理 ·· (36)

学习情境 3　国际商务谈判的准备 ·· (43)
　　任务一　国际商务谈判的信息准备 ·· (43)
　　任务二　国际商务谈判人员的自身情况准备 ····································· (52)
　　任务三　国际商务谈判方案的制订 ·· (57)

学习情境 4　国际商务谈判阶段及其策略 ··· (67)
　　任务一　国际商务谈判的阶段 ·· (67)
　　任务二　国际商务谈判开局阶段的策略 ··· (72)
　　任务三　国际商务谈判交锋阶段的策略 ··· (77)
　　任务四　国际商务谈判磋商阶段的策略 ··· (84)
　　任务五　国际商务谈判终结阶段的策略 ··· (94)

学习情境 5　国际商务谈判策略实施技巧 ··· (101)
　　任务一　国际商务谈判技巧运用原则 ··· (101)
　　任务二　国际商务谈判开局实施技巧 ··· (107)
　　任务三　国际商务谈判交锋实施技巧 ··· (114)
　　任务四　国际商务谈判磋商实施技巧 ··· (120)

学习情境 6　国际商务谈判中的语言与沟通 ······································· (132)
　　任务一　国际商务谈判中的语言 ·· (132)

任务二　国际商务谈判中的语言沟通及其运用……………………………（140）
　　任务三　国际商务谈判中的非语言沟通及其运用…………………………（153）

学习情境7　国际商务谈判中的文化差异与谈判风格……………………………（161）
　　任务一　文化差异对国际商务谈判行为的影响……………………………（161）
　　任务二　个人谈判的谈判风格与集体谈判的谈判风格……………………（165）
　　任务三　世界主要国家谈判人员的谈判风格………………………………（170）

学习情境8　国际商务谈判礼仪……………………………………………………（185）
　　任务一　国际商务谈判礼仪惯例……………………………………………（185）
　　任务二　谈判人员的仪表与修饰……………………………………………（188）
　　任务三　主场、客场谈判礼仪………………………………………………（195）
　　任务四　谈判过程礼仪………………………………………………………（197）

参考文献……………………………………………………………………………（205）

学习情境 1 国际商务谈判概述

学习目标

国际商务谈判是国际商务活动的重要环节，它既具有一般谈判活动的共性，又具有国际商务活动中谈判的特殊性，对国与国之间、企业与企业之间的经济交往起着至关重要的作用。通过本学习情境的学习，学习者将了解国际商务谈判的基本概念、原则要领和影响因素，对进一步认识和掌握国际商务谈判的各项技能奠定基础。

知识点

1. 掌握国际商务谈判的概念。
2. 了解国际商务谈判的特点。
3. 了解国际商务谈判的类型。

技能点

1. 熟悉并运用国际商务谈判的基本原则分析实务。
2. 能够结合实务分析国际商务谈判的影响因素。

任务一 国际商务谈判的概念及特点

案例导入

一家日本公司与一家美国公司进行一场贸易谈判。一开始，美方公司的代表便滔滔不绝地向日方公司的代表介绍情况，而日方公司的代表则一言不发，埋头记录。美方公司的代表讲完后，征求日方公司代表的意见，日方公司的代表目光茫然地说："我们完全不明白，请允许我们回去研究一下。"于是，第一轮会谈结束。几星期后，日本公司换了另一个代表团出现在谈判桌上，新的日方公司的代表申明自己不了解情况。美方公司的代表无奈，只好再次给他们讲了一通。谁知，讲完后日方公司的代表仍是说："我们完全不明白，请允许我们回去研究一下。"这样，第二轮会谈又暂告休会。

过了几个星期，日方公司又换了一个代表团，在谈判桌上故技重演。只是在会谈结束时，日方公司的代表告诉美方公司的代表，回去后一旦有了结果，就立即通知美方公司。时间一晃过了半年，日方公司仍无任何消息，美方公司的代表感到奇怪，说日本人缺乏诚意。正当美国人感到烦躁不安时，日方公司突然派了一个由董事长亲自带队的代表团飞抵美国。在美国人毫无准备的情况下，要求立即谈判，并抛出最后的方案，以迅雷不及掩耳之势，逼迫美国人讨论全部细节，使美国人措手不及。最后，不得不同日本人达成一项明显有利于日本人的协议。①

【思考讨论题】日方公司在谈判中为什么会赢得胜利？

一、国际商务谈判的概念

说起谈判，大家通常认为与我们的日常生活毫不相关，似乎只是存在于政府、组织之间或者大公司之间。事实上，谈判充斥在我们生活的方方面面，其包含的内容非常广泛，国家与国家、企业与企业、个人与个人，随时都可以处于一个个大大小小的谈判过程中。就国家而言，国与国之间为了政治利益、经济利益、军事利益等要进行谈判；就企业而言，企业可以在与政府谈判中获得政策支持、在与竞争伙伴的谈判中达成利益联盟、在与客户的谈判中争取到经济利益；就个人而言，可能会为假期时间安排与父母交换意见，为工作分工可能与同事或者上级进行沟通、讨论，以上都可以称为谈判。应该说谈判是我们生活中的重要的组成部分，普遍存在于生活的各个方面。只要社会中存在利益冲突，存在着追求目标的差异，就需要谈判。

商务谈判是企业进行经济活动的重要手段，它有自身的规律、规则，是科学性与艺术性的统一。它关系交易的成败、企业的生存与发展。国际商务谈判，是商务谈判的一种，但又区别于通常意义上的谈判，它是由于不同国家或地区的贸易经济活动而产生，在很大程度上决定交易的成败、企业的兴衰和国家的富强，更成为浩瀚商海甚至是国家利益输赢博弈的"战略制高点"。

为了阐述国际商务谈判的含义，我们将从谈判着手向外延伸。

(一) 谈判

目前对"谈判"（Negotiation）一词的定义有很多，但并没有统一的说法。法国谈判学家克里斯托夫·杜邦在《谈判的行为、理论与应用》一书中，从社会关系角度阐述了谈判的含义，他认为谈判是相互对立、相互依存的双方，为了消除分歧、达成协议而进行的一种创造、维持、发展两者之间关系的面对面的活动。美国谈判咨询顾问 C. 威恩·巴罗和格莱德·P. 艾森在其合著的《谈判技巧》一书中给"谈判"下了这样的定义：谈判是一种双方致力于说服对方接受其要求时所运用的一种交换意见的技能。其最终目的就是要

---

① 周晓菊. 国际商务谈判 [M]. 北京：中国电力出版社，2010，有改动.

达成一项对双方都有利的协议。英国谈判学家马什在《合同谈判手册》一书中指出:"所谓谈判,是指有关各方为了自身的目的,在一项涉及各方利益的事务中进行磋商,并通过调整各自提出的条件,最终达成一项各方较为满意的协议这样一个不断协调的过程。"20世纪60年代,时任美国谈判协会会长、著名律师尼尔龙伯格在《谈判的艺术》中给出的定义最具有代表性:"谈判的定义最为简单,而涉及的范围最为广泛。每一项寻求满足的需要,至少都是诱发人们展开谈判过程的潜因。只是人们是为了改变相互关系而交换观点,只是人们是为了取得一致而磋商协议,他们就是在进行谈判。"

要构成一项谈判,必须具备以下两个方面的要素。

第一,谈判双方之间既有利益的相同点,又在追求最大利益上有偏差。这样才有进行谈判的前提。

第二,谈判双方为了达成协议,要相互沟通,进行信息交流,所以,谈判是一个过程,只有经过沟通、磋商、让步,双方才能达成协议,取得双赢。

因此,谈判就是"参与各方基于某种需要,彼此进行信息交流、磋商协议,旨在协调其相互关系,赢得或维护各自利益的行为过程。"

(二) 商务谈判

谈判有很多种分类方式,如根据不同的性质和目的,谈判可以分为政治谈判、外交谈判、军事谈判和商务谈判等。而商务谈判(Business Negotiation)是目前与人们日常生活联系最为紧密、在当前的经济环境下最为常见的一种谈判形式,存在于经济社会的整个过程当中。

商务谈判,是指在经济领域,参与各方为了满足自己的经济利益需求,协调彼此的经济关系,而进行信息交流、磋商并最终达成一致利益的行为过程。

问题探讨

1. 中国入世谈判是多边贸易体制史上最艰难的一次较量,在世界谈判史上也极为罕见。自1986年7月10日至2001年12月11日,谈判历时15个春秋。

2. "滴滴"和"快的"合并期间历经多次融资谈判,2015年2月14日,"滴滴"打车和"快的"打车正式宣布合并。

3. 中国桂林风情旅行社邀请马来西亚一家旅行社洽谈一笔国际旅游业务,经双方约定在桂林榕湖饭店进行洽谈。

4. 东北某林区木材厂通过某国际经济技术合作公司代理欲与外国某木工机械集团谈判,拟签订引进设备合同,总价值110万美元。[①]

通过本任务的学习,阅读以上资料,请思考谈判、商务谈判和国际商务谈判有什么区别?

(三) 国际商务谈判

国际商务谈判(International Business Negotiation)是经济社会发展到一定程度,在一个国家或地区内部进行的某些经济行为受到较大限制而对外延伸的一种附属产物,是商务

---

① 王冠,邓俊. 国际商务谈判 [M]. 武汉:武汉大学出版社,2015,有改动.

谈判的延伸和发展。因此，国际商务谈判是指居于不同国家或地区的行为双方，为了达成某种经济需求而进行交流、协商的行为过程。在当今的经济社会，随着经济要素的增长，彼此间的融合也越来越紧密，谈判过程充满复杂利益和矛盾，正是这些冲突使得不同的国家或地区的国际商务谈判成为必要。

  背景资料

国际商务谈判的三要素[①]

1. 当事人，即国际商务谈判的关系人，指代表双方各国利益谈判的人员。
2. 分歧点，即当事人之间为"需求"或"利害得失"协商的标的，是国际商务谈判的核心，也是国际商务谈判行为产生的绝对必要条件。
3. 接受点，即当事人都谋求的，能为双方各国接受的条件。

二、国际商务谈判的特点

作为商务谈判的延伸和发展，国际商务谈判具有一般商务谈判的共性，同时，具有更为鲜明的特点。

（一）国际商务谈判与一般商务谈判的共同点

1. 既是一门学科，又是一门艺术

它们都需要人们调动经济学、历史学乃至数学等各方面的知识来为对方摆事实、讲道理，说服对方做出让步，在这个过程中，谈判双方还要运用心理学的知识，从细微处引导对方，抓住对方的弱点，以此来达到自己的目的。

谈判的目的就是为了协调利害冲突，实现共同利益。在谈判的过程中，利益双方就共同关心或者感兴趣的问题进行磋商，协调和调整各自的经济利益，做出适当的让步，从而使双方都感到是在有利的条件下达成协议，促成均衡，体现出艺术性。

经典小故事

有一个妈妈把一个橙子给了邻居的两个孩子。这两个孩子便讨论起来如何分这个橙子。两个人吵来吵去，经过讨论谈判，最终达成了一致意见，由一个孩子负责切橙子，而另一个孩子选橙子。结果，这两个孩子按照商定的办法各自取得了一半橙子，高高兴兴地拿回家去了。

第一个孩子把半个橙子拿到家，把皮剥掉扔进了垃圾桶，把果肉放到果汁机上打果汁喝。另一个孩子回到家把果肉挖掉扔进了垃圾桶，把橙子皮留下来磨碎了，混在面粉里烤蛋糕吃。[②]

[①] 陈岩. 国际商务谈判学 [M]. 北京：中国纺织出版社，2010，有改动.

[②] 从分橙子的故事体会商务谈判的技巧，有改动.

2. 以价格为谈判核心，围绕经济利益展开

作为市场经济活动的主体，企业要想在竞争中取胜就要把利润最大化作为自己的经营目标。无论是商务谈判，还是国际商务谈判，都是经济活动，而经济活动要求讲究经济效益。要讲究经济效益就必须与成本挂钩，谈判的成本包括谈判桌上的成本、谈判过程的成本和谈判的机会成本。与其他谈判相比，商务谈判更为重视经济效益。不考虑经济效益的商务谈判，本身就是失败的。这就决定了任何商务谈判都是把经济利益放在首位。虽然在谈判过程中，谈判双方的决策可能会受到政治、经济、外交等各方面的制约，但所有的谈判要点都是要在现有的格局下取得最大的经济利益，这一首要目标是不变的。

任何类型的商务谈判所涉及的要素不只是价格，但价格永远在经济利益中居于核心地位，属于最重要的内容。价格的高低会直接影响谈判双方利益的分割。假设企业的生产成本不变，价格越高，所产生的利润越大；反之，价格越低，产生的利润越小。但在经济活动中，需要注意的是经济利益的最大化并不单纯地表现在价格上。获利性的大小要受到多种条件的制约，如产品在市场上的运营机制、付款形式、付款时间、产品质量、运输条款等。商务谈判的双方在综合考虑所有的影响因素后，适当的互相让步，以此来争取实现自己的经济利益最大化。

3. 对象具有不确定性和广泛性

任何商务谈判的不确定性和广泛性意味着其对象没有特定的范围。当前，政府机关、大型企业的大宗采购一般都要采取招标等办法，招标过程中的商务谈判的对象就涉及政府部门和企业法人。如2015年9月，中国扶贫基金会计划发起"爱心包裹项目温暖行动"，通过竞争性谈判的方式，选择供应商负责学生型温暖包的产品设计及包裹供应，这其中，中国扶贫基金会是一个社会团体，但同时也是商务谈判的一个对象。在国际商务谈判中，同样也会出现谈判业务涉及的范畴不同，谈判对象并不仅仅是经济实体的情况，如某些国际施工业务，本身就在两国政府相关部门协商后才能够进入核心谈判，因此，这类谈判的谈判对象不具有单一性。因此，商务谈判的对象可以是法人或者是其他的经济组织，可以是自然人，也可以是政府部门，具有不确定性和广泛性，针对不同的商务谈判，其对象都是不同的。

4. 以互利双赢为前提

任何商务谈判的参与方的目的是统一的，即通过商务谈判取得各方都可以接受的结果，只有在这种前提下，才能够坐到同一张谈判桌上。在国际商务谈判中，同样遵循这样的原则，秉承互惠互利的目的，展开磋商谈判。如波音公司是目前的两大飞机制造商之一，它要进行飞机的出售必定要经过商务谈判的程序。作为目前最成功的支线飞机之一的737-800飞机，售价约为5000万美元，这个价格对于每一位买家来讲，浮动的空间都很小，价格基本上是透明的。但在相同价格的背后，每一位买家的实际收益可能都是不一样的，因为每一位买家在和波音公司签订合同的时候都会同时签订一份保密条款，而在保密条款中，规定的服务可能会相距甚远，甚至价值几百万美元之巨，比如对发动机系统、飞控系统的监控与维护。尽管会有千差万别的合同，但买卖的双方都达到了自己的目的，卖方取得了能够达到或者超过自己既定目标的利润率，而买方认为的花费等于或少于自己的预期，这样，在对于双方都可以接受、互惠、互利的前提下，谈判参与方才能够达成最终目的。

(二) 国际商务谈判的具体特征

1. 既要受到国内法律的制约，又要受到国际惯例的制约

国内商务谈判当事人同处于一个国家，因此谈判主要受到国内法律制约。但在国际商务谈判中，当事人处于不同的国家或地区，选择任何一国的法律作为谈判的适用法律对于另一方来说都是不公平的。因此，在谈判时双方既要受到国内法律的制约，又要受到国际惯例的制约。谈判过程中应该在遵守国内法律的基础上，以国际经济法为准则，按国际惯例办事。

如在一般国际贸易谈判中，我方当事人首先要遵守中华人民共和国法律，在不违反中华人民共和国社会公共利益的基础上，可以选择按照《联合国国际货物销售合同公约》或者国际商会制订的《国际贸易术语解释通则》《跟单信用证统一惯例》和《托收统一规则》等国际贸易惯例办事。

2. 受国际大环境因素的影响

国际商务谈判商讨的是不同国家或地区的企业之间的商务关系，需要在国际大环境中进行，在受经济环境制约的同时，还要受到国际政治、经济、外交等多种环境因素的影响。谈判双方的政治形势发生变化会影响谈判进程，甚至会导致谈判的终止。如20世纪90年代，海湾战争打响以后，多个国家与科威特的石油贸易被迫中断。国家外汇储备的变化也会影响付款方式、付款币种等内容的谈判。2008年全球金融危机发生后，韩国的外汇储备告急，韩国政府暂停一切美元支付，这也导致了我国众多出口企业对韩国的商务谈判被迫中止。当需要仲裁时，仲裁的结果与所选择地点的使用规则具有直接关系，在哪一国进行仲裁，就要使用该国的法律和法规。

3. 谈判对象的背景差异大

谈判人员来自不同的国家或地区，所受的教育不同，政治背景、经济背景和文化背景不同，决定了其价值观念、思维方式、行为方式、语言表达方式及风俗习惯等都不相同，这些对谈判的影响也不同，使得谈判的复杂性大大增加、难度也相应加大。随着我国改革开放的不断深入，对外贸易所涉及的国家和地区也不断增加，同一个企业可能会同时面对不同国家的客户。如一家外贸企业同时与英国、美国、印度的客户有贸易往来，但上述国家谈判人员的谈判风格、风俗和禁忌的差别是很大的，要与这些客户都能够保持长久的贸易关系，该外贸企业就必须要深入研究不同国家的特点，以制定符合不同国家特点的谈判策略。

任务二　国际商务谈判的类型

案例导入

2015年3月，国内某公司（以下简称甲方）与加拿大某公司（以下简称乙方）签订了一份设备引进合同。根据合同规定，甲方于2015年4月30日开立以乙方为受益人的不可撤销的即期信用证。信用证中要求乙方在交单时，提供全套已装船清洁提单。2015年6月12日，甲方收到开证银行进口信用证付款通知书。甲方的业务人员审核议付单据后发现乙方提交的提单存在以下疑点：

1. 提单签署日期早于装船日期；
2. 提单中没有"已装船"字样。

根据以上疑点，甲方断定该提单为备运提单，并采取以下措施：

1. 向开证银行提出单据不符点，并拒付货款；
2. 向有关司法机关提出诈骗立案请求；
3. 查询有关船运信息，确定货物是否已装船发运；
4. 向乙方发出书面通知，提出甲方的疑义并要求对方做出书面解释。

乙方在收到甲方的通知及开证银行的拒付函后，知道了事情的严重性，向甲方做出书面解释并片面强调船务公司方面的责任。在此情况下，甲方再次发函表明立场，并指出，由于乙方的原因，设备未按合同规定期限到港并安排调试已严重违反合同并给甲方造成了不可估量的实际损失，要求乙方及时派人来协商解决问题，否则，甲方将采取必要的法律手段解决双方的纠纷。乙方遂于2015年7月派人来中国。在甲方出具了充分的证据后，乙方承认该批货物由于种种原因并未按合同规定时间装运，同时承认了其所提交的提单为备运提单。最终，经双方协商，乙方同意在总货款12.5万美元的基础上降价4万美元并提供3年免费维修服务作为赔偿并同意取消信用证，付款方式改为货到目的港后以电汇方式支付。①

【思考讨论题】以上谈判属于哪种类型的国际商务谈判？甲方在发现乙方的提单破绽后实施的一系列措施和谈判行为是否恰当？谈谈你的理由。

国际商务谈判按照不同的标准有不同的分类方法，下面就不同的分类进行详细阐述。

一、按照谈判内容分类

企业经济活动的多样性决定了国际商务谈判内容的多样性和复杂性。谈判的内容不同，所涉及的合同条款也不同，因此谈判的策略也需要做出相应的调整。

（一）国际货物买卖谈判

国际货物买卖谈判，是指买卖双方就买卖货物的价格、品质、数量、支付条款、运输条款、保险、争议解决方法等内容进行的谈判，又称一般商品的买卖谈判或一般贸易谈判。

国际贸易包括货物进出口贸易、技术进出口贸易和国际服务贸易。随着国际分工的深化和生产力的发展，技术贸易和服务贸易所占的比重越来越大，但是货物买卖仍然是国际贸易中最基本和最主要的内容。因此，在国际商务谈判中，国际货物买卖谈判所占比重也是最大的。

（二）国际技术贸易谈判

国际技术贸易谈判，是指技术的接收方（即买方）与技术的转让方（即卖方）就转

---

① 白远. 国际商务谈判——理论案例分析与实践［M］. 3版. 北京：中国人民大学出版社，2012，有改动.

让技术的形式、内容、质量规定、使用范围、价格条件、支付方式及双方在转让中的一些权利、责任和义务关系问题所进行的谈判。

技术贸易标的无形性、贸易过程标的所有权与使用权分离，再加上技术贸易受到专利法、商标法等多种法律的制约等因素决定了技术贸易谈判与货物买卖谈判具有不同的特征。

(三) 国际服务贸易谈判

国际服务贸易谈判，是指谈判双方就建筑及相关工程服务、通信服务、金融服务、运输服务、旅游服务、环境服务、商业服务等内容进行的谈判。国际服务贸易对象的不同决定各种服务谈判的内容有所不同。例如，在工程项目谈判中，谈判的内容主要涉及人工成本、材料成本、保险范围和责任范围、进度报告、价格变动、承包公司的服务范围等方面，谈判的双方是工程的使用单位和承建单位，但参与方通常包括投资方、设计方、分包商、施工单位等。而在劳务服务谈判中，谈判的内容主要涉及劳务提供的形式、内容、时间、价格、计算方法以及劳务费支付等内容。

(四) 租赁业务谈判与"三来一补"谈判

租赁业务谈判，是指谈判双方围绕租用的机器和设备，就其选定、交货、维修保养、到期后的处理、租金的计算和支付、租赁期内租赁方与承租方的责任、权利、义务关系等内容进行的谈判。

"三来"谈判的内容与国际货物买卖谈判相似，指的是对来料加工、来样加工、来件装配中涉及的料、样、件的质量、数量、到货时间，加工过程中工缴费的支付办法、料件消耗定额的核定办法，以及对加工后的成品合格率的核定办法、违约处罚条款以及争议解决办法等内容的谈判。"一补"即补偿贸易，其谈判内容包括购买技术设备谈判和技术设备货款的补偿谈判。

(五) 国际资金谈判

国际资金谈判，是指国际资金供需双方就资金借贷或投资内容所进行的谈判，包括国际资金借贷谈判和国际投资谈判。

国际资金借贷谈判，是指资金借贷方就借贷货币、利率、贷款期限、还款方式、宽限期、违约责任等内容进行的谈判。与国内资金借贷相比，国际资金借贷的双方需要对贷款和还款的币种、兑换的汇率以及由于货币的升值或贬值所采取的补偿措施做出明确规定。

国际投资谈判，是指谈判双方就某项投资活动所涉及的投资周期、投资方向、投资方式、投资内容与投资条件、投资项目的经营与管理，以及投资者在投资活动中的权利、义务、责任和相互关系所进行的谈判。

(六) 索赔谈判

索赔谈判，是指在商务活动中，由于合同一方的过失对另一方造成损害，或由于非不可抗力因素使合同一方没有完全履行或不能履行合同时所进行的谈判。

索赔谈判与其他类型谈判的区别在于首先需要确认责任在哪一方，其次要根据确定的损害、违约的程度对赔偿金额和赔偿期限做出协商。在国际商务谈判业务中，涉及索赔类型的谈判一定要注意处理好谈判双方的关系，既要维护好自身利益，又要考量到后续仍有业务合作的空间。

> **问题探讨**
>
> 江苏A工厂、贵州B工厂、东北C工厂、北京D工厂要引进欧洲一家环形灯生产厂的技术,各家的产量不尽相同,北京甲进出口公司是其中某一工厂的代理,知道其他三家的计划后,主动联合这三家工厂在北京开会,建议大家联合对外、统一谈判,其他三家工厂觉得有意义,同意联合谈判。①
>
> 阅读以上资料,请判断材料中反映的是哪种类型的国际商务谈判?

二、按照谈判规模分类

按照谈判规模分类,国际商务谈判可以分为大型谈判、中型谈判、小型谈判。根据英国谈判学家比尔·斯科特的分类方法,一宗谈判,其涉及的金额巨大、内容复杂,并且各方参与的当事人数量超过12人,可以认为是大型谈判;如果涉及金额较大,内容较为复杂且各方参与的人数在4～12人,可以认为是中型谈判;如果谈判所涉及的金额不大,内容不复杂,且各方参与人数少于4人,则属于小型谈判。

这种划分方法不在于严格界定人数和涉及金额,主要是通过谈判规模的划分,针对不同的类型选择不同的谈判人员构成、采用不同的谈判策略。小型谈判,参加的人数不多,持续时间相对较短,对谈判人员的能力要求较高。尤其是一对一的个体谈判,需要选择全能型的谈判人员。因为整个谈判过程均是一个人独立应付全局,难以及时得到同伴的帮助和支持,这就要求谈判人员有独立掌控全局的知识和才干,需要知识广博、反应灵敏的人来充当个体谈判人员。而大型谈判和中型谈判,参加人数较多,因此需要强调内部成员的行为,既要有分工,又要讲究合作,允许在内部讨论时提出不同的意见,但对外要保持高度一致,要强调民主集中制,又要在关键时刻体现出谈判负责人的权威性和决断力。

三、按照谈判地点分类

根据谈判所在地不同,国际商务谈判可以分成主场谈判、客场谈判、主客场轮流谈判和中立地谈判四种。

主场谈判,是指当事人在其所在地进行的谈判,这里的所在地可以狭义地理解为企业所在地、城市所在地,也可以广义地理解为国家所在地。而客场谈判指的是在谈判对象所在地进行的谈判,在国际谈判中通常理解为"海外或国外"。主客场轮流谈判是谈判依次在主场、客场轮流进行的谈判。中立地谈判则是在第三方中立国家进行的谈判。

不同的谈判地点会影响谈判双方谈判的心态、谈判的战略和战术。主场谈判会使谈判人员占尽天时、地利、人和,对环境的熟悉甚至为了本次谈判刻意对场地的布置会使主场

---

① 商务谈判的技巧,有改动。

谈判人员在心理上占有极大的优势，在谈判过程中可以起到提升信心的作用。所以，有经验的谈判人员通常会在条件允许的情况下选择主场谈判。客场谈判通常方便谈判当事人考察谈判对象的硬件设施，为下一步的合作进行现场考察，以便降低投资风险。与主场谈判相对应，客场谈判会使谈判人员在心理上处于先天的弱势地位，但另一方面，也可能会促使谈判人员产生破釜沉舟、背水一战的感觉，从而取得意想不到的结果。主客场轮流谈判适用于持续时间较长、涉及金额较大、交易较为复杂的谈判，更换谈判地点有助于谈判双方互相考察对方的经济实力，这种谈判通常采取换场不换帅的方式。中立地谈判由于选择的是独立于主场与客场的第三方进行，环境相对单一，对于谈判双方的干扰也不大，有利于谈判双方根据其客观条件公平地展开谈判。

四、按照参加谈判的主体数量分类

按照参加谈判的主体数量不同，国际商务谈判可以分为双边谈判和多边谈判。双边谈判就是指谈判主体只有两方当事人的谈判，多边谈判指的是谈判主体由两个以上利益主体构成的谈判。

双边谈判的谈判主体只涉及当事人两方，利益关系较为明确具体，涉及的谈判客体较为简单，谈判当事人在了解谈判对象的背景、需求、目的及在谈判现场的应变上，都较为单一，只把精力集中在所面对的一方当事人上即可，故比较容易达成一致的意见，容易达到目的甚至取得突破。

多边谈判的利益主体较多，在一方谋求较大利益的同时，可能会侵害其他多个当事人的利益，容易引起其他方面的联合抵制。这就需要谈判当事人在各个利益主体之间，先进行小范围协商，取得一致意见之后，再去和其他的利益主体进一步商讨，逐步达成大范围的共识。多边谈判往往要比双边谈判多花费数倍的精力，谈判当事人需要对全局的把握更加全面和精准。

五、按照谈判接触的方式分类

按照谈判接触的方式不同，国际商务谈判可以分为面对面的谈判和函电谈判。

面对面的谈判，谈判主体当面接触，有助于双方谈判人员思想感情的交流。任何人在当面的交流中也不能保证感情不受多方的影响而产生波动，面对面的谈判可以通过观察谈判对象的言行、面部表情、身体姿态等来判断对方的思维走向，进而通过适时地调整自己的谈判策略和谈判方式等来促成谈判目的的达成。

函电谈判更加侧重于将谈判的条件、目的等要素写在纸面上，适用于交易条件较为规范、内容比较简单的谈判。这种谈判方式的缺点是，传递的信息量通常会受到限制，不便于谈判双方的进一步沟通、交流，对复杂一些的谈判过程不适用。随着通信事业的发展，函电谈判有了更大的发展空间。

六、按照谈判所采用的态度和方针分类

按照该分类方法，国际商务谈判通常可以分为让步性谈判、立场性谈判和原则性谈判。

（一）让步性谈判

让步性谈判也称软式谈判，是一种为了保持同谈判对象的某种关系而做出退让、妥协的谈判方法。在此种谈判中，谈判人员为了维系与谈判对象的关系或者是为了"全局"的利益而在"局部"放弃，采取为了达成协议而准备随时让步的态度，在这种谈判中，谈判人员若遇到谈判对象不予合作时，就极易受到损失，故该种谈判方式在实践中要谨慎采用。从另一方面讲，如果谈判人员在全过程中采取让步型的态度，对双方当事人达成协议是非常有帮助的。

（二）立场性谈判

立场性谈判也称硬式谈判，是谈判人员以意志力的较量为手段，很少顾及或根本不顾及谈判对象的利益，以取得己方胜利为目的的立场坚定、主张强硬的谈判方法。这种谈判中，谈判人员视谈判对象为劲敌，强调谈判立场的坚定性，强调针锋相对；认为谈判是一场意志力的竞赛，只有按照己方的立场达成的协议才是谈判的胜利。

采用立场性谈判，谈判人员常常互不信任、互相指责，谈判也往往易陷入僵局，造成谈判旷日持久，无法达成协议。而且，这种谈判即使达成某些妥协，也会由于某一方的让步而履约消极，甚至想方设法撕毁协议、予以反击，从而陷入新一轮的对峙，最后导致相互关系的完全破裂。这种谈判的谈判人员把谈判看成是意志力的竞赛和搏斗，他们把注意力集中于如何维护自己的立场，否定对方的立场，忽视去寻找能兼顾双方利益的解决办法；他们的目的不是要达成协议，而是要获取坚守己方立场的胜利。一般在事关自身的根本利益而无退让的余地、在竞争性商务关系、在一次性交往而不考虑今后合作等场合，运用立场性谈判是有必要的。

（三）原则性谈判

原则性谈判也称价值型谈判，由于这种谈判最早是由美国哈佛大学谈判研究中心提出，故又称为哈佛谈判术。这种谈判中，谈判人员既重视经济利益，又重视人际关系，既不回避对立的一面，但更加重视去发现和挖掘合作的一面。采用此种方式的谈判人员认为，评价谈判是否成功的标准不应该是一方所取得的经济利益，而应该是谈判本身的价值；谈判协议不应该是一方意志力影响的结果，而是主张按照共同接受的具有客观公正性的原则和公平价值来取得协议，而不简单地依靠具体问题的讨价还价；原则性谈判是一种既具有激励性又富有人情味的谈判方式，因此该种谈判方式在现代商界被广泛采用。

任务三　国际商务谈判的基本原则

案例导入

21世纪初，美国一家大型企业来中国投资，双方在起草合资企业合同时，发生了严重的意见分歧，美方企业代表坚持要求在合同中写明，该合同的适用法为美国纽约州州法，我方代表则认为这是无视我国涉外经济法规的无理要求，坚决不予考虑，双方陷入僵持。这时，我方代表向一位通晓中外双方经济法的专家咨询，从中了解到美方企业代表的要求是出于对当时中国在保护知识产权方面法律体系不完备的担忧。对此情况，我方代表表示十分理解。于是，一方面我方代表直接与该公司总部的法律部主任联系，解释我国法制建设情况及对保护技术的积极态度；同时提出一个建议方案，即在合同中明确表达：该合同适用法为中国法律，在我国现有法律一些个别不完备之处，补充几个专门的保护条款，这些补充条款的适用法为美国纽约州州法。这一方案提出后，美方企业代表对我方的诚意十分敬佩，并很快同意了我方的方案，僵局随之化解。①

【思考讨论题】我方在谈判中把握了哪些原则才使得谈判圆满成功的？

国际商务谈判作为一项重要的商务活动，必须要遵循一些重要的基本原则。

一、守法诚信的原则

任何的商务谈判都是在一定的法律环境下进行的，国际商务谈判也不例外，法律规范制约国际商务谈判的内容和方法。在进行谈判时，谈判人员一定要按照参与方国家的法律及国际法的有关规定进行，以免徒劳无功，甚至造成无法估量的后果。具体而言，守法原则要求谈判主体必须合法，谈判内容必须合法，谈判行为必须合法，以及签订的合同必须合法。

谈判主体合法，是指谈判方必须具备谈判资格。谈判内容合法，是指参与方谈判的项目内容必须是合法的。谈判行为合法，是指谈判所使用的手段是正当的。只有在满足上述条件的情况下，经过谈判签署的所有文件才具有法律效力。这也就要求谈判过程中参与各方的发言，尤其是书面材料，必须符合参与各方法律及国际惯例的规定和要求，否则谈判的内容不能得到有效的保护和执行。

在尊重和遵守各方面法律和规定的同时，谈判的参与方也要在诚信的基础上进行交流。诚信作为国际商务谈判的前提与基础，是谈判人员应当信守的商业道德准则，贯穿于整个国际商务谈判活动的全过程，对于谈判活动至关重要。国际商务谈判的目的与对象决定了谈判人员必须要讲诚信，谈判技巧的运用要以诚信作为前提，谈判的成本费用与谈判效率的高低在很大程度上也取决于诚信度，这是减少或者避免在协议履行过程中的争议甚至国际纠纷的前提条件。有些企业在谈判过程中，不顾自己的实际情况，盲目答应对方的苛刻要求，更有甚者，虚夸自己的生产能力、产品质量等关键因素，使合同订立在虚假甚至是欺诈之上，这种企业即使在一时能够取得谈判对象的信任，取得谈判的成功，签订商务合同，在后续合同履约的过程当中，也会因为不能够按照合同条款执行而被终止合作甚至被告上法庭。

---

① 李朝明. 国际商务谈判 [M]. 上海：立信会计出版社, 2012, 有改动.

二、明确目标的原则

谈判正式开始之前，必须确定谈判目标。因为整个谈判活动都要围绕谈判目标进行。谈判目标设定好之后，谈判人员也就明确了谈判任务。激励谈判人员要努力实现这一目标，才有可能带来对己方有利的谈判结果。在设定谈判目标时，要注意目标应有弹性，即我们通常说的要制定多层次目标，有理想目标、可接受目标、最低目标。谈判前制定的目标不是盲目的，而是在分析了谈判对象的情况，考虑了对方合理的利益基础上做出的，不是单方面的意愿。只有这样，谈判才能顺利进行下去，谈判双方才有可能获得"满意"结果。

谈判目标是对谈判所要达到结果的设定，是指导谈判的核心。谈判人员应认真分析企业的内部条件和外部环境，根据企业的经营目标提出明确的谈判目标，如商品贸易谈判的谈判目标应该包括品质目标、数量目标、价格目标、支付方式目标、保证期目标、交货期目标、商品检验目标等。谈判目标是一种体系，包括最低目标（基本目标）、可接受的目标（争取目标）、最高目标（期望目标）。按其重要性，谈判当事人分别确定各自目标的优先顺序。在谈判前经过充分的准备，客观地分析自己的优势和劣势，进而寻找办法弥补己方的不足，为谈判的顺利进行创造时间、人员、环境等方面的有利条件，从而推动谈判的成功。此外，国际商务谈判准备还可以设法建立或改变对方的期望，通过"信号"和谈判前的接触，使谈判对象产生某种先入为主的印象，使其产生某种心理适应，从而减轻谈判的难度，为实现"双赢"谈判奠定良好的基础。

三、平等互利的原则

在国际商务谈判中，平等与互利是相互依存的，平等是互利的前提，互利是平等的目的。要在遵循平等原则的前提下使谈判双方都能够取得一定利益才能取得成功。在国际经济交往中，国与国的关系也通过企业间的商务洽谈得以表现，因此，国际商务谈判双方相互间要求在尊重各自权利和国家主权的基础上，平等地进行贸易与经济合作事务。不论双方国家的实力如何，也不论双方的企业是大是小，在谈判中，都应该是平等的。谈判双方都应尊重对方的主权和愿望，根据彼此的需要和可能，在自愿的基础上进行谈判。谈判的结果也应当符合谈判双方的共同利益。对于利益、意见分歧的问题，应通过友好协商加以妥善解决。如在世界贸易组织中，国与国之间的贸易和谈判要按照有关规则公平合理地削减关税，尤其是限制或取消非关税壁垒。谈判的每一方，都是自己利益的占有者，都有权从谈判中得到自己所需要的，都有权要求达成等价有偿、互相受益、各有所得的公平交易。国际商务谈判的结果，是签订贸易及合作协议或合同。协议条款的拟订必须公平合理，有利于谈判双方目标的实现。

国际商务谈判不像体育竞赛，最终要分出输赢。国际商务谈判最理想的结果是要达到"双赢"。谈判人员要了解谈判对象在国际商务谈判中的利益要求是什么，在一定条件下，有的放矢地满足其需求，会引起对方的积极反应，促进互相吸引、互相推动的谈判格局的形成。这是谈判双方能够迅速达成协议的有效途径。在国际商务谈判中，价格的高低是体现平等互利原则的一个重要方面。在进行价格谈判时，谈判双方应遵循平等互利的原则。具体在国际商务谈判过程中，价格应该以国际市场平均价格水准和政府有关价格的政策为基础，结合所处环境，灵活应变。

改革开放以来，在平等互利的前提下，我国政府、企业通过合资、合作、来料加工等多种形式参与国际合作，吸引外国企业到中国来投资设厂。外资企业可以利用我国劳动力密集、人力资源成本比较低的特点在中国设立工厂，以降低企业的生产成本，而我国企业可以通过学习外资企业先进的生产技术、科学的管理手段，并将其运用在民族企业的生产上和管理上，这样迅速提高了民族工业的质量、加快了民族工业的发展速度，使民族工业的发展少走弯路，在最短的时间内跟国际标准接轨，为国家的强盛和经济发展做出贡献。

四、知己知彼的原则

在国际商务谈判的准备过程中，谈判人员既要对自身情况作全面分析，又要设法全面了解谈判对象的情况。

"知己"即首先了解自己，了解本企业的产品及经营状况，对自己的优势与劣势非常清楚，知道自己需要准备的资料、数据和要达到的目的以及自己的退路在哪里；看清自己的实际水平与现处的市场地位，这对于谈判地位的确立及决策制定十分重要。企业只有对自己的产品规格、性能、质量、用途、销售状况、竞争状况、供需状况十分熟悉，才能更全面地分析自己的优势与劣势，评估自己的力量，从而认定自我需要，满怀信心地坐在谈判桌前。然而，仅仅了解本企业是不够的，代表企业出席谈判的谈判人员作为直接参与谈判交锋的当事人，其谈判技巧、个人素质、情绪及对事物的分析应变能力会直接影响谈判结果，因此，谈判人员需要对自己进行了解，如"遇到何事易生气"等影响谈判的个人情绪因素，使自己在谈判中避免因此而影响谈判效果。同时，谈判人员也可以事先对谈判场景进行演练，针对可能发生的冲突做好准备，以锻炼应变能力，以免一旦实际遭遇时措手不及，难以控制局面。

"知彼"即对谈判对象进行调查分析，通过各种方法了解谈判对象的礼仪习惯、谈判风格和谈判经历，不要违反对方的禁忌，越了解对方，越能掌握谈判的主动权。在谈判前，当谈判对象选定了，谈判人员应针对进行谈判的企业，进行企业的类型、结构、投资规格等一系列基础性调查，分析对方的市场地位，明确其谈判目标，即了解谈判对象为什么谈判、是否存在什么经营困难等会对谈判主权产生影响的因素，将其优势、劣势细细分析，使自己能避实就虚，在谈判中占主动地位。如果谈判对象是新客户，就更应从其个人简历、兴趣爱好、谈判思维及权限等方面进行了解，不带任何个人色彩，从而做到心中有数。当然，与此同时，也不能忽视对该客户的资信调查，确定其是否具有经营许可等能力，以降低信用风险。

"知同行"，顾名思义，就是关注行业内其他企业的产品及经营状况。随着经济的发展，企业面临着国内外同行业的激烈竞争。也许当某个企业正与谈判对象讨价还价之时，被忽视的"第三者"已准备坐收渔翁之利了。所以，企业必须以主动的姿态对整个市场的行业经营状况及形势展开调查，了解其主要商品类型、性能、质量等信息，包括同行资信、市场情况及决策方式等，对比优势及差距，便于本企业在谈判时能够扬长避短，选择适于自己的谈判战略。

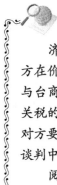 **问题探讨**

济南市第一机床厂厂长在美国洛杉矶同美国卡尔曼公司进行推销机床的谈判。双方在价格问题的协商上陷入了僵持的状态，这时第一机床厂获得情报：卡尔曼公司原与台商签订的合同不能实现，因为美国对日本、韩国、中国台湾等国家和地区提高了关税的政策使得台商迟迟不肯发货。而卡尔曼公司又与自己的客户签订了供货合同，对方要货甚急，卡尔曼公司陷入了被动的境地。第一机床厂根据这个情报，在接下来的谈判中沉着应对，卡尔曼公司终于沉不住气，在订货合同上购买了150台中国机床。①

阅读以上资料，请思考第一机床厂运用了什么谈判原则使得自己掌握谈判的主动权？

五、灵活变通的原则

灵活变通原则，是指谈判人员在把握己方最低利益目标的基础上，为了使谈判协议得以签署用多种途径、多种方法、多种方式灵活地加以处理。国际商务谈判具有很强的随机性，因为它受到多种因素的制约，其变数很多，所以，谈判人员只有在谈判中随机应变、灵活应对，加以变通，才能提高谈判成功的概率。这就要求谈判人员具有全局、长远的眼光，敏捷的思维，灵活地进行运筹，善于针对谈判内容的轻重、对象的层次和事先决定的"兵力"部署和方案设计而随时做出必要的改变，以适应谈判场上的变化。谈判人员在维护自己一方利益的前提下，只要有利于双方达成协议，没有什么不能放弃的，也没有什么不可更改的，在谈判中，往往是冲突利益之中体现着共同利益。如在产品的交易谈判中，双方的利益冲突是卖方要抬高价格，而买方要降低售价，卖方要延长交货期，而买方要缩短交货期。但谈判双方的共同利益却是双方都有要成交的强烈愿望，双方都有长期合作的打算，也可能是双方对产品的质量、性能都很满意。由此可见，双方的共同利益还是存在的。为此，谈判人员可以采取一定的方法灵活地调和双方的利益分歧，使不同的利益变为共同的利益。其谈判的前景就会胜利在望。

六、求同存异的原则

求同存异原则又称相容原则，即要在符合己方总体目标的基础上，在某些方面能容忍对方存在与己方利益不尽一致的要求。谈判双方的利益要求完全一致，就无须谈判，正是因为双方的意见、目标等存在着分歧才使得谈判得以进行。国际商务谈判就是通过协商来弥合分歧，使双方的利益目标趋于一致而最后达成协议的过程。

在国际商务谈判中，谋求共同利益是第一位的。"求同"，是使谈判顺利进行和达到预

---

① 黄卫平. 国际商务谈判［M］. 北京：中国人民大学出版社，2011，有改动。

期目的的基础。谈判双方从固有的立场出发，是难以取得一致的，只有瞄准利益，才有可能找到共同之处。国际商务谈判的目的是要求双方的利益达到一致，并非要求立场相同。所以，要把谈判的重点放在双方的利益上，而不是立场上，应以谋求共同利益为目标。求利益的大同不是指完全相同，只要在总体上和原则上达到一致即可。"求同"是互利的重要内容，如果谈判人员只追求自己的利益，不考虑对方的利益，不注重双方的共同利益，势必扩大对立，中断谈判，双方均不能有所得。一项成功的国际商务谈判，并不是置谈判对象于一败涂地，而是双方达成互利的协议。谈判人员都本着谋求共同利益的态度参与谈判，双方均能不同程度地达到自己的目的。林肯曾颇有感触地说："我展开并赢得一场谈判的方式，是先找到一个共同的赞同点。"谈判双方的不同利益需要又可以分为相容性利益需要和排斥性利益需要。对于相容性利益需要，双方能各取所需，互为补充，互相满足；对于排斥性利益需要，只要不与上述原则要求相悖，应允许存在于谈判协议之中。

因此，要在国际商务谈判中实现"求大同、存小异"，就需要对谈判中的分歧做出适当的妥协让步。这并不是指没有原则的妥协退让，而是做出一种姿态，互让互信。要坚持、维护己方的利益，又要考虑、满足对方的利益，兼顾双方的利益，谋求共同利益，对于难以协调的非基本利益分歧，面临不妥协不利于达成谈判协议的局面，要做出必要的让步，妥协让步的实质是以退为进，促进谈判的顺利进行并达成协议。

任务四　国际商务谈判的影响因素

案例导入

一个日本客户与东北某省 A 外贸公司洽谈毛皮生意，条件优惠却久拖不决。转眼过去了两个多月，原来一直兴旺的国际毛皮市场货满为患，价格暴跌，这时日商再以很低的价格收购，使 A 外贸公司吃了大亏。此时，一个美国女代表被派往日本就毛皮收购进行国际商务谈判。日商在接待的时候得知对方必须于两个星期之后返回。日本人没有急着开始谈判，而是花了一个多星期的时间陪她在日本国内旅游，每天晚上还安排宴会。谈判终于在第 12 天开始，但每天都早早结束，为的是这名美国代表能够去打高尔夫球。终于在第 14 天谈到重点，但这时候美国人要回去了，已经没有时间和日商周旋，只好答应日商的条件，签订了收购协议。

日商收购 A 外贸公司的毛皮，然后转售美方的过程中，获取了巨额差价利益。[①]

【思考讨论题】A 外贸公司和日商的谈判受到了什么因素的影响？日商为什么在与 A 外贸公司、美商的谈判中全胜？

---

① 仲鑫. 国际商务谈判 [M]. 北京：机械工业出版社，2011，有改动.

一、政治因素

政治因素关系谈判项目是否成立及谈判协议是否能够履行的问题。因此,谈判人员必须了解谈判对象国家的政治体制、政局的稳定性、政治背景等因素对政策制定的影响程度。如果在合同履行的过程中,对方国家的政策发生大的变化或政局忽然出现动荡,可能会导致合同的提前终止,最终造成重大损失。

(一)政局稳定性

在合同谈判期间,对方国家的政局是否稳定,是否存在可能导致政局不稳的因素,如是否有总统选举或政府换届、是否存在工人罢工、主要民族之间是否存在不可调和的矛盾、与周边国家是否存在关系紧张等,这些因素在一定程度上会导致合同无法完成,合同谈判也会就此停滞。因此,谈判人员可以通过多种媒体了解谈判对象国内政局的稳定程度,也可以在谈判中就此问题向谈判对象进行适当的介绍,以增进谈判对象对局势把握的程度,使得谈判及合同的签订更为稳妥,从而降低合同履行的风险。

(二)政治背景

谈判对象如果具有政治背景,与经济因素或者技术因素相比,政治因素往往会起到关键作用。面对具有政治背景的谈判对象,谈判人员需要了解哪些领导人对该次合作会产生兴趣,其政治影响力在多大范围内,如果谈判的项目在对方核心领导人关注的范围内,则在合同履约期内的风险也将大大降低。如在2013年,习近平主席首次提出了"丝绸之路经济带"的战略倡议,近年来围绕这一战略,各企业加快了同东盟国家的互联互通合作,国际商务谈判活动顺利有序推进。再如,两伊战争使许多国家蒙受巨大的损失,中国由于在两伊的工程承包项目被迫停止,与两国的货物贸易合同得不到履行而损失巨大。

二、经济因素

国际商务谈判的结果会使得谈判双方的资本进行跨国流动。不同国家的经济状况会影响资本流动的效率。同时,资本的国际流动是由于企业的商务行为产生的。因此,影响国际商务谈判的经济因素可以分为宏观经济因素和微观经济因素。宏观经济因素主要从国家的角度来分析其对于国际商务谈判的影响;而微观经济因素主要从企业个体的角度来分析其产生的影响,包括企业本身的经济状况、竞争对手的生产能力、支付状况等。这里我们只考察影响国际商务谈判的宏观经济因素。

(一)经济运行机制

经济运行机制是计划经济还是市场经济在国际商务谈判中的作用是截然不同的,计划经济由政府主导制定价格,企业的自主权受到很大限制,从另一个角度讲,这也意味着价格更为透明,风险较小,同时,因为价格的透明,企业的利润往往也受到限制。市场经济给了企业更大的自主权,使企业能够根据市场需求来确定生产什么样的产品、以什么样的价格出售产品，使企业的发展更加具有活力。

（二）外汇储备状况

国际商务谈判的核心是价格，而价格又表现为一定的货币支付。如果一个国家的外汇储备状况较差，则更可能出现外汇短缺、无法履约的情况。2012年国际金融危机以来，中国的外汇储备始终居高不下，并积极进行结构化调整，确保了中国企业国际商务及贸易活动稳步推进。

（三）汇率波动

由于不同的国家使用不同的货币，货币之间的对换又牵扯到汇率，汇率的波动必然会影响企业的收益的变化。不同国家的汇率制度有所不同，有的国家实行的是固定汇率制，有的国家实行的是浮动汇率制。汇率的波动情况会直接影响谈判双方的经济利益。如中国的出口商仍多以劳动集约型的制造业为主，纺织品等行业在出口产品中名列前茅。有数据统计，人民币每升值1%，纺织外贸企业的利润或下滑1%~4%。近年来，国内纺织业因人民币汇率的走高而导致贸易谈判艰难。

（四）支付信誉

不同的国家进行外汇付款的手续和环节都会有所不同，在国际商务谈判中，要对这些问题进行明确。如在选择信用证方式为国际贸易的结算方式时，信用较差的银行开立的信用证会延长企业的收款时间，甚至使企业面临收不到货款的风险。美国金融危机以来使得很多的银行出现信贷问题，甚至倒闭，因此在国际商务中更应该注重对银行支付能力的调查。

（五）税法

跨国投资、跨国贸易等经济活动可能会使企业面临所得税、股利税、关税等多种税收负担。这就要求企业在进行谈判前，首先弄清对方国家的征税种类和征税方式，确认是否该国与第三国签订避免了双重征税的协定。

三、法律因素

（一）法律制度因素

不同的国家在处理争议时所涉及的法律制度会有所不同。掌握谈判对象所在国家的基本法律框架，可以保证谈判结果的合法性，从而维护自己的利益。在进行国际商务谈判时，谈判人员需要掌握以下影响谈判的法律制度因素。

1. 各国适用法律体系

目前，世界上的法律体系主要包括英美法系、大陆法系、中华法系、印度教法系、社会主义法系等。其中，英美法系和大陆法系被认为是当今世界最重要的两大法律体系。不同的法律体系适用于不同的国家，如英国、美国、加拿大、新西兰、爱尔兰、印度、马来西亚、新加坡以及中国香港等国家和地区属于英美法系，而法国、意大利、德国、荷兰、比利时、瑞士、卢森堡、西班牙、葡萄牙等国家属于大陆法系。

英美法系强调判例的作用。判例法是英美法系的主要渊源，成文法处于次要地位。成文法必须通过判例的解释才能产生效力。而大陆法系的特点是强调成文法的作用，重视编写法典，它把全部法律分为公法和私法。

2. 各国法律执行状况

不同国家的法律执行状况不同。有的国家法律制度较为健全，依法办事；有的国家判决主要依赖于当权者。谈判人员应该根据不同国家的情况选择合适的方法处理争议。

3. 各国法律执行时间

当谈判双方在交易过程或履约过程中出现争议，一旦诉诸法律，就需要法院或仲裁机构来处理。不同国家的审判机关受理案件的效率是不同的。选择受理案件效率较高的国家处理争议，可以节约谈判双方的成本，减少对企业经营造成的不利影响。

4. 各国法律对其他国家法律裁决的承认与执行

不同的国家对于外国裁决有效性的承认与执行程序的规定是不同的。在国际商务谈判中，必须要搞清楚不同国家之间的法律适用问题。目前，国际相互承认和执行其他国家裁决主要是通过订立双边条约、多边条约及专门性条约来进行的。《中华人民共和国民事诉讼法》中规定了中国判决在国外的承认与执行的条件、方式和程序以及外国判决在中国的承认与执行的条件、方式和程序。

（二）法律法规因素

制约谈判过程的法律法规因素主要包括国内法律法规、国际条约和国际惯例等。

1. 国内法律法规

国内法，是指国家制定或认可并在本国主权管辖范围内生效的法律。我国企业在进行国际商务谈判时，谈判双方处于不同的国家，对于同一问题的有关法律规定会有所差别，为了使谈判获得成功，就要求谈判人员不但需要了解本国国内法律法规，还需要了解对方国家相关的法律法规。

根据不同的谈判内容，谈判中需要涉及的法律法规也会有所差别。如在技术贸易谈判中会涉及《中华人民共和国著作权法》等；在"三来一补"谈判中，适用《中华人民共和国民事诉讼法》《最高人民法院关于适用〈中华人民共和国民事诉讼法〉若干问题的意见》《中华人民共和国中外合资经营企业法》《中华人民共和国中外合作经营企业法》和《中华人民共和国外资企业法》。

2. 国际条约

国际条约是两个或两个以上主权国家为确定彼此在政治、经济、贸易、文化、军事等方面权利和义务而缔结的诸如公约、协定、议定书等各种协议的总称。目前，有关国际商务的国际条约主要是我国与其他国家缔结的双边或多边的贸易协定、支付协定，以及我国缔结或参加的有关国际贸易、海运、空运、陆运、工业产权、知识产权、仲裁等方面的协定或公约。

当国际条约与国内法律法规出现冲突时，根据《中华人民共和国民法通则》第一百四十二条的规定，中华人民共和国缔结或者参加的国际条约同中华人民共和国的民事法律有不同规定的，适用国际条约的规定，但中华人民共和国声明保留的条款除外。即除了国家在缔结或参加时声明保留的条款以外，国际条约优先于国内法律。

3. 国际惯例

国际惯例是在长期经济交往中逐渐形成的一些有较为明确和固定内容的贸易习惯和一般做法。它对当事人没有普遍的强制性，但如果在合同中加以采用时，则对当事人具有法律约束力。在国际贸易中有较大影响的国际惯例有《国际贸易术语解释通则》《华沙－牛津规则》《1941年美国对外贸易定义修正本》《跟单信用证统一惯例》等。

四、文化因素

在国际商务谈判中，来自于不同国家的谈判人员往往具有不同的文化思维形式、感情方式及行为方式，如很多具有西方文化的人认为冲突是生活中的一部分，甚至认为是有益的一部分；但是具有东方文化的人却认为冲突是非常不好的。这就决定了前者在谈判中不怕产生冲突，甚至创造冲突的机会，而后者会尽量地避免冲突的存在。因此，在国际商务谈判中，谈判人员应注意尊重、利用好谈判对象所具有的文化，否则会直接导致谈判的失败。如在国内谈判中为了获得谈判的成功，谈判人员往往会选择给对方赠送礼物，然而选择给美国的经理赠送礼物反而会使得谈判失败，因为对方国家或者组织可能是禁止这样做的。

但在强调文化差异、尊重对方文化的同时，也不能一味地关注文化差异。如某日本公司的谈判人员在首次与一位年轻、时尚的德国谈判人员接洽时，精心布置好谈判场所，准备好详细的谈判资料，提前来到谈判地点，应该说准备得非常充分。然而对于初次谈判的年轻德国人来说，他更希望轻松、简洁的谈判方式。

根据英国文化人类学家泰勒的观点，文化是指知识、信仰、艺术、道德、风俗及人类作为社会成员所获的其他能力和习惯的复杂整体。具体而言，主要包括以下三个方面。

（一）宗教信仰

宗教信仰对人们的思想、行为的影响是客观存在的。有宗教信仰的人和没有宗教信仰的人、信仰不同宗教的人的思想行为都会有巨大的差异。受某些宗教影响较大的国家，其国家的政治事务、法律事务都会受到教义的影响，甚至这些国家对信仰相同宗教的国家和企业会有特别优惠的经济政策，而对于另外的国家和企业则做出种种的限制。在宗教信仰较为集中的国家，其宗教活动往往有固定的活动日，谈判人员在制定谈判行程和日期上都要加以详细考虑。

（二）社会习俗

不同的社会习俗对国际商务谈判成功与否的影响也是巨大的。不同的社会习俗对于价值的取向存在着很大的不同。在一些国家中被视为理所当然的或者至关重要的社会习俗在另外一些国家则可能是被忽略的东西，不了解这一点，往往会使一些谈判还没有开始就面临着结束。如一位美国商人在与一位阿拉伯商人谈判期间，邀请阿拉伯商人共进晚餐，并选择了一间阿拉伯餐厅。就餐过程中，美国商人一直尊重阿拉伯商人的习俗席地而坐，将面包掰成小片或是将米饭撮成小团，用几个手指捏住送进口中，即使是带有汤汁的菜肴，也都能全部吃下去，本以为这是一次促进国际商务谈判的好机会，却不曾想晚餐过后第二天，阿拉伯商人提出有新的合作对象，谈判终结了。美国商人百思不得其解，把事情的经过告诉了他的上司，上司批评道："你是左撇子，使用左手抓饭是对方不能接受的呀！"美国商人这才恍然大悟。

(三) 商业习惯

商业习惯的不同可以使国际商务谈判在多个方面都有很大的差异。

1. 对待文本态度的差异

在不同的国家，对待文字的重要性的态度是不一样的：有些国家的法律要求所有的细节都要在合同文本上予以体现，并且签字后的文本是不得更改的；而有些国家的法律则要求在签字后再确认文本的细节，同时要求确认是否修改其中的内容。如果谈判人员对于这些商业习惯不甚了解，就可能引起纠纷，甚至导致谈判破裂。

2. 竞争对手的情况

当了解到谈判对象针对同一笔业务在与不同的企业进行谈判的时候，谈判人员要详细分析几家企业产品的特点，从中推测谈判对象注重的是产品的某些特性还是产品的价格，从而制定相应的策略。

3. 语言及翻译问题

国际商务谈判由于是在不同的国家或地区间进行的，因此经常面临语言不同的问题。在谈判中使用哪个国家的语言，最终的合同文本使用什么语言，谈判双方对于语言的理解是否相同，这些都是至关重要的。有些合同使用谈判双方的语言进行签署，那就存在着两种语言对问题的阐述是否完全一致、是否具有同等的法律效力的问题，这些谈判人员都要注意。

4. 律师的作用

有些国家在谈判的过程中是需要律师全程参与，在涉及合同的文本及签署方面需要律师的全面审核。如美国人在签订合同前，通常都要由律师研读合同文本是否严密并签字确认后才能进行合同的签署。

五、心理因素

国际商务谈判是人与人之间的谈判，人们的行为都是其心理活动的结果。对谈判对象心理活动的掌握是谈判取得成功的前提。

(一) 目标和期望

对待同一件事物，假如谈判人员的目标、期望值不同，其采取的谈判方式也会有所差别。通常而言，期望值较高，会挖掘谈判人员的潜能，而期望值较低，会限制谈判人员潜能的发挥。但是，如果谈判人员的心理预期和目标过高，经常与谈判对象的目标抵触或竞争，则容易与人发生冲突，不利于谈判的进行。因此，为了确保谈判的顺利进行，谈判人员应按照最大期望目标、最低期望目标和最可能实现目标确定合理的、多层次的目标和期望值。

(二) 性格和情绪

不同性格的谈判人员在谈判过程中展示出来的谈判模式决然不同。心理学家汤姆斯和基尔曼通过对人们在谈判过程中性格表现的研究，把谈判人员的性格分为竞争型、合作型、折中型、回避型和迎合型五种类型。这五种性格类型的谈判人员在为了取得谈判目标所采用的方式、对待谈判问题的态度、传递与谈判有关的信息的途径、提出谈判条件的策略、解决谈判中出现的分歧时的方法等方面有所不同。如大部分美国人属于竞争型谈判人员，他们在谈判中多采用高压手段来实现自己的目标，过分强调自己的意见的正确性，对谈判条件过分严苛，出现分歧时不考虑对方的意见；而中国的谈判人员更多地表现为折中型和回避型，他们不直接表达自己的意见，遇到矛盾常采取回避和推脱的态度，以避免伤了和气。

此外，谈判人员的情绪也会影响谈判。情绪容易波动的谈判人员容易心浮气躁、产生气恼情绪，在谈判中容易被谈判对象抓住弱点，从而给谈判增加难度。有经验的谈判人员会控制自己的情绪，不会轻易流露出情绪上的波动和变化。同时，乐观的、积极向上的情绪会给谈判人员传递正面信号，提高谈判人员的思维能力，而悲观的、消极的情绪则会降低谈判人员的行为效率。

问题探讨

日本一家航空公司就引进法国飞机的问题与法国的飞机制造厂商进行谈判。为了让日方公司了解产品的性能，法国公司方面作了大量的准备工作，各种资料一应俱全。谈判一开始，急于求成的法国公司的代表口若悬河，滔滔不绝地进行讲解，翻译忙得满头大汗。日本人埋头做笔记，仔细聆听，一言不发。法国公司的代表最后问道："你们觉得怎么样？"日本公司的代表则微笑地回答："不明白。"法国公司的代表只得又进行讲解。这样反复几次的结果，日本公司的代表把价格压到了最低。[①]

阅读以上资料，日本公司的代表属于哪种类型的谈判性格，具有这种性格的谈判人员对谈判会产生什么影响？

(三) 思维方式

国际商务谈判是在不同国家或地区进行的商务谈判，而不同国家或地区的人，由于具有不同的风俗习惯、不同的宗教信仰、不同的教育背景，在思维方式上可能会有很大的差别。如在一次国际商务谈判中，卖方提供给买方的报价非常高。买方面对卖方的较高报价，或许会认为卖方比较贪婪，或许会认为卖方要讨价还价，这就是不同的思维方式会导致不同的谈判结果。

---

① 陈岩. 国际商务谈判学 [M]. 北京：中国纺织出版社，2010，有改动.

本部分重点内容网络图

- 国际商务谈判概述
  - 国际商务谈判的概念及特点
    - 概念
    - 特点
  - 国际商务谈判的类型
    - 按照谈判内容分类
    - 按照谈判规模分类
    - 按照谈判地点分类
    - 按照参加谈判的主体数量分类
    - 按照谈判接触的方式分类
    - 按照谈判所采用的态度和方针分类
  - 国际商务谈判的基本原则
    - 守法诚信的原则
    - 明确目标的原则
    - 平等互利的原则
    - 知己知彼的原则
    - 灵活变通的原则
    - 求同存异的原则
  - 国际商务谈判的影响因素
    - 政治因素
    - 经济因素
    - 法律因素
    - 文化因素
    - 心理因素

复习思考题

一、简答题

1. 国际商务谈判的特点是什么？
2. 国际商务谈判的类型包括哪些？
3. 国际商务谈判应遵守哪些原则？
4. 举例说明国际商务谈判的主要影响因素。

二、案例分析

GEOX 公司是意大利最大的制鞋企业，以营销起家，产品遍及全球 55 个国家和地区，增长速度超过 50%。浙江奥康集团是一家以皮鞋为主业的全国民营百强企业，以营销制胜于中国市场。

在中国入世之初，GEOX 公司准备在中国建立一个亚洲最大的生产基地，为了寻找合作伙伴，GEOX公司花费两年的时间对中国市场进行调研，先后考察了包括奥康集团在内的8家中国著名的鞋业公司。为了在谈判中取得成功，GEOX公司作了充足的准备，拟定了长达几十页的协议文本，在谈判中，GEOX公司总裁马里奥·莫雷蒂·珀莱伽托先生甚至能够熟练地将几十页的协议文本框架及条款背出。

在双方正式谈判之前，奥康集团通过一名翻译全面了解了GEOX公司的情况，包括资信情况、经营状况、市场地位、此行目的以及谈判对象个人的一些情况，而且专门成立了以总裁为首的接待班子，拟订了周密的接待方案。

当GEOX公司一行人到达机场时，奥康集团马上安排礼仪小姐献上鲜花，然后安排对方住下，并在上海黄浦江包下豪华游轮宴请对方游船赏月。在谈判过程中，双方在一些谈判内容上出现了分歧，主要体现在两个方面：一是对担保银行的确认上，奥康集团提出以中国银行为担保银行，对方不同意，最后选择以香港某银行作为担保银行；二是关于以哪国法律解决日后争端的问题，GEOX公司提出必须以意大利的法律为准绳，而奥康集团则希望选择以中国法律为准绳，最后双方确认以第三国（英国）的法律作为争端解决的依据。

经过一系列的谈判，双方于西方情人节当天签订了合作协议。最后，奥康集团总裁王振滔把寓意"花好月圆"的青田玉雕赠送给了马里奥·莫雷蒂·珀莱伽托先生。①

【分析】奥康集团对谈判成功的心理预期尽管比较低，但是还是为迎接GEOX公司一行人进行了周密的准备和策划，把握了国际商务谈判的原则。最终，奥康集团负责GEOX公司在中国市场的品牌推广、网络建设和产品销售，GEOX公司则借助奥康集团之力布网中国，而奥康集团也借助GEOX公司的全球网络走向世界。

【思考】奥康集团为什么在谈判中获得了成功？

实践与训练

1. 实训内容

5～7人分成一组，两组为一个项目组，项目组由A组和B组构成，项目组就以下主题和情形进行模拟谈判。

（1）主题：红茶出口。

（2）谈判方：A组代表南方甲茶叶进出口公司的销售代表，B组代表外商。

（3）背景：南方甲茶叶进出口公司有大量的库存红茶，急于出口销售，外商曾来询问过价格，南方甲茶叶进出口公司报出了高价，并对所有其他求购的外商报出了同样的高价，面对这样的情况，双方进行第一次磋商式谈判。

---

① 刘园. 国际商务谈判[M]. 3版. 北京：中国人民大学出版社，2015，有改动.

2. 实训目的

考查学生对本学习情境理论知识的理解和运用,初步掌握国际商务谈判的流程。

3. 实训要求

各组成员做好分工,明确本项目中国际商务谈判的类型,设计好谈判过程,正确运用国际商务谈判应遵循的原则。

4. 实训步骤

(1) 确定信息调查的渠道、方法。

(2) 根据谈判策划的基本步骤进行策划,确定目标策略、谈判议程、交易条件或价格谈判的幅度,撰写谈判计划。

(3) 在班级内分组展示国际商务谈判各环节:入场、落座、寒暄都要符合商业礼节,相互介绍己方成员;有策略地向对方介绍己方的谈判条件;试探对方的谈判条件和谈判目标;对谈判内容进行初步交锋。适当地运用谈判前期的策略和技巧。结束时,能够获得对方的关键性信息。

学习情境 2
国际商务谈判的组织与管理

学习目标

拥有优秀的谈判人员和良好的谈判组织，才能使国际商务谈判顺利进行。因此，通过本学习情境的学习，学习者将了解国际商务谈判人员应具有的基本素质，熟悉国际商务谈判人员的组织构成，懂得选拔国际商务谈判人员应遵循的原则，重视谈判组织群体结构的优化和管理。

知识点

1. 掌握国际商务谈判人员应具备的素质和能力。
2. 熟悉国际商务谈判人员的组织结构和管理。

技能点

1. 能选择具备职业素养和职业能力的国际商务谈判人员。
2. 能组建一支符合要求的国际商务谈判队伍。

任务一　国际商务谈判人员的组织结构

案例导入

2015 年，上海甲公司准备引进外墙防水涂料生产技术，日本乙公司与香港丙公司的报价分别为 22 万美元和 18 万美元。经调查了解，两家公司的技术与服务条件大致相当，甲公司有意与丙公司成交。在终局谈判中，甲公司安排总经理与总工程师同乙公司谈判，而全权委托技术科长与丙公司谈判。丙公司得知此消息后，主动大幅度降价至 10 万美元与甲公司签约。①

【思考讨论题】 我们应如何评论甲公司安排谈判人员的做法？

一、国际商务谈判小组的规模

国际商务谈判小组的成员除了各自应拥有一定的谈判经验、谈判能力以外，其在专业知识、个性特质、谈判作风等方面的互补作用也是十分重要的，这不仅对保证谈判小组成员具有各项专业知识是必要的，而且也可以增强小组各成员的谈判实力。在筹建谈判小组、选择谈判人员、考虑谈判规模时，一般要遵循以下四个原则。

（一）根据谈判对象确定谈判小组的规模

合理的谈判小组的规模不是绝对的，应该是由谈判的性质、对象、内容、目标等方面决定的。参与谈判的人员过多或过少可能都会影响国际商务谈判的顺利进行。单人谈判又称一对一谈判，是指谈判双方各由一位代表出面谈判的谈判形式。多人谈判又称小组谈判，是指每一方都是由两个以上的人员参加协商的谈判形式。多人谈判可以用于大多数正式谈判，特别是内容重要、复杂的谈判。单人谈判和多人谈判的优点和缺点参见表2-1和表2-2。

表2-1 单人谈判的优点和缺点

优　　点	缺　　点
1. 避免对方攻击实力较弱的成员 2. 避免多人参加谈判时内容不协调 3. 谈判人员可以独自当机立断采取对策	1. 谈判人员担负多方面的工作，对付多方面的问题，可能影响工作效率 2. 谈判人员单独决策，面临决策的压力大 3. 谈判人员无法在维持良好的谈判形象的同时扮演多种角色，谈判策略的运用受限制

表2-2 多人谈判的优点和缺点

优　　点	缺　　点
1. 可以运用谈判小组的战略战术 2. 可以进行分工 3. 一位谈判人员身体不支时可以由另一位谈判人员继续谈判 4. 遇到困难时可以一起商量	1. 队伍组建本身有难度 2. 小组成员间不易协调

在对比了单人谈判和多人谈判的优点和缺点后，由于国际商务谈判通常需要涉及各方面的专业知识，因此，国际商务谈判小组的理想规模在4人左右是较适合的，原因如下。

1. 4人左右的谈判小组的工作效率最高

一个集体能够高效率工作的前提是内部必须进行严密的分工和协作，而且要保持信息交流的畅通。如果人数过多，成员之间的交流和沟通就会发生障碍，需耗费更多的精力统一意见，从而降低了工作效率。从大多数谈判情况来看，4人左右的谈判小组工作效率是较高的。

---

① 白远. 国际商务谈判——理论案例分析与实践 [M]. 3版. 北京：中国人民大学出版社，2012，有改动.

2. 4人左右是最佳的管理幅度

管理学研究表明，一个领导者能够有效地管理其下属的人数是有限的，即存在有效管理幅度。管理幅度的宽窄与管理工作的性质和内容有关。在一般性的管理工作中，管理幅度以4～7人为宜，但对于国际商务谈判这种紧张、复杂、多变的工作来说，既需要谈判人员充分发挥个人的独创性和独立应付事变的能力，又需要其内部协调统一、一致对外，所以，领导者的有效管理幅度在4人左右才是最佳的。超越这个幅度，内部的协调和控制就会发生困难。

3. 4人左右能满足一般谈判所需的知识范围

多数国际商务谈判涉及的业务知识领域大致是四个方面：第一，商务谈判，如确定价格、交货风险等；第二，技术方面，如确定质量、规格、程序和工艺等；第三，法律方面，如起草合同文本、合同中各项条款的法律解释等；第四，金融方面，如确定支付方式、信用保证、证券与资金担保等。参加谈判的人员主要是这四个方面的人员，如果每个人是某一方面的专家，恰恰是4人左右。

4. 4人左右便于小组成员调换

参加谈判的人员不是一成不变的，随着谈判的不断深入，所需专业人员也有所不同。如在洽谈的摸底阶段，生产和技术方面的专家作用大一些；而在谈判的签约阶段，法律方面的专家则起关键性作用。这样，随着国际商务谈判的进行，小组成员可以随时调换。因此，国际商务谈判小组保持4人的规模是比较合理的。

当然，在一些重要的国际商务谈判中，一般会涉及更多、更广的专业知识，这就需要谈判人员不仅要具有商品知识、金融知识、运输知识，还必须懂得国际法律知识、外国的文化风俗等，有时还需要某些方面的国际问题专家。这种谈判小组不仅规格要高，而且人数也比较多，甚至可超过10人。

（二）谈判人员应被赋予法人资格

国际商务谈判是一种手段，目的是要达成协议，签订符合双方利益要求的合同或协议。整个谈判和协议签订的过程，都是依据一定的法律程序进行的。所以，谈判人员都应有法人或法人代表的资格，拥有法人所具有的权力能力和行为能力，有权处理经济谈判活动中的一切事务。但是，作为法人或法人代表，只能行使其权限范围以内的权力，若有越权行为，应由其本人负完全责任。

（三）谈判人员应层次分明，分工明确

在谈判过程中，往往会涉及许多专业知识，仅靠一个小组长是难以胜任的。在选择谈判人员时，既要有能掌握全局的企业经营者，还应该考虑各种专业知识的需要，考虑人员的层次结构，而且一定要分工明确。因此，在组建国际商务谈判小组时需要考虑：(1) 参加人员必须具备良好的专业基础知识，能够迅速有效地解决可能出现的各种问题；(2) 参加人员之间必须关系融洽，能求同存异；(3) 谈判人员还必须具备一定的谈判经验，能融洽地处理同事之间以及与谈判对象的关系；(4) 需要本企业的关键人物参加。

（四）组建谈判小组时要贯彻节约原则

国际商务谈判小组在参加谈判直至协议达成的整个过程中必然要支出一定的费用，其

中很多的费用甚至需要用外汇支付。对于企业来说，谈判费用的支出都是由企业负担的，支出越多，负担越重。在组建国际商务谈判小组时，一定要充分考虑这一点，以便节省谈判费用的支出。国际商务谈判是企业经营活动的一个环节，谈判费用涉及企业经营成本，应当尽量按经济规律的要求，纳入到经营活动中考虑。

具体而言，影响国际商务谈判小组规模的因素主要有以下五个方面：

第一，谈判所需要覆盖的专业知识范围越广，需要的人员就可能较多；

第二，内部沟通的有效性，特别是当出现意见分歧时，要能迅速达成一致立场；

第三，整体配合的精干与高效，既要对每个成员明确责任，以避免相互推诿，又要强调彼此的信任与合作；

第四，首席谈判代表权威的高低也会影响谈判队伍的规模；

第五，费用和成本的经济性，这一般是与谈判小组的人员数目成反比关系的。

问题探讨

中国A公司与美国C公司有意谈判引进电子元件的制造技术。C公司的技术先进且成熟，在世界同行中首屈一指。A公司很想成功地完成此次谈判，因此在谈判小组的组建上反复斟酌。

阅读以上资料，请讨论一个国际商务谈判小组需要由哪些成员组成？A公司怎样才能组建一个高效成功的国际商务谈判小组？

二、国际商务谈判小组人员的构成

国际商务谈判小组人员必须具备完善的专业知识结构，并且分工协作，这样才能有效地完成谈判任务。国际商务谈判小组人员所需的专业知识大体包括：(1) 有关技术方面的知识；(2) 有关价格、支付条件、交货条件、风险、运输、海关等商务方面的知识；(3) 有关法律方面的知识；(4) 在国际商务谈判中，还需要具备语言翻译方面的知识。根据上述专业知识的需要，国际商务谈判小组人员应专家齐备，否则将影响谈判的质量。一个国际商务谈判小组应包括以下六种人员。

（一）技术人员

技术人员负责谈判项目的技术性能、验收办法、技术服务、保证条件的谈判。技术人员的具体职责是：阐述已方参加谈判的意愿和技术条件；弄清谈判对象的意图和技术条件要求；找出双方在技术条件上的分歧或差距；同谈判对象进行技术细节方面的磋商；草拟、修改谈判文书的有关技术条款；向己方提出解决技术问题的建议；为最后决策提供技术方面的论证。

（二）商务人员

商务人员由熟悉贸易惯例和价格谈判条件，了解交易行情的、有经验的业务员或厂长、经理担任。商务人员的具体职责是：掌握谈判项目总的财务情况；负责交易的商务条件，包括价格、支付、交货、保险、保证等的谈判并签订合同；在无专门法律人员参加谈判时，还应负责合同文本的谈判与草拟；分析、计算、修改谈判方案所带来的收益的变动，协助并指导技术人员谈好、拟定好技术附件；负责对外的联络工作，协助谈判负责人（若自己不是负责人时）做好内部的组织工作。

（三）法律人员

法律人员包括律师或具备经济、法律专业知识的人员，通常由特聘律师、企业法律顾问或熟悉有关法律规定的人员担任。国外许多的谈判人员都是律师出身。企业要挑选合适的法律工作者参加工作项目的谈判，使己方在国际商务交往中得到法律保障，从而维护自身的利益。法律人员的具体职责是：负责交易合同文本的谈判与撰写；审核技术附件法律文字方面的问题；协助己方统一审核合同文本、技术附件以及其他的文件；检查法律文件的检测性和完备性；监督谈判程序在法律许可范围内进行。

（四）金融人员

金融人员负责或协助商务人员进行谈判或审核交易的支付条件，其通常由熟悉成本情况、支付方式及金融知识，具有较强的财务核算能力的财务会计人员担任。在利用政府贷款或商业贷款（买方或卖方信贷）时，金融人员负责进行谈判或指导商务人员及使用贷款的单位谈判、撰写相关的信贷协议，并根据信贷协议规定合同支付方式。

（五）管理人员

管理人员一般由企业委派专门人员或者从谈判小组中选择合适人员担任。管理人员负责处理与谈判有关的外交问题、许可证管理、预算，把握交易规模和交易的技术水平，同时还要办理某些行政手续。在谈判进程中，为了保证时间，促进工程进度，管理人员尤其需要跟踪谈判进程，与谈判项目的承建单位一起办理项目所需的各种手续。

（六）翻译人员

在国际商务谈判中，翻译人员是谈判中的核心成员。从翻译人员的实践经验来看，谈判是一项十分紧张、耗费大量脑力的活动，在谈判的过程中，谈判人员需要不断地根据可能随时而来的新信息调整自己的思路。一个好的翻译人员在国际商务谈判的过程中能洞察谈判对象的心理和发言的实质，既能改变谈判气氛，又能挽救谈判失误，在增进双方了解、合作和友谊方面起到相当大的作用。

翻译人员的外文水平和中文水平均要过硬，还要熟悉谈判业务，防止出现差错或失误。翻译人员的具体职责是：在谈判的过程中全神贯注，热情工作，翻译内容要准确、忠实；对主谈人的意见或谈话内容若觉不妥，可以提请其考虑，但必须以主谈人的意见为最后意见，不能向谈判对象表达翻译人员个人的意见；对谈判对象提出的要求，应详细告知主谈人，不能自作主张，做肯定或否定的答复；谈判对象若有不正确的言论，应据实全部译告主谈人。翻译人员应自始至终参加谈判的全过程，一般不宜中途换人，以防止工作脱节。

值得注意的是，作为国际商务谈判小组的一员，谈判人员应该对上述几个方面的知识都有所了解，而又专长于某一个方面，即所谓"全能性专家"。如果谈判人员只知道某一方面（如技术方面）的知识，而对商务和法律方面的知识一窍不通，这样在谈判时就会很被动，彼此之间的配合就比较困难。

三、国际商务谈判人员的分工配合

国际商务谈判小组的人员包括三个层次：第一层次的人员是指谈判小组的领导者或首席代表，以及主谈人；第二层次的谈判人员是懂行的专家和技术人员、翻译人员、金融人员和法律人员；第三层次的人员是指谈判必需的工作人员，如速记员或打字员。

（一）国际商务谈判人员的分工

不同的谈判内容要求谈判人员承担不同的任务，并且处于不同的谈判位置。

1. 技术条款的分工

在进行技术条款的谈判时，应以技术人员为主谈人，其他的商务人员、法律人员等处于辅助谈判的位置。技术主谈人必须对合同技术条款的完整性、准确性负责。技术主谈人在把主要精力放在有关技术方面的问题同时，必须放眼全局，从全局的角度来考虑技术问题，并尽可能地为后面的商务条款和法律条款的谈判创造条件。为了支持技术主谈人，商务人员和法律人员应尽可能为技术主谈人提供有关商务和法律方面的知识，从不同的角度支持技术主谈人的观点和立场。

2. 合同法律条款的分工

在涉及合同中某些专业性法律条款的谈判时，应以法律人员作为主谈人，其他人员辅助谈判。一般而言，合同中的任何一项条款都应具有法律意义，但某些条款中法律的规定性往往更强一些，这就需要专门的法律人员与谈判对象进行磋商，即以法律人员为主谈人。此外，法律人员对谈判全过程中法律方面的内容都应给予高度重视，以便为法律条款谈判提供充分的依据。

3. 商务条款的分工

在进行商务条款的谈判时，要以商务人员为主谈人，技术人员、法律人员及其他人员处于辅助谈判地位。商务人员是整个价格谈判的组织者，但进行合同商务条款谈判时，仍需要技术人员的密切配合。技术人员应从技术的角度给商务人员以有力的支持。需要强调的是，在谈判合同的商务条款时，有关商务条款的提出和磋商都应以商务人员为主做出，即商务主谈人与辅助谈判人的身份、地位一定不能搞乱，否则就会乱了阵脚。

（二）国际商务谈判人员的配合

所谓国际商务谈判人员的配合，是指谈判中成员之间的语言及动作的互相协调、互相呼应。

英国贸易专家斯科特认为，谈判小组的领导者在谈判开始时，向谈判对象介绍自己的同事，对谈判对象具有强烈的影响。谈判人员之间的支持可以是口头上的附和，如"绝对正确""没错，正是这样"等；也可以是姿态上的赞同，如眼睛注视正在发言的主谈人不住地点头等。谈判人员的这种附和、赞同对发言人是一种有力的支持，会大大增强发言人说话的分量和可信的程度。如果在主谈人提出己方的意见和观点时，其他的谈判人员或是眼睛望着天花板，或是将脸扭向一旁，或私下干自己的事，这样会影响己方主谈人的自信心，从而减弱其讲话的力量。

谈判小组的内部人员之间的配合，不是一朝一夕能够协调起来的，需要长期的磨合。总之，一个谈判小组的成员素质良好且相互配合协调，这是谈判成功的基础。

任务二　国际商务谈判人员的个体素质

案例导入

一位日本女装连锁店的采购商打电话给一家总公司在巴黎的服装工厂，要求派人到东京做秋装展示。过去几年，两家公司不断有生意往来。巴黎公司派了女设计师克里斯汀去东京谈判，到东京的第三天，日本公司安排面谈。克里斯汀想，既然长时间有往来，直接坐下来谈生意是不会有问题的。于是，谈判当日，客套话之后，克里斯汀立即播放幻灯片、做展示，接着谈价钱，谈完价钱又谈如何促销。折腾半天后她发现，日本公司，上至老板下至业务员，一个个都呆若木鸡，面无表情地看着她。好一阵子沉默后，日本公司的老板才开口，并突如其来地问了克里斯汀许多问题，如问她在哪里学的服装设计，过去的工作经验，她的爱好是什么，在巴黎公司工作了多久等与生意无关的事情。由于话题转得太快，起初克里斯汀还吞吞吐吐地不想说，后来她想既然要聊，就有问必答吧。日本公司的老板又跟她聊了些与法国公司的关系、两者合作的计划，以及法国公司派高级主管来访时如何陪他们走访乡间的一些琐事。最后，日本公司的老板再三叮咛克里斯汀要切记所谈的一切，等她回公司见到上司时一定会用得着。后来，她打电话回巴黎，把事情的始末一五一十地讲给上司，并表示对谈判的结果不乐观。①

【思考讨论题】请你分析一下谈判人员克里斯汀的表现，并分析谈判结果不乐观的原因所在。

素质，在心理学上是指人的神经系统和感觉器官的先天特点。然而，从广义上理解，人的素质不仅具有生理和心理两个方面的基本特点，而且也包含了一个人的知识修养和实际能力方面的内容，人的素质可以在实践中得到逐步发展与提高。谈判是一种思维要求较高的活动，是谈判人员知识、智慧、勇气、耐力等的测验，是谈判人员之间才能的较量。因此，国际商务谈判的成败与谈判小组人员的素质紧密相关。国际商务谈判人员的素质主要指谈判人员对经济谈判有关的主观情况、客观情况的了解程度和解决谈判中遇到的问题能力的大小。

一、业务能力

国际商务谈判人员的业务能力，是指谈判人员在国际商务谈判中竞争取胜的能力。它包括专业知识水平、表达能力、判断分析能力、跨文化交流能力和应变能力。

---

① 周晓菊. 国际商务谈判 [M]. 北京：中国电力出版社，2010，有改动.

(一) 专业知识水平

具备国际商务谈判的专业知识是谈判人员应具备的基本条件，也是提高谈判人员谈判能力的关键。国际商务谈判涉及多种学科、多门知识，如一般谈判项目可能涉及工业企业管理、商业企业管理、工业技术、预测与决策、法律、国际经贸、国际金融、国际会计、公共关系、西方经济学等多门学科。这就要求谈判人员要广泛地了解和掌握国内社会科学和自然科学知识，尤其要了解和掌握本单位的技术特点、本行业的行业特点和相关的市场动向，要具有"T"型知识结构（如图2-1所示）。

我国对外贸易经济的方针政策，以及我国政府颁布的有关涉外法律法规	某种商品在国际、国内的生产状况和市场供求关系	价格水平及其变化趋势信息	产品的技术要求和质量标准	有关国际贸易和国际惯例知识	国外有关法律知识，包括贸易法、技术转让法、外汇管理法，以及有关国家税法方面的知识	各国各民族的风土人情和风俗习惯	可能涉及的各种业务知识，包括金融尤其是汇率方面的知识和市场知识等

丰富的商品知识，熟悉商品的性能、特点和用途
了解某种（些）商品的生产潜力或发展的可能性
有丰富的谈判经验与应付谈判过程中出现的复杂情况的能力
最好能熟练地掌握外语，能直接用外语与谈判对象进行谈判
了解国外企业、公司的类型和不同情况
懂得谈判心理学和行为科学
熟悉不同国家的谈判对象的风格和特点

图 2-1 "T"型知识结构

(二) 表达能力

表达能力，是指谈判人员在国际商务谈判中运用语言和非语言形式传达有关信息的能力。在国际商务谈判中，谈判人员的语言和非语言形式的信息表达，应具有表现力、吸引力、感染力和说服力。在用语言表达时，谈判人员要注意准确和适度，任何模棱两可、含糊其辞、说理无据、任意发挥、说错话或出现破绽，都可能导致谈判的失利或失败。

(三) 判断分析能力

判断分析能力，是指国际商务谈判人员善于对谈判对象进行观察，并以此进行推理分析，判断和发现其他典型特征和内在本质的能力。如谈判人员在同谈判对象的接触中能判断出其本质身份，获取所需要的信息，经过推理分析，发现对方的真实意图。再如，在谈判中，己方的建议或提议遭到拒绝时，谈判人员要善于分辨出性质不同的"拒绝"：如果真的拒绝，则不必再花费精力；如果是策略性拒绝或犹豫性拒绝，则应提供各种依据或进行有针对性的讨论，以促使谈判成功。

(四) 跨文化交流能力

国际商务谈判的跨文化行主要是由于参与谈判双方处在不同的文化、宗教、伦理环境中造成的。谈判双方一般具有不确定的思维方式、价值观念、行为方式，在语言表达和风俗习惯上也有明显的区别。在国际商务谈判的特殊性中，跨文化性表现得更为突出。正是由于国际商务谈判的难度要远远高于国内商务谈判，因此要求国际商务谈判人员不仅在知识结构、语言表达能力、谈判策略及技巧的实际运用能力等方面具备更高的水准，而且要求各参与方在尊重各自文化差异的基础上，具有娴熟的跨文化交流能力，从而协调好各参与方的经济利益关系。

(五) 应变能力

应变能力，是指国际商务谈判人员根据形式变化，随机应变，采取相应的对策，调整谈判策略或谈判目标，把握控制局势的能力。由于国际政治、经济形势等的影响，谈判的外部因素是经常处于变化之中的，有时甚至有重大突发事件发生。在这种情况下，要求谈判人员一方面要审时度势，及时改变谈判策略或谈判目标；另一方面，也可以运用各种方法，把握和控制住谈判局面的变化，善于捕捉转瞬即逝的机会，使谈判按照预定的轨道向前发展。

问题探讨

我国内地A厂与美国B公司谈判签订了一份合同，B公司为A厂提供贷款，A厂提出按当时美国摩根大通银行最优惠的贷款月利率8.7%计算，合同上却写明按美国摩根大通银行的最优惠贷款利率计算。由于A厂有关谈判人员对专业知识不了解，又缺乏对美国摩根大通银行利率变化的分析，也就答应了。后来，B公司拿来了美国摩根大通银行的最优惠贷款利率，一连七八个月都在15%以上。按照这个标准，A厂将付出高额利息。为此，A厂要求修改合同，按月利率7.6%计算，但B公司以合同已生效为由拒绝修改。双方几经交涉没有结果，A厂终因负债累累而倒闭。

阅读以上资料，谈判人员应具备何种能力？这些能力对谈判的成功与否有什么影响？

二、心理素质

国际商务谈判人员的心理素质，是指在国际商务谈判中，谈判人员应具有良好的心理品质。谈判人员良好的心理素质是谈判取得成功的重要基础条件，也是谈判人员在复杂的国际商务谈判中取胜的保障。谈判人员相信谈判成功的坚定信心、对谈判的诚意、在谈判中的耐心等都是保证谈判成功不可或缺的心理素质。良好的心理素质是谈判人员抗御心理挫折的条件和铺设谈判成功之路的基石。

国际商务谈判人员应具备的基本心理素质如下。

（一）责任心

认真负责、一丝不苟是对国际商务谈判人员心理素质的基本要求。谈判人员只有具备较强的事业心，才会在谈判中不论遇到什么情况，始终坚持自己的立场，发挥自己的智慧和能力，使谈判取得成功。

（二）自信心

国际商务谈判人员应有百折不挠、不达目的绝不罢休的自信心和决心。所谓自信心，就是谈判人员相信自己的实力和能力。它是谈判人员充分施展自身潜能的前提条件。缺乏自信往往是国际商务谈判遭受失败的原因。没有自信心，谈判人员就难以勇敢地面对压力和挫折，面对艰辛曲折的谈判，只有具备必胜的信心才能促使谈判人员在艰难的条件下通过坚持不懈的努力走向胜利的彼岸。

（三）自制力

自制力，是指国际商务谈判人员在环境发生剧烈变化时克服心理障碍的能力。谈判人员应具有高尚的情操、鲜明的爱憎、稳定的情绪。国际商务谈判是一项严肃认真的活动，谈判双方在心理上处于对立状态，免不了经常会出现紧张激烈的局面，因此，谈判人员要坚持外松内紧的原则，善于在激烈变化的形势中控制自身的意志和行为。这样，在谈判顺利时才不会洋洋得意；在谈判遇到挫折时不会心灰意冷；遇到令人生气的事时能够忍耐，克制愤怒。

（四）协调力

协调力，是指国际商务谈判人员应易于与他人相处，有良好的人际关系，并具有能协调其他谈判人员统一行动的心理素质。国际商务谈判是由多人、多方面共同完成的一项复杂的活动，协作性较强。因此，谈判人员要能够协同行动，在人与人之间形成一种融洽的关系是非常重要的。一位称职的谈判人员，既能尊重上级，又能尊重下级，能够尊重所有人，能够虚心听取一切有利于谈判进行和谈判目标实现的正确建议和合理意见。不仅如此，谈判人员还要善于解决矛盾和冲突，善于沟通情况，具有较强的鼓动和说服能力，使谈判小组的成员为了实现谈判目标而密切配合、统一行动。

（五）抗压力

谈判人员经常会面临四面受压的局面，压力既有来自谈判对象一方的，又有来自自己一方的。当谈判陷入争执不下、久拖未果的境地时，这种压力还会呈现不同程度的增长。

来自内部的压力往往是由于某些领导者不了解实际情况，以主观意志代替客观分析，以行政命令干预谈判的具体工作所造成的。然而，领导者的决策正确与否与具体工作人员的工作水平、工作作风关系极大。在具体的项目谈判中，谈判人员一定要坚持实事求是的原则，如实反映报告，这样才能帮助领导者做到心中有数，以保证决策的正确性，为项目合作争取有利的条件。

能否在谈判中顶住来自内部和外部的压力，不但是对谈判人员的耐心与毅力的考验，而且也是对谈判人员能否坚持原则的考验。谈判人员应该从工作实际出发，严格按国际商务谈判的客观规律办事，善于顶住来自各方面的压力，有效维护国家、企业的利益，争取项目的最大效益。

任务三　国际商务谈判的管理

案例导入

辽宁省盘锦市 A 公司从事某添加剂业务，在 2008 年金融海啸导致许多工业原材料价格暴跌时，A 公司决定以低价从国外大量购进该产品。

A 公司作了大量的市场调研工作，首先通过互联网搜寻该添加剂主要生产国的信息，又通过对各国产品的性价比对确定英国 B 公司为谈判对象。A 公司还通过电子邮件等方式与 B 公司进行沟通，把己方的基本情况和所需产品信息传递给对方，也进一步获取了对方的信息。

双方初次面谈富有成效，确定了要进口产品的品种、数量、进口时间等，并在其他方面也达成了基本共识。但在接下来的价格谈判上出现了分歧，针对 B 公司的报价，A 公司通过列举国内同类产品的价格（但质量不如 B 公司）、俄罗斯方面的报价等，给出己方还价。由于 A 公司掌握了翔实可靠的国际市场行情资料，还价客观且态度坚决，从一开始就彻底动摇了对方的底价。在谈判过程中，A 公司审时度势，在了解该产品世界行情、掌握英方产品质量和需求的情况下，大胆运用替代方案策略，即 BATNA（Best Alternative to a Negotiated Agreement）。A 公司表示，如果 B 公司的产品价格没有竞争力，公司将与俄罗斯方面签订合同，并以"第三方报价"为参照，以"另有选择"为利器，成功改变了对方的底价，达成了对己方更有利的价格条款。①

【思考讨论题】A 公司谈判获得成功的主要原因是什么？

---

① 刘园. 国际商务谈判 [M]. 3 版. 北京：中国人民大学出版社，2015，有改动.

国际商务谈判的管理工作贯穿于谈判活动的全过程，目的是使资源成本最小化、组织功能最大化，主要包括：国际商务谈判小组的人员选配；国际商务谈判小组人员的培训；国际商务谈判人员的积极性调动；国际商务谈判人员的协调控制；国际商务谈判班子的规范健全。

一、国际商务谈判小组的人员选配

国际商务谈判胜负的决定性因素在于谈判人员的素质。因此，选拔优秀的谈判人员是进行国际商务谈判的第一个重要环节。作为个体，谈判人员的入选条件大致可以分为：品质可靠；具有独立的工作能力而又具有合作精神；具有较高的智力水平与谈话水平；能够适应长期出差；受过一定的谈判技巧训练，具备良好的专业基础知识，熟悉并了解本行业范围的产品及其维修服务；具有良好的判断力，能够洞悉问题的症结所在，并能够注意到可能影响谈判结果的潜在因素；能听取各方的意见，有忍受冲突和面对不明确态度的耐心；能不受任何外界的干扰，甚至顶住压力，独立做出判断；对待事物能分清主次、抓住重点，合理掌握时间进度；具有良好的交际能力，善于与不同国家、不同信仰、不同等级的人打交道。在选择好谈判人员之后，在组建谈判小组时应该考虑以下原则。

（一）精干高效的原则

管理心理学揭示：在人的记忆度中，最佳记忆是3~5个单位；而在一个组织中，每个人对周围环境的最大影响幅度为2~4个单位。因此，一个国际商务谈判小组的理想规模是4人左右。因为在这种规模下，最容易控制，因而也最容易发挥小组成员的集体力量。法国管理学家格拉丘纳斯进行了大量的组织内管理幅度和人与人之间关系的研究，提出了管理人际关系的数学模型，即"当管理幅度按算术级数增加时，人员间的复杂关系按几何级数增加"。因此，人员不多，但要精干、实用、高效，也就是要求全面提高谈判人员的素质，力求一专多能，有较强的事业心、较高的业务水平，以保证谈判任务的圆满完成。

（二）学历与经验并重的原则

一般情况下，学历的高低标志一个人接受教育的程度。但是，如果谈判人员只有书本知识而从未参与过任何谈判实践，初登谈判场则不宜直接担任主要角色，只有经过一段时间的观察学习，才能找出将书本知识灵活运用于实践的途径。也有一些谈判人员虽然没有接受过高等教育，但在实践中摸索出一套谈判的经验，在谈判桌上的临场发挥相当优秀。因此，在组织谈判小组时应将学历与经验并重，只有将有学历和有经验的谈判人员结合一起，相互补充、扬长补短，才能提高谈判小组人员的总体能力。

（三）新老搭配的梯队原则

每一次国际商务谈判不仅是针对某一个问题进行的利益交锋，也是培训新人的绝好机会。因此，谈判小组成员中既要有训练有素的沙场老将，又应有初出茅庐的新兵。在一般的谈判中，让新兵出场演练，有老将坐镇指挥，这样才能在保证谈判顺利进行的情况下完成梯队建设，使谈判精兵层出不穷。同时，就年龄而言，年轻人思路敏捷，敢于寸步不让，寸利必争；年长者沉着稳重，以柔克刚，两者配合能更好地施展谈判的策略与技巧。

二、国际商务谈判小组人员的培训

（一）社会的培养

社会的培养主要是国际商务谈判人员最基本素质的培养，包括基础文化知识、经济理论知识、谈判理论的教育，还有比较重要的如人际交往能力、决断能力、毅力、健康心态的培养等内容。社会培养营造的环境很宽广，它给谈判人员奠定了一个最基本的素质基础。因此，社会培养的范畴是有限的，严格地讲，它只是提供一个谈判人才的"毛坯"。

（二）企业的培养

企业对谈判人员的培养是有意识的、有系统的培养过程，一般包括四个阶段，即打好基础、亲身示范、先交"小担"、再加重担。

1. 打好基础

新的谈判人员加入谈判小组后，无论其年龄大小，作为组织领导者，第一件事就是向他们讲授本行业的基本知识和要求，并检查其是否掌握了这些基本知识和要求。采取的形式可以有两种，即集中授课和单兵教练。

2. 亲身示范

谈判是一门实践的科学，书本中的理论有待于放到实践中去检验。因此，新的谈判人员在接受了谈判的基本知识以后，应当体验并逐步适应于千变万化的谈判环境中。亲身示范包括从谈判的组织准备、实质性谈判到签约的全过程。

3. 先交"小担"

经历过以上两个阶段后，新的谈判人员便可以参加真正的谈判，亲自体验国际商务谈判的全过程。一般来讲，可以先给新的谈判人员一些金额不大、谈判内容不太复杂的"小担"项目，让其独自去挑，这对谈判人员的成长具有重要意义，有人称之为"起飞前的助跑"。小项目的内容相当简单，它使得新的谈判人员有余力去揣摩谈判对象和体验独立谈判的滋味，这有利于新的谈判人员增强获胜的自信心。

4. 再加重担

对在若干"小担"的负载中取得成功实绩的谈判人员可适当赋予"重担"，以促进其成才，这是实现其"起飞"的重要条件。这样的"重担"，通常是具有交易金额大、谈判目标高、交易标的技术复杂、己方的竞争对手多和政策性强等特点的谈判项目。

（三）自我培养

作为谈判人员，首要的品质便是应有所追求，以谈判事业为毕生追求的目标。同时，谈判人员要坚定为国家、民族、企业的利益而谈判的信念，坚持不懈地提高自己的谈判能力和自身素质，只有这样才能具有强大的思想动力。

谈判人员要达到应当具备的答辩能力、业务能力、组织能力、交际能力等，主要可以用下述四种科学方法进行自我培训。

1. 博览

谈判人员应广泛涉猎有关谈判的书籍，积累诸如技术、商业、金融、保险、运输、法律、逻辑，乃至政治、军事、文化及外语方面的知识。

2. 勤思

博览只是一个知识的吸收过程。谈判人员要想在有限的时间内将有限的知识真正运用于谈判实践，就必须有一个自我消化的过程，认真记录各种有益的素材和瞬间的感受、体会，这是一种积累，也是一种收获，有助于提高谈判人员对问题的理解能力。

3. 实践

书上的知识要通过实践才能成为谈判的真本领，实践也需要理论的指导，因此谈判人员不能仅凭主观意愿盲目地去实践。

4. 总结

谈判中要学习的东西很多，要从实践中获得更大的收获，谈判人员就必须学会总结。每一次学习、每一次谈判都是一次宝贵的机会，都值得谈判人员认真总结经验教训，以指导自己今后的学习和实践。

三、国际商务谈判人员的积极性调动

谈判需要付出巨大的劳动，谈判成果又与企业的经济利益有直接关系。因此，对谈判人员应给予适当的奖励，以充分发挥他们的聪明才智，在谈判工作中创造优异的成绩。

对谈判人员的奖励可以分为物质奖励和精神奖励两类，或者称为外在奖励和内在奖励两个方面。

按照心理学理论，人的动机来自需要，而人的需要是多种多样的。高的物质报酬，满足的只是人的第一层次的需要，虽然能调动人的积极性，但并不一定能够长期稳定地维持这种积极性。因为人的劳动并不仅仅是为了取得物质上的报酬，有时社会的承认、受到人们的尊重等精神因素更能激发人的积极性。

物质奖励的满足程度是由谈判人员自己定出的标准来衡量的，这个标准受到其心目中社会平均标准的影响，同时，也受到周围类似人员所受奖赏多少的影响。

精神奖励则来源于谈判本身。对谈判人员的精神奖励可以采取多种措施，例如：对谈判人员委以重任，把困难的谈判任务交给他们，使谈判人员得到某种信任感从而得到满足；对谈判人员的工作成绩给予充分肯定，使他们得到一种事业上的满足；在适当的条件下举办一些培训班，让谈判人员发挥特长、培养人才，让个人的才能有用武之地，使事业上的抱负能够实现，这也是人的需要中较高层次的需要；给予谈判人员以较大的自主权利，有权处理谈判过程中出现的新问题；给予谈判人员能与其他同行交流的时间和机会，以探讨总结取得成功的经验和失败的教训。

通过以上措施，从物质上、心理上激励谈判人员，促使其自觉地提高谈判素质，从而在谈判中更好地发挥作用。

问题探讨

某县一家饮料厂欲购买意大利固体果汁饮料的生产技术与生产设备。该厂拟定派往意大利的谈判小组包括以下四名核心人员,即饮料厂厂长、县主管工业副县长、县经委主任和县财办主任。

阅读以上资料,如此安排谈判人员是否合适?是否会导致什么样的后果?那么,应如何调整谈判人员?做出调整的理论依据是什么?

四、国际商务谈判人员的协调控制

很多情况下谈判小组内部都配有谈判小组和咨询顾问小组两套班子,这样内部的意见沟通就可能呈现出复杂交错的状况。从理论上讲,两套班子相互之间以及与高层领导之间的职权划分和界定,为相互之间协调配合和高层领导对谈判的控制提供了客观依据与规范要求。然而,无论是谈判人员还是顾问人员,他们的背景不同、专业资历不同,他们所代表的利益也不同,观察问题的角度也会不同,于是谈判过程中首先有一个自身立场能否协调的问题。因此,相互协调是谈判小组内部追寻共同利益与目标的基础。但是,即使谈判人员、顾问人员彼此之间能够坦诚交换看法、有效沟通意见,在对具体问题的判断上,对具体方案与策略的选择上,乃至对具体处理方法的取舍上,仍旧有可能出现较大的分歧,这时采取先民主后集中的办法,保证最终决策者的权威性乃是十分必要的手段。

对于高层领导来说,其首要关心的问题是谈判能否达到预期目标,虽然对谈判小组作了具体授权,但不能放弃对谈判进程的控制和影响。高层领导指挥监督的作用可以直接地表达出来,也可以委任咨询顾问小组间接地发挥过来。

由于谈判的复杂性和戏剧性,领导者对于谈判的控制需要保持适度的弹性。一个很好的做法是找到一个合适的主谈人并帮助主谈人确立权威性。万一缺乏这种合适的人选,那么高层领导只能直接充当主谈人,尤其是当谈判陷入僵局或进入关键阶段时。

五、国际商务谈判班子的规范健全

健全谈判班子,是指挑选各类专业人员,配合好主谈人,并给予足够的授权。首先是要调整好领导干部与谈判人员的关系。领导干部与谈判人员之间的关系最重要的是明确各自的职责范围,各自权力的划分,建立共同的奋斗目标。在实际谈判中,领导干部更多的是在必要与充分的授权下,给谈判人员以高度的支持、理解、谅解和协调。其次是调整好谈判人员之间的关系。调整好谈判人员之间的关系主要是指谈判人员之间应强调互相默契、信任、尊重,达到有效合作的目的,以保持工作效率,措施有:明确共同的责任和职权;明确谈判人员的分工;整个谈判小组共同制订谈判方案,集思广益;明确相互的利益;共同检查谈判进展状况,相互支持;谈判小组的负责人要尊重小组成员的意见,发扬民主作风，以身作则，廉洁奉公，处处关心小组成员，使小组成为一个团结、友爱、共同奋斗的集体。

本部分重点内容网络图

国际商务谈判的组织与管理
- 国际商务谈判人员的组织结构
  - 国际商务谈判小组的规模
  - 国际商务谈判小组人员的构成
  - 国际商务谈判人员的分工配合
- 国际商务谈判人员的个体素质
  - 业务能力
  - 心理素质
- 国际商务谈判的管理
  - 国际商务谈判小组的人员选配
  - 国际商务谈判人员的培训
  - 国际商务谈判人员的积极性调动
  - 国际商务谈判人员的协调控制
  - 国际商务谈判班子的规范健全

复习思考题

一、简答题

1. 一个完整的谈判小组应包括哪些成员？各成员之间应该如何配合？
2. 一位优秀的谈判人员应该具备哪些能力和素养？
3. 如何对进行一次国际商务谈判进行管理？
4. 简述国际商务谈判小组的搭配原则。
5. 简述国际商务谈判人员的培养途径及方法。

二、案例分析

A国12名不同专业的专家组成一个代表团去美国采购约3000万美元的化工设备和技术。为了令A方满意，美方作了精心安排准备，其中一项是送给A方每人一个小纪念品。纪念品的包装很讲究，是一个漂亮的红色盒子，红色代表发达。可当A方高兴地按照美国人的习惯当面打开盒子时，每个人的脸色却显得很不自然——里面是一顶高尔夫帽子，但颜色却是绿色的。美方的原意是：签完合同后，大伙去打高尔夫球。但他们哪里知道，"戴绿帽子"是A国男人最大的忌讳。结果，双方未能签订成合同。

【分析】在国际商务谈判中，作为谈判人员，要做充分的准备，对于谈判对象所在国家的风俗习惯等情况也要做充分的了解，这是谈判人员应该具备的基本素质。

【思考】你认为该项谈判失败的原因是什么？

实践与训练

1. 实训内容

假设甲进出口贸易公司现在要与德国 A 公司就引进设备一事进行谈判，涉及金额约 300 万美元。请你组建谈判团队，包括提出公司参加谈判的人员要求及名单，由于本次谈判金额较大且涉及技术支持的问题，谈判比较复杂，请你对所组建的团队进行合理分工（按要求填写下表）。

序 号	团队成员	素养和能力要求	建议人选	原 因	备 注

2. 实训目的

（1）掌握国际商务谈判团队的群体构成原则。
（2）熟记国际商务谈判人员应具备的个体素质。

3. 实训要求

根据本公司这次重大的国际商务谈判，选取得力人员组成胜算较大的谈判团队，并且对各个谈判人员进行职责分工，明确对其的素养和能力要求，另外给出人员选定的理由，显示出最终谈判团队的优势。

4. 实训步骤

首先为谈判团队给出人员组成建议，然后根据本公司的谈判要求和各位谈判人员的特长对谈判人员进行职责分配，最后阐述人员选定和团队组成的理由，为公司选出一个极具优势的谈判团队。

学习情境 3
国际商务谈判的准备

学习目标

本学习情境详尽地介绍了国际商务谈判启动前应做的各方面的准备工作。通过本学习情境的学习，学习者应掌握如何进行国际商务谈判的信息准备，了解己方自身情况的准备，以及谈判方案如何制订，并学会模拟谈判。

知识点

1. 了解国际商务谈判的信息准备中的环境因素分析。
2. 明确国际商务谈判准备阶段信息的收集与整理。
3. 明确国际商务谈判中的组织准备和物质条件的准备。

技能点

1. 掌握国际商务谈判方案制订的主要内容。
2. 掌握国际商务谈判中的模拟谈判。

任务一　国际商务谈判的信息准备

案例导入

我国某冶金公司要向美商购买一套先进的冶炼组合炉，于是，该公司委派一名高级工程师与美商谈判，为了不负使命，这位高级工程师作了充分的准备工作，他查找了大量有关冶炼组合炉的资料，花了很大的精力对国际市场上冶炼组合炉的行情及美国这家公司的历史和现状、经营情况等了解的一清二楚。谈判开始，美商一开口要价150万美元。中方高级工程师列举了各国的成交价格,使美商目瞪口呆,终于以 80 万美元达成协议。当谈判购买冶炼自动设备时,美商报价 230 万美元,经过讨价还价压到 130 万美元,该公司仍然不同意,坚持出价 100 万美元。美商表示不愿继续谈下去了,把合同往高级工程师的面前一扔,说:"我们已经作了这么大的让步,贵公司仍不能合作,看来你们没有诚意,这笔生意就算了,明天我们回国了",高级工程师闻言轻轻一笑,把手一伸,作了一个优雅的"请"的动作。美商真的走了,冶金公司的其他人有些着急,甚至埋怨高级工程师不该抠得这么紧。高级工程师说:"放心吧,他们会回来的。同样的设备,去年他们卖给法国只有 95 万元,国际市场上这种设备的价格 100 万美元是正常的。"果然不出所料,一个星期后美商又回来继续谈判了。高级工程师向美商点明了他们与法国的成交价格,美商又愣住了,没有想到眼前的这位中国高级工程师如此精明,于是不敢再报虚价,只得说:"现在物价上涨的利害,比不了去年。"高级工程师说:"每年物价上涨指数没有超过 6%。一年时间,你们算算,该涨多少?"美商被问得哑口无言,在事实面前,不得不让步,最终以 101 万美元达成了这笔交易。①

【思考讨论题】这位高级工程师在谈判中为什么会赢得胜利?

一场谈判能否达到预期的目的,获得圆满的结果,不仅要看谈判桌上有关策略、战术和技巧的灵活运用和充分发挥,还有赖于谈判前充分细致的准备工作,这些准备工作是取得谈判成功的基础,尤其是在谈判人员缺少谈判经验的情况下,准备工作就显得更为重要。在与经验丰富的谈判对象进行谈判时,就更要重视谈判的准备工作,以充分、细致、周到的准备来弥补经验上和技巧上的不足。

一、国际商务谈判环境因素的分析

(一)国际商务谈判环境分析概述

1. 国际商务谈判环境分析的意义

国际商务谈判环境,是指影响国际商务谈判的所有因素总和。国际商务谈判环境可以分为外部环境和内部环境两大类。

国际商务谈判环境分析就是对影响国际商务谈判的所有因素的相关信息进行收集、整理、评价,是国际商务谈判策划的依据。

作为国际商务谈判人员,掌握一定的信息原理及其市场调查方式、方法,并在此基础上进行周密的策划,是做好国际商务谈判工作的最基本要求。

2. 国际商务谈判环境分析的内容

(1)宏观环境分析,包括政治环境、经济环境、法律环境、技术环境、人文环境等。

(2)谈判对象分析,包括该企业的发展历史、组织特征、产品技术特点、市场占有率和供需能力、价格水平及付款方式、对方的谈判目标和资信情况,以及参加谈判人员的资

---

① 博弈谈判,信息为王. 石油石化物资采购 [J]. 2012,有改动.

历、地位、性格、爱好、谈判风格、谈判作风及谈判模式等。

(3) 企业自身情况分析，包括企业在行业中的地位、经济能力、技术能力、市场能力、人力资源状况、物资供应能力、配套能力等。

(二) 宏观环境分析

国际商务谈判是在一定的政治、经济、文化、宗教以及法律背景下进行的。对谈判宏观背景的把握程度会直接或间接地影响谈判的结果。因此，在进行国际商务谈判前，谈判人员首先应对谈判对象的背景进行全面的调研与分析，这样才能组织好谈判人员，制定出相应的谈判策略。由于谈判对象是来自不同国家或地区的人，要想全面、准确地了解对方的政治背景、经济背景及社会背景，并不是一件容易的事情。但每个国家或地区政治背景、经济背景、文化背景的形成并不是孤立的，它一定是由本国或本地区长期形成的具有特色的生活方式、消费习惯、价值观念等因素影响的，因而谈判风格也会受到上述各种特点的影响，从而给谈判对象的思维带来较大的影响。因此，作为谈判人员，在了解了不同的谈判对象所属国家或地区的风俗习惯、政治背景、经济背景、文化背景等方面内容以后才能在谈判中有的放矢，采取适当的谈判策略，从而取得谈判成功。

1. 政治环境

所谓政治环境，主要指国际风云和谈判双方所属国的政治状况及外交关系。政治环境的变化往往会对谈判的内容和进程产生重要影响。在国际商务谈判中，谈判双方都非常重视对政治环境的分析，特别是对有关国际形势的变化、政局的稳定性以及政府之间的双边关系等方面的变化情况的分析。了解这方面的情况，有助于谈判人员在谈判时分析双方合作的前景，正确地核算成本，制定相应的谈判策略。对政治环境的分析主要有以下三个方面。

(1) 国际形势的变化。

国际形势的变化，像发生战争、地区关系紧张等，都会影响谈判的内容和进程。如中东地区是世界石油的主要出口地，如果中东地区局势紧张，甚至发生大规模战争，都会对世界市场上的石油及其制品的价格产生影响。如果商品的运输要通过交战地区，则很可能因为战争的爆发而无法通过。因此，谈判人员在进行价格、支付、运输、保险等合同条款的谈判时，都应考虑国际形势变化的影响。

(2) 政局的稳定性。

谈判双方国家政局的稳定性会影响谈判双方签约后能否顺利履约。在实际业务中，有一些合同是因为一方国家的政局不稳定（如政府面临政治危机、丑闻困扰、大规模的种族冲突等）而无法履行。因此，谈判人员应该对事态的发展趋势及谈判对象对合同履行的影响做出分析，然后再决定是否进行谈判以及在谈判中对这些问题提出有针对性的解决方法，以免到时合同无法履行而造成损失。

(3) 政府之间的双边关系。

政府之间的双边关系主要是指双方的政治关系，如是否加入了国际合作组织（WTO、欧共体），是否相互给予惠国待遇，是否已签订双边贸易协定，相互之间有无采取经济制裁措施等，这些都会对国际商务谈判能否顺利进行产生一定的影响。

简而言之，政治环境的变化通常会对谈判的内容、进程乃至协议的履行产生重要影响。因此，在国际商务谈判中，优秀的谈判人员都非常重视对政治环境的分析，以确保谈判可以顺利进行。

2. 经济环境

经济环境包括经济软环境和经济硬环境。相对于交通、城建、水利、电力、通信等硬环境而言，经济软环境是指有关经济发展的投资环境，其主要要素是有关经济发展的政策、执行政策的行为规范以及整个社会风气。经济软环境对经济发展的作用表现为当经济软环境适宜于经济发展时，就能促进经济快速、健康发展，反之，软环境不宽松则会对经济发展起阻碍作用。

另外，经济环境有大小之分。所谓大环境，是指与谈判内容有关的经济形势的变化情况，如经济周期、国际收支、外贸政策、金融管理等。所谓小环境，就是供求关系的状况。其中，经济大环境的变化对国际商务谈判的影响大为明显，在谈判前谈判人员应对上述内容及其变化情况有所了解，并分析它给谈判带来了哪些影响。

对经济大环境的分析有以下四个方面。

(1) 经济周期。

经济周期是再生产各环境运行状况的综合体现，谈判前通过对当前经济周期发展情况的了解，有助于谈判人员客观地分析经济形势和谈判双方的需要，从而选择不同的谈判策略。如若谈判对象国家正处在经济萧条阶段，则表明该国的生产停滞、市场需求不足，此时他们对购进商品比较审慎，而对推销他们的商品则会比较积极。

(2) 国际收支。

国际收支能反映一国的对外结算情况。一个国家的国际收支状况如何会影响该国的国际支付能力，很多国家的政府在制定国际贸易政策时都把国际收支状况作为一个重要的因素来考虑。通过对谈判对象国家的国际收支状况进行了解，有助于谈判人员分析该国的对外支付能力、货币币值的升降趋势和预测该国汇率的变动情况，为谈判中明确支付条件、选择结算货币提供参考。

(3) 外贸政策。

各国根据国际形势和对外贸易情况的变化经常对其对外贸易政策进行调整。如果谈判人员对这方面的情况不了解就容易吃亏。因此，谈判人员在谈判前应对双方国家与谈判内容有关的外贸政策，如国别政策、配额管理、许可证管理、最低限价等方面的最新变化情况进行了解，并据此来调整己方的谈判方案和谈判策略。

(4) 金融管理。

对金融管理方面的了解，主要是了解谈判双方国家的货币政策、外汇管理、汇率制度、贴现政策等方面的变化情况，为谈判时选择结算货币、支付形式等提供依据。

（三）国际商务谈判对象分析

对谈判对象的调查是谈判准备工作最关键的一环，同一个事先毫无任何了解的对象进行谈判，会造成极大的困难，甚至会冒很大的风险。谈判对象的情况复杂多样，主要调查分析谈判对象的客商身份，资信情况，资本、信用及履约能力，参加谈判人员的权限和谈判目的等情况。

1. 谈判对象的客商身份调查

在国际商务谈判中，对谈判对象身份了解直接关系企业的利益，因此客商身份调查显得尤为重要，客商身份有以下几种类型。所以，谈判人员在谈判过程中需谨慎。

(1) 世界上享有声望和信誉的跨国公司。

这类客商的资本比较雄厚，往往有财团作为自己的后台支柱力量。像美国著名的通用汽车公司、德国的西门子电器公司、日本的松下电器公司等都是世界上知名的企业。这类客商的机构十分健全，通常都有自己的技术咨询机构，并聘请法律顾问，专门从事国际市场行情和金融商情的研究和预测，以及技术咨询论证工作。谈判人员在与这类客商进行国际商务谈判时会明显感到：它们很讲信誉，办事讲求原则，工作效率高，对商情掌握得比较准确；在要求对方提供技术数据时，往往要求准确、先进和完整；由于它们各方面的要求都较高，在谈判中提出的问题往往比较尖锐。因此，如果进行国际商务谈判的对象属于此类，那么就一定要事先做好充分的准备，谈判中要求有较高超的谈判技巧，要有充足的自信心，不能一味迎合对方的条件而损害自己的根本利益。这类客商是很好的贸易伙伴。

(2) 享有一定知名度的客商。

这类客商的资本也比较雄厚，产品在国内外有一定的销售量。许多靠引进技术，通过改进创新发展起来的这类客商，其产品在国际市场上具有一定的竞争能力。谈判人员在与这类对象进行国际商务谈判时会明显感到：它们比较讲信誉；占领我国市场的愿望比较迫切；技术服务和培训工作比较好；对对方在技术方面和合作生产的条件比较易于接受；对于技术转让和合作生产的条件要求较为优惠。这类客商也是较好的贸易伙伴。

(3) 没有任何知名度的客商。

对待这类客商，只要确认其身份地位，深入了解其资产、技术、产品、服务等方面的情况。这类客商也是很好的合作伙伴。因为其知名度不高，因此谈判条件不会太苛刻，它们也希望多与我国的企业合作打出其知名度。

(4) 专门从事交易中介的客商。

这类客商没有法人资格，因而无权签订合同，它们只是为了收取佣金而为交易双方牵线搭桥。如没有注册资本的贸易行或商行等，它们仅有营业证明，不能提供法人资格、注册资本及法人地址等的公证书，而是只能提供标有公司名称、职务及通讯地址的个人名片。对待这类客商，要认清它们所介绍的客商的资信情况，防止它打着中介的旗号进行欺骗。

(5) 知名母公司的下属子公司客商。

这类客商也称"借树乘凉"的客商，是知名母公司的下属公司，其母公司资本雄厚，往往具有较高的知名度，而其子公司可能刚刚起步，资本比较薄弱，无注册资本和法人资格，两者自负盈亏，无连带责任。不要被这类客商的母公司光环所迷惑，对待这类客商应持慎重态度。如果是子公司，要求其出示其母公司准予以母公司的名义洽谈业务并承担子公司一切风险的授权书。母公司拥有的资产、商誉并不意味着子公司也拥有，要警惕子公司打着母公司的招牌虚报资产的现象。如果是分公司，其不具备独立的法人资格，公司资产属于总公司，无权独自签约。

(6) 各种骗子型客商。

这类客商私刻公章，弄假证明、假名片、假地址，以此来从事欺骗活动。对待这类客商，一定要调查清楚其真实面目，谨防上当，尤其不要被对方虚假的招牌、优惠的条件、给个人的好处所迷惑，使自己落入圈套。

2. 谈判对象的资信调查

对谈判对象进行资信状况的调查研究，是谈判前准备工作极其重要的一步，也是决定谈判的前提条件。谈判对象主体资格不合格或不具备与合同要求相当的履约能力，那么谈判双方所签订的协议就是无效协议，谈判人员就会蒙受巨大的损失。

对谈判对象资信情况的调查包括对客商合法资格的审查，对谈判对象的资本、信用及履行能力的审查，了解对方谈判人员的权限和谈判时限等情况。

(1) 对客商合法资格的审查。

国际商务谈判的结果是有一定的经济法律关系的，参加一定的经济法律关系而享受权利和义务关系的组合或个人叫作经济法律关系主体。作为参加国际商务谈判的企业组织必须具备法人资格。

从法律上讲，法人应具备三个条件：一是法人必须有自己的组织机构、名称和固定的场所，组织机构是决定和执行法人各项事务的主体；二是法人必须有自己的财产，这是法人参加经济活动的物质基础与物质保证；三是法人必须具有权利能力和行为能力。所谓权利能力，是指法人可以享受权利和承担义务，而行为能力则是法人可以通过自己的行为享有权利和承担义务。满足了这三个方面的条件后，在某个国家进行注册登记，即为该国的法人。

对谈判对象法人资格的审查，可以要求对方提供有关证明，如法人成立地注册登记证明、法人所属资格证明，验看营业执照，详细掌握对方企业的名称、法定地址、成立时间、注册资本、经营范围等。还要弄清对方法人的组织性质，是有限责任公司还是无限责任公司，是母公司还是子公司。因为公司的组织性质不同，其承担的责任是不一样的。还要确定其法人的国籍，即其应受哪一国家法律的管辖。对于谈判对象提供的证明文件首先要通过一定的方法和途径验证真伪性。

对客商合法资格的审查还应包括对前来谈判的客商的代表资格或签约资格进行审查；在对方当事人找到保证人时，还应对保证人进行审查，了解其是否具有担保资格和能力；在对方委托第三者进行谈判或签约时，应对代理人的情况加以了解，了解其是否有足够的权利和资格代表委托人参加谈判。

(2) 对谈判对象的资本、信用及履约能力的审查。

对谈判对象的资本审查主要是审查对方的注册资本、资产负债表、收支状况、资金状况等有关情况。对方具备了法律意义上的主体资格，并不一定具备行为能力。因此，谈判人员应该通过公共会计组织审计的年度报告，银行、资信征询机构出具的证明来核实。

对谈判对象的商业信誉及履约能力的审查，主要调查该企业的经营历史、经营作风、产品的市场声誉与金融机构的财务状况，以及在以往的商务活动中是否具有良好的商业信誉。有些企业存在某些对国际商务活动中风险和信用认识上的误区，如"外商是我们的老客户，信用应该没问题""客户是朋友的朋友，怎么能不信任""对方是大公司，跟他们做生意放心"等。针对这些误区,谈判人员对于老客户的资信状况也要定期进行调查,特别是当其突然下大订单或举动异常时,千万不要掉以轻心,无论是哪种客商,打交道前要先摸清底细是非常重要的一步。

(3) 了解对方谈判人员的权限。

谈判的一个重要法则是不与没有决策权的人谈判。弄清对方谈判人员的权限有多大,对谈判获得多少实质性的结果有重要影响。谈判人员不了解谈判对象的权力范围,将没有足够决策权的人作为谈判对象,不仅浪费时间,而且甚至可能会错过更好的交易机会。一般来说,对方参加谈判的人员的资格越高,权限也就越大;如果对方参加谈判的人员的资格较低,谈判人员就应该了解对方参加谈判的人员是否得到授权,对方参加谈判的人员在多大程度上能独立做出决定,有没有决定是否让步的权力?

经典小故事

有一个西欧的破产商,企图利用中方渴求外资的心态,对苏南某丝织厂进行诈骗。他谎称公司董事会将派人来考察,要求厂方和他先谈起来,厂方虽未识破诡计,但由于判断出"他可能没有被董事会授权"而婉言回绝了他的要求,最终避免了可能发生的损失。[①]

(4) 了解对方谈判人员的谈判时限。

谈判时限与谈判任务量、谈判策略、谈判结果都有重要关系。谈判人员需要在一定的时间内完成特定的谈判任务,可供谈判的时间长短与谈判人员的技能发挥状况成正比。时间越短,对于谈判人员而言,用以完成谈判任务的选择机会就越少,哪一方可供谈判的时间越长,其就拥有较大的主动权。了解谈判对象的谈判时限,谈判人员就可以了解对方在谈判中会采取何种态度、何种策略,己方就可以制定相应的策略。因此,谈判人员要注意收集对方的谈判时限信息,辨别表面现象和真实意图,做到心中有数,针对对方的谈判时限来制定谈判策略。

(5) 了解对方谈判人员的其他情况。

谈判人员要从多方面收集对方的信息,以便全面掌握谈判对象。如谈判对象谈判班子的组成情况,即主谈人的背景、谈判班子内部的相互关系、谈判班子成员的个人情况,包括成员的资历、能力、信念、性格、心理类型、个人作风、爱好与禁忌等;谈判对象的谈判目标,所追求的中心利益和特殊利益;谈判对象对谈判另一方的信任程度,包括对谈判另一方的经营与财务状况、付款能力、谈判能力等多种因素的评价和信任程度等。

(四) 企业自身情况分析

对企业自身情况的分析既有助于谈判人员谈判信心的确认,又是对自我需要的认定,即谈判人员希望借助谈判满足己方的哪些需要;各种需要的满足程度;需要满足的可替代性;满足对方需要的能力鉴定等。

[①] 刘宏,白桦. 国际商务谈判 [M]. 2版. 大连:东北财经大学出版社,2011,有改动。

二、国际商务谈判信息的收集与整理

（一）国际商务谈判信息的概念和作用

国际商务谈判信息，是指反映与国际商务谈判相联系的各种情况及其特征的有关资料。国际商务谈判信息资料同其他领域的信息资料相比较，有其不同的特点：第一，国际商务谈判信息资料无论是信息的来源还是信息的构成都比较复杂和广泛，有些信息资料的取得和识别具有相当的难度；第二，国际商务谈判信息资料是在特定的谈判圈子及特定的当事人中流动，谈判人员对谈判资料的敏感程度是其在谈判中获胜的关键；第三，国际商务谈判信息涉及己方和谈判对象的资金、信用、经营状况、成交价格等具有极强保密性的资料。

不同的国际商务谈判信息对谈判的影响作用是不同的，有的起直接作用，有的起间接作用。谈判信息在国际商务谈判中的作用主要表现为以下三个方面。

1. 谈判资料和信息是制订谈判计划和谈判战略的依据

谈判战略是为了实现谈判战略目标而预先制定的一套纲领性总体设想。谈判战略正确与否，在很大程度上决定谈判的成败。一个好的谈判方案应当是战略目标正确可行、适应性强、灵敏度高，这就必须有可靠的、大量的资料和信息作为依据。在国际商务谈判中，谁在谈判信息资料上拥有优势，掌握对方的真正需要和他们的谈判利益界限，谁就有可能制定正确的谈判战略，在谈判中掌握谈判的主动权。

> **经典小故事**
>
> 有位律师曾代表一家公司参加了一次贸易谈判，对方公司的总经理任主谈人。在谈判前，这位律师从自己的信息库里找到了一些关于对方公司总经理的资料：总经理每天一到下午四五点时就会心烦意乱、坐立不安，并戏称这种"病"为"黄昏症"。总经理的这个毛病使这位律师灵感顿生，他利用总经理的"黄昏症"，制定了谈判的策略，把每天要谈判的关键内容拖延到下午四五点。此举使谈判获得了成功。①

2. 谈判资料和信息是谈判双方相互沟通的纽带

在国际商务谈判中，尽管谈判的内容和方式各不相同，但有一点是共同的，即都是一个相互沟通和磋商的过程。没有谈判信息作为双方之间沟通的中介，谈判就无法排除许多不确定的因素和疑虑，也就无法进一步协商、调整和平衡双方的利益。谈判人员掌握一定的谈判资料和信息，就能够从中发现机会和风险，捕捉住达成协议的契机，使谈判活动从无序到有序，消除不利于双方的因素，促使双方达成协议。

3. 谈判资料和信息是控制谈判过程的手段

为了使谈判过程始终指向谈判目标，使谈判在合理规定的限度内正常进行，谈判人员

---

① 刘宏，白桦. 国际商务谈判 [M] . 2版. 大连：东北财经大学出版社，2011，有改动.

必须有谈判资料和信息作为准则和尺度。否则,任何谈判过程都无法有效地加以控制和协调。因此,在实际谈判中通过对方的言行获取信息,及时反馈,使谈判活动得到及时调节、控制,才能按照规定的谈判目标顺利进行。

(二) 国际商务谈判信息的收集方法与加工整理

1. 国际商务谈判信息收集的方法和途径

(1) 检索调研法。

检索调研法,是指根据现有的资料和数据进行调查、分类、比较、研究的信息资料准备方法。

检索调研法的信息收集途径很广,主要有以下四个方面。

①统计资料,主要包括我国、谈判对象所在国家及国际组织的各类统计月刊或统计年鉴,以及各国有关地方政策的各类年鉴、月刊。

②报纸杂志、专业书籍,如我国的《国际商务研究》《国际经贸消息》《对外经贸实务》等杂志都刊登有与贸易谈判活动有关的资料。

③各类专门机构的信息资料,如政府机关、金融机构、市场信息咨询中心、对外贸易机构等提供的信息。

④与之谈判的企业资料,如经对方专任会计师签字的资产负债表、经营项目、报价单、企业预算财务计划、企业出版物和报告、新闻发布稿、商品目录与商品说明书、中国证券监督管理委员会或政府机关的报告书等。

(2) 直接观察法。

直接观察法,是指对所发生的事或人的行为的直接观察和记录。在观察过程中,调查者所处的地位是被动的,也就是说调查者对所观察的事件或行为不加以控制或干涉。

直接观察法的主要形式有以下四种。

①参观谈判对象生产的经营场地,如参观谈判对象的公司、工厂等,以了解谈判对象的实情。

②安排非正式的初步洽谈,即通过各种预备性的接触,创造机会,当面了解谈判对象的态度,观察谈判对象的意图。

③购买谈判对象的产品进行研究。将谈判对象的产品拆开后进行检验,分析其结构、工艺等以确定其生产成本。

④收集谈判对象关于设计、生产、计划、销售等资料。

(3) 实地调查法。

实地调查法,是指调查者亲临调查现场收集事物情景动态信息。实地调查法有多种形式,谈判人员可以向自己企业内部那些曾经和谈判对象有过交往的人员进行了解,也可以通过函电的方式和谈判对象进行联系。对于一些比较重要的国际商务谈判,谈判人员可以安排谈判双方进行非正式的初步洽谈。安排这类预备性的谈判接洽不仅可以使谈判人员有机会正面观察谈判对象的意图以及原则、态度、风格等,而且可以使谈判对象对谈判人员的诚意和观点有所了解,以此促进双方在平等、互利的基础上进行谈判合作。

2. 国际商务谈判信息的加工整理

对于收集来的信息进行加工整理,不仅可以鉴别信息的真实性和可靠性,更可以根据信息的情况制订出具体的谈判方案和对策。信息整理一般分为以下四个阶段。

(1) 筛选阶段。

筛选就是检查信息的适用性,这是一个去粗取精的过程。在此阶段,谈判人员首先剔除重复信息,然后按时间顺序排列,在同一时期内,保留较新的信息内容。

(2) 审查阶段。

审查就是识别信息的真实性和合理性,就是一个去伪存真的过程。在收集信息的过程中,各种信息的重要性各不相同,有些信息可以立即使用,有些信息要以后才可能用得上,而还有些信息可能自始至终都不会被采用。如果把收集来的信息不加区分地全部保存下来,会使谈判人员在使用中很难区分,所以,必须对收集的信息加以审查鉴别,剔除不真实的信息,去掉不具备足够证据的信息,除去带有较多主观臆断色彩的信息,保存可靠、真实、有可比性的信息。

(3) 分类阶段。

分类就是按一定的标准对信息分门别类,使其条理化。将原始信息按时间顺序、问题性质、反映问题角度等要求分门别类地排列成序,以便于更明确地反映问题的各个侧面和整体面貌。

(4) 评价阶段。

评价就是对信息做比较、分析、判断,得出结论,写出调查报告。调查报告是调查工作的最终成果,对谈判有直接的指导作用。调查报告要有充足的事实、准确的数据,还要有对谈判工作起指导作用的初步结论。另外,调查报告中可用图形、表格等形式。

问题探讨

有一家经营电器设备的中方公司即将要和新加坡某贸易公司进行国际商务谈判,中方公司对新加坡某贸易公司派来的谈判代表了解甚少,为此公司总经理请参加此次谈判的几位人员务必做好相关资料的收集工作。

阅读以上资料,请思考谈判人员应收集有关谈判对象哪些方面的信息?

任务二 国际商务谈判人员的自身情况准备

案例导入

日本松下电器公司的创始人松下幸之助先生刚"出道"时,曾被对手以寒暄的形式探测了自己的底细,因而使自己产品的销售大受损失。

当松下幸之助第一次到东京,找批发商谈判时,刚一见面,批发商就友善地对他寒暄说:"我们第一次打交道吧?以前我好像没见过你。"批发商想用寒暄托词来探测对方究竟是生意场上的老手还是新手。松下幸之助缺乏经验,恭敬地回答:"我是第一次来东京,什么都不懂,请多关照。"正是这番极为平常的寒暄答复却使批发商获得了重要的信息:对方原来只是个新手。批发商问:"你打算以什么价格卖出你的产品?"松下幸之助又如实地告知对方:"我的产品每件成本是20元,我准备卖25元。"

批发商了解到松下幸之助在东京人地两生,又暴露出急于要为产品打开销路的愿望,因此趁机杀价:"你首次来东京做生意,刚开张应该卖的更便宜些。每件20元,如何?"结果没有经验的松下幸之助在这次交易中吃了亏。①

【思考讨论题】松下幸之助为什么会在这次交易中吃了亏?

一、国际商务谈判的组织准备

在现代社会中,一场国际商务谈判往往比较复杂,涉及的范围较广。就涉及知识而言,包括产品、技术、市场、金融、运输、保险和法律等诸多方面。而国际商务谈判还要涉及海关条例和外语等知识。这些知识绝非个人的经历、知识、能力所能胜任的。所以,国际商务谈判在多数情况下都是在谈判团体或是谈判小组之间进行的。这个谈判团体或谈判小组就是国际商务谈判组织,它是实现一定的谈判目标,依照某种方式结合的集体。国际商务谈判组织放大了个人的力量,并且形成一种新的力量,这种新的力量同个体的力量有着本质的差别。它是组织的总体效应,仅仅依附于组织的存在。组织力量的来源,一方面是组织成员的个人素质和能力,另一方面是组织成员之间的协作能力。

国际商务谈判的组织准备工作主要包括两个方面:组织成员的结构和规模。它贯穿于国际商务谈判活动的全过程,目的是使资源成本最小化、组织能量最大化。

(一)谈判小组的结构

这是一个如何搭配谈判班子的问题。要想使谈判小组高效率地工作:一方面,参加谈判的人员都应具有良好的专业基础知识,并且能够迅速、有效地解决随时可能出现的各种问题;另一方面,参加谈判的人员必须关系融洽,能求同存异。在谈判小组的构建过程中要注意以下事项。

1. 知识具有互补性

知识具有互补性包含两层意思:一是谈判人员各自具备自己专长的知识,都是处理不同问题的专家,在知识方面互相补充,形成整体优势;二是谈判人员的书本知识与工作经验的知识互补。谈判小组中既有高学历的青年知识学者,又有身经百战具有丰富实践经验的谈判高手。高学历的学者专家可以发挥理论知识和专业技术特长,有实践经验的人可以发挥见多识广、成熟老练的优势,这样知识与经验互补才能提高谈判小组的整体战斗力。

2. 性格具有互补性

谈判小组中的谈判人员的性格要互补协调,将不同性格的优势发挥出来,互相弥补其

---

① 商务谈判精典案例,有改动。

不足，才能发挥出整体队伍的最大优势。性格活泼、开朗的人，善于表达、反应敏捷、处事果断，但是性格可能比较急躁，看问题也可能不够深刻，甚至会疏忽大意。性格稳重、沉静的人，办事认真仔细，说话比较谨慎，原则性强，看问题比较深刻，善于观察和思考，理性思维比较明显，但是他们不够热情，不善于表达，反应相对比较迟钝，处理问题不够果断，灵活性较差。如果这两种性格的人组合在一起，分别担任不同的角色，就可以发挥出各自的性格特长，优势互补，协调合作。

3. 分工明确

谈判小组的每一个人都要有明确的分工，担任不同的角色。每个人都有自己特殊的任务，不能工作越位、角色混淆。遇到争论不能七嘴八舌地发言，要有主角和配角之分，要有中心和外围之分，要有台上和台下之分。谈判小组要分工明确、纪律严明。当然，分工明确的同时要注意大家都要为了一个共同的目标而通力合作、协同作战。

(二) 确定谈判小组负责人和谈判小组成员

1. 谈判小组负责人应具备的条件

谈判小组负责人应当根据谈判的具体内容、参与谈判人员的数量和级别，从企业内部有关部门挑选，可以是某一部门的主管，也可以是企业最高领导。谈判小组负责人并不一定是己方主谈人员，但他是直接领导者和管理谈判队伍的人。

谈判小组负责人应具备以下条件。

(1) 具备较全面的知识。

谈判小组负责人本身除了应具有较高的思想政治素质和业务素质之外，还必须掌握整个谈判涉及的多方面知识。只有这样才能针对谈判中出现的问题提出正确的见解，制定正确的策略，使谈判朝着正确的方向发展。

(2) 具备果断的决策能力。

当谈判遇到机遇或是遇到障碍时，谈判小组负责人能够敏锐地察觉到，做出果断的判断和正确的决策。

(3) 具备较强的管理能力。

谈判小组负责人必须要具备授权能力、用人能力、协调能力、激励能力、总结能力，使谈判小组成为具备高度凝聚力和战斗力的集体。

(4) 具备一定的权威地位。

谈判小组负责人要具备权威性，有较大的权力，如决策权、用人权、否定权、签字权等；要有丰富的管理经验和领导威信，能胜任对谈判小组的管理。谈判小组负责人一般由高层管理人员或某方面的专家担任，最好与对方谈判小组负责人具有相对应的地位。

2. 谈判小组负责人的职责

(1) 负责挑选谈判人员，组建谈判小组，并就谈判过程中的人员变动与上级领导进行沟通。

(2) 负责管理谈判小组，协调谈判小组各成员的心理状态和精神状态，处理好成员间的人际关系，增强队伍凝聚力，团结一致，共同努力，实现谈判目标。

(3) 负责组织制订谈判执行计划，确定谈判各阶段目标和战略策略，并根据谈判过程中的实际情况灵活调整。

（4）负责己方谈判策略的实施，对具体的让步时间、幅度、谈判节奏的掌握，决策的时机和方案做出决策安排。

（5）负责落实交易磋商的记录工作。

（6）负责向上级领导或有关的利益各方汇报谈判的进展情况，获得上级领导的指示，贯彻执行上级领导的决策方案，圆满完成谈判使命。

3. 确定谈判小组成员

（1）谈判小组成员的选择应根据谈判内容和重要性而定。每一项谈判都有其特定的内容，其重要程度也各异。因此，在选择谈判小组成员时：一方面要充分考虑谈判内容涉及的业务知识面，使得谈判小组成员的知识结构满足谈判内容的需要，另一方面，如果谈判对企业至关重要，谈判小组的负责人应由企业决策层的有经验的谈判高手担任。

（2）谈判成员的选择还应考虑谈判的连续性。如果某些成员已与谈判对象打过交道，并且双方的关系处理良好，则这项谈判还应选派这些人员参加。如此可以增加对谈判对象的了解和赢得对方的信任，大大缩短双方的距离和谈判的时间。

（3）谈判成员在素质上要形成群体优势。谈判小组成员的组合，在性格、气质、能力及知识面方面应优势互补，形成群体优势。

（4）谈判成员之间应形成一体化气氛。要想赢得谈判的成功，最重要的工作就是小组成员通力合作，关系融洽，形成合力。否则，内耗必将导致谈判的失败。因此，选择谈判小组成员时应避免曾经或正在闹矛盾或冲突的人选。

二、国际商务谈判的物质条件准备

国际商务谈判的物质条件准备工作主要包括三个方面，即谈判场所的选择、谈判会场的布置和食宿安排。从表面上看，这些同谈判内容本身联系不大，但事实上不仅联系密切，而且关系整个谈判的发展前途。

（一）谈判场所的选择

谈判场所的选择包括两个方面：一是国家、地区的选择；二是谈判地点的选择。一般来说，前者应以通信方便、交通便利为首要条件；后者的选择要根据谈判性质而定，正式谈判应选择比较安静和方便的场所，非正式谈判则不受限制。

可供选择的谈判地点有三种类型，即买方住地、卖方住地和中间地点。

对于谈判人员来说，选择不同的谈判地点会产生不同的影响。谈判专家认为，谈判地点不论设在哪一方都各有利弊。

如果谈判地点设在买方住地，其优点是：

（1）可以避免由于环境生疏带来的心理障碍等，获得额外的收获，己方可以借助"天时、地利、人和"的有利条件，向谈判对象展开攻势，以求谈判对象让步；

（2）可以处理谈判以外的其他事情；

（3）便于谈判人员请示、汇报、沟通联系；

（4）可以节省旅途的时间和费用。

如果谈判地点设在卖方住地，其优点是：

（1）可以排除多种干扰，专心致志地进行谈判；

（2）在某些情况下，可以借口资料不在身边，拒绝提供不便泄露的情报；

（3）可以越级与对方的上级洽谈，获得意外收获；

（4）对方需要负担准备场所等其他事务。

有时，中间地点也是谈判的合适地点。如果谈判人员预料到谈判会紧张、激烈、分歧较大或外界干扰太大，选择中间地点就是上策。总之，不同的谈判场所具有不同的利弊得失。在选择谈判地点时，通常要考虑谈判双方的力量对比、可选择地点的多少和特色、双方的关系因素等。

（二）谈判会场的布置

谈判会场的布置也很重要。谈判人员最好选择一个安静、没有外人和电话干扰的地方。房间的大小要适中，桌椅的摆设要紧凑但不拥挤，房间的温度适宜，卫生条件良好，室内灯光明亮。

另外，还要注意选择谈判桌的形状，安排好谈判人员的座位。通常有以下三种谈判桌的选择情况。

1. 方形谈判桌

选用方形谈判桌，双方谈判人员面对面而坐，这种形式看起来比较正规，但过于严肃，缺少轻松活泼的气氛，有时甚至会有对立的感觉，交谈起来并不方便。

2. 圆形谈判桌

选用圆形谈判桌，双方谈判人员坐成一个圆圈。这种形式通常会使双方谈判人员感到有一种和谐一致的气氛，而且交谈起来比较方便。

3. 不设置谈判桌

在双方谈判人员不多的情况下，也可以不设置谈判桌，大家随便坐在一起，轻轻松松地进行交谈。有时，没有谈判桌的效果也很好，能增加友好的谈判气氛，但比较正式的谈判除外。

不仅谈判桌的形状和谈判人员的座位安排很重要，而且双方谈判人员座位之间的距离远近也值得研究。距离太近，会感到拘束；距离太远，交谈时不方便，还有一种疏远的感觉。适当拉近距离，会产生一种亲密的交谈气氛。

（三）食宿安排

谈判人员的食宿安排也是谈判准备工作中不可缺少的一个方面。因此，在谈判前，谈判人员可以向谈判对象索要谈判代表团成员的名单，了解其性别、职务、级别及一行人数，以作食宿安排的依据。在食宿方面为谈判对象提供满意的服务，能表示己方的诚意、热情和文明礼貌，同时要关注对方人员的生活习惯、文化传统等。当然，在通信、交通等方面，己方也要为谈判对象尽可能地创造方便的条件，提前掌握谈判对象抵离的具体时间、地点、交通方式，以安排迎送。

> **问题探讨**
>
> 中国某服装进出口公司和韩国某服装公司进行国际商务谈判,中方谈判人员飞抵韩国后,韩方谈判人员进行了热情招待,并于第二日在韩方公司进行了国际商务谈判,整个谈判过程令双方都感到非常满意。
>
> 阅读以上资料,请思考国际商务谈判的物质条件准备工作主要包括哪几个方面?请分别简述。

任务三 国际商务谈判方案的制订

案例导入

中国某代表团第一次赴西方某国进行谈判,为了取得谈判成功,在出发前,代表团进行了反复的模拟练习。由代表团的同志为一方,其他人分别扮演西方某国的新闻记者和谈判人员,提出各种问题习难代表团的同志。在这种对抗中,及时发现问题,及时给予解决。经过充分的准备,中国代表团取得了谈判的胜利。[①]

【思考讨论题】中国代表团为什么会取得了谈判的胜利?

在所有的前期准备工作中,最为重要的就是谈判方案的制订。准备充分、论证合理的谈判方案是保证谈判取得预期结果的前提。

在制订谈判方案时,谈判人员需要在充分调查谈判对象和国际市场环境的前提下,结合自身的优势和劣势,经过政策、法律、经济效益等多方面的综合比较、衡量,确定谈判的总体思想、谈判方针和谈判策略、谈判各阶段的目标、谈判交易的条件、谈判让步的方法和谈判冲突的预测和解决方法等。

一、国际商务谈判方案的概念及制订的要求

(一)国际商务谈判方案的概念

国际商务谈判方案是谈判双方在谈判开始前对谈判目标、谈判议程、谈判策略预先所做的安排。谈判方案是谈判人员行动的指针和方向,在整个谈判过程中起着非常重要的作用。

---

① 刘宏,白桦.国际商务谈判[M].2版.大连:东北财经大学出版社,2011,有改动.

(二) 国际商务谈判方案制订的要求

由于国际商务谈判的规模、重要程度不同，谈判内容也有所差别。内容可多可少，要视具体情况而定。尽管内容不同，但其要求都是一样的。一个好的国际商务谈判方案要求做到以下三个方面。

1. 谈判方案要简明扼要

所谓简明，就是谈判方案要尽量使谈判人员很容易记住其主要内容与基本原则，在谈判中能随时根据方案的要求与谈判对象进行周旋。制订谈判方案要用简单明了、易于记忆、高度概括的语言加以表达，以便在每一位谈判人员的头脑中留下深刻印象。

2. 谈判方案要具体、明确

谈判方案要求简明、扼要，也必须与具体内容相结合，以谈判的具体内容为基础，否则，会使谈判方案显得空洞和含糊。因此，谈判方案的制订也要求具体、明确。但是，谈判方案的内容虽有具体要求，并不等于把有关谈判的细节都包括在内。

3. 谈判方案要灵活

谈判过程中各种情况都有可能发生突然变化，要使谈判人员在复杂多变的形势中取得比较理想的结果，就必须使谈判方案具有一定的灵活性。谈判人员在不违背基本原则的情况下，根据情况的变化，在权限允许的范围内灵活处理有关问题，取得较为有利的谈判结果。

二、国际商务谈判方案制订的内容

国际商务谈判方案的制订主要包括谈判主题和目标的确定、谈判策略的布置以及谈判议程的安排。

(一) 谈判主题和目标的确定

谈判主题，是指谈判的内容概要，它是谈判活动的中心，整个谈判过程都应紧紧地围绕这个主题进行。

谈判目标是谈判本身内容的具体要求，是谈判主体进行谈判的动机，是期望通过谈判而达到的目的。即说明为什么要坐在一起来谈判，如为了探讨双方合作或交易的可能性，解决经济纠纷，达成一笔交易的协议等。任何一场谈判都应以目标的实现为导向，因此，谈判准备工作的关键是确立目标。谈判目标可以分为最高目标、可能达到的目标和必须达到的目标三个层次。

1. 最高目标

最高目标也叫期望目标。它是谈判人员在国际商务谈判中所要追求的最理想目标，也往往是谈判对象所能忍受的最高程度，它也是一个难点。如果超过这个目标，谈判人员往往要冒谈判破裂的风险。因此，谈判人员应充分发挥个人的才智，在最低目标和最高目标之间争取尽可能多的利益，但在这个目标难以实现时是可以放弃的。

2. 可能达到的目标

可能达到的目标也称可接受目标。它是谈判人员根据各种主观因素和客观因素，经过对谈判对象的全面估价、对企业利益的全面考虑、科学论证后所确定的目标。这个目标是一个诚意或范围，即谈判主体可以努力争取或做出让步的范围。谈判中的讨价还价就是在争取实现可接受目标，所以可接受目标的实现往往意味谈判取得成功。

3. 必须达到的目标

必须达到的目标也叫临界目标、最低目标。它是谈判必须实现的最基本的目标，也是谈判的最低要求。若不能实现，宁愿谈判破裂，放弃商贸合作项目，也不愿接受比最低目标更低的条件。因此，也可以说最低目标是谈判人员必须坚守的最后一道防线。

对于谈判目标，谈判人员事先要有所准备，做到心中有数，对于谈判目标的底线要严格保密，绝对不能透露给其他人。

(二) 谈判策略的布置

谈判策略的布置就是要选择能够达到和实现己方谈判目标的基本途径和方法。谈判不是一场讨价还价的简单过程，实际上是谈判双方在实力、能力和技巧等方面的较量。因此，制定谈判策略前应考虑以下五个影响因素：

(1) 对方的谈判实力和主谈人的性格特点；
(2) 对方和己方的优势所在；
(3) 交易本身的重要性；
(4) 谈判时间的长短；
(5) 是否有建立持久、友好关系的必要性。

通过对谈判双方的实力及其以上影响因素的认真研究和分析，谈判人员可以确定己方的谈判地位，即处于优势、劣势或者均势，由此确定谈判策略，如报价策略、还价策略、让步与迫使谈判对象让步的策略，以及打破僵局的策略等。

(三) 谈判议程的安排

谈判议程的安排对谈判双方非常重要，议程本身就是一种谈判策略，因此谈判人员必须高度重视这项工作。谈判议程一般要说明谈判时间的安排和谈判主题的确定。谈判议程可以由一方准备，也可以由双方协商确定。谈判议程包括通则议程和细则议程，通则议程由谈判双方共同使用，细则议程则提供给己方使用。

1. 谈判时间的安排

谈判总是在一定的时间进行的。这里所说的谈判时间是指一场谈判从正式开始到签订合同所花费的时间。在一场谈判中，时间有以下三个关键变数。

(1) 开局时间。

开局时间也就是谈判双方选择什么时间来进行这场谈判。时间的得当与否，有时会对谈判结果产生很大的影响。如一个谈判小组在长途跋涉、喘息未定之时，马上投入紧张的谈判中去，就很容易因为疲劳而导致谈判人员的精神难以集中，记忆力和思维能力下降而误入谈判对象的圈套。所以，谈判双方应对选择开局时间给予足够的重视。

一般来说，在选择开局时间时，要考虑以下四个方面的因素。

①准备的充分程度。

俗话说："不打无准备之仗"，在安排谈判开局时间时也要注意给谈判人员留有充分的准备时间，以免到时仓促上场。

②谈判人员的身体状况和情绪状况。

谈判是一项精神高度集中、体力消耗和脑力消耗都比较大的工作，谈判人员要尽量避免在身体不适、情绪不佳时进行谈判。

③谈判的紧迫程度。

谈判人员尽量不要在自己急于买进或卖出某种商品时才进行谈判，若避免不了，应采取适当的方法规避这种紧迫性。

④谈判的时间点。

考虑谈判对象的情况，不要把谈判安排在对对方明显不利的时间进行，因为这样会招致对方的反对，引起对方的反感。

（2）间隔时间。

一般而言，一场谈判极少是一次磋商就能完成的，大多数都要经历数次、甚至数十次的磋商洽谈才能达成协议。这样，在经过多次磋商都没有结果，但谈判双方又都不想中止谈判的时候，一般都会安排一段短暂的时间，让双方谈判人员暂时休息，这就是谈判的间隔时间。

谈判间隔时间的安排往往会对舒缓紧张气氛、打破僵局起到显著作用。

（3）截止时间。

截止时间就是一场谈判的最后期限。一般来说，一场谈判总不可能没完没了地进行下去，总有一个结束谈判的具体时间；而谈判的结果却又往往是在谈判结束前的一点时间里才能出现的。所以，如何把握截止时间去获取谈判的成果是谈判中一种绝妙的艺术。

截止时间是谈判的一个重要因素，它往往决定谈判的战略。谈判时间的长短往往迫使谈判人员决定是选择克制性策略还是速决策略。

同时，截止时间还构成对谈判人员本身的压力。由于必须在一个规定的期限内做出决定，这将给谈判人员本身带来一定的压力；而谈判中处于劣势的一方，往往在期限到来之前，对达成协议承担着较大的压力，其往往必须在期限到来之前再做出让步、达成协议和终止谈判、交易不成之间做出选择。一般来说，大多数的谈判人员总是想达成协议的，为此他们唯有做出让步。

2. 谈判主题的确定

谈判主题的确定就是要确定进行谈判的事项及其先后次序，以及每一个事项所占用的时间，其重点应解决以下两个问题。

（1）主题。

凡是与本次谈判有关的，需要谈判双方展开讨论的问题，都可以成为谈判的主题。谈判人员应将与本次谈判有关的问题罗列出来，然后再根据实际情况，确定应重点解决哪些问题。

（2）顺序。

安排谈判问题的先后顺序的方法是多种多样的，谈判人员应根据具体情况来选择采用哪一种程序。

①谈判双方可以首先安排讨论一般原则问题，待达成协议后，再具体讨论细节问题。

②也可以不分重大原则问题和次要问题，先把谈判双方可能达成协议的问题或条件提出来讨论，然后再讨论会有分歧的问题。

③至于每个问题安排多少时间来讨论才合适，应视问题的重要性、复杂程度和双方分歧的大小来确定。一般来说，对重要的问题、较复杂的问题、双方意见分歧较大的问题占用的时间应该多一些，以便让谈判双方能有充分的时间对这些问题展开讨论。

谈判议程的安排与谈判策略、谈判技巧的运用有着密切的联系，从某种意义上来讲，安排谈判议程本身就是一种谈判技巧。因此，谈判双方要认真检查谈判议程的安排是否公平合理，如果发现不当之处，就应该提出异议，要求修改。

3. 拟定通则议程和细则议程

（1）通则议程。

通则议程是谈判双方共同遵守使用的日程安排，一般要经过双方协商同意后方能正式生效。在通则议程中，通常应确定以下内容：

①谈判总体时间及分段时间安排；

②双方谈判讨论的中心主题，问题讨论的顺序；

③谈判中各种人员的安排；

④谈判地点及招待事宜。

（2）细则议程。

细则议程是己方参加谈判的策略的具体安排，只供己方人员使用，具有保密性。细则议程的内容一般包括以下四个方面：

①谈判中统一口径，如发言的观点、文件资料的说明等；

②对谈判过程中可能出现的各种情况的对策安排；

③己方发言的策略，何时提出问题，提什么问题，向何人提问，谁来提出问题，谁来进行补充，谁来回答对方的问题，谁来反驳对方的提问，什么情况下要求暂时停止谈判，谈判人员更换的预先安排等；

④己方谈判时间的策略安排、谈判时间期限。

4. 己方拟定谈判议程时应注意的问题

（1）谈判议程的安排要依据己方的具体情况，在程序安排上能扬长避短，也就是在谈判的程序安排上要保证己方的优势能得到充分的发挥。

（2）谈判议程的安排和布局要为己方出其不意地运用谈判策略埋下契机。对一个经验丰富的谈判人员来说，是决不会放过利用拟定谈判议程的机会来运筹帷幄的。

（3）谈判议程的内容要能够体现己方谈判的总体方案，并且能统筹兼顾，引导或控制谈判的速度，以及己方让步的限度和步骤等。

（4）在谈判议程的安排上，不要过分伤害谈判对象的自尊和利益，以免导致谈判的过早破裂。

（5）不要将己方的谈判目标，特别是最终谈判目标通过谈判议程和盘托出，使己方处于不利地位。

当然，谈判议程由自己安排也有劣势。己方准备的谈判议程往往透露了自己的某些意图，谈判对象经过分析可能会猜出，在谈判前拟定对策，使己方处于不利地位。同时，谈判对象如果不在谈判前对谈判议程提出异议而掩盖其真实意图，或者在谈判中提出修改某些谈判议程，容易导致己方陷入被动甚至谈判破裂。

5. 对方拟定谈判议程时己方应注意的问题

（1）未经详细考虑后果之前，不要轻易接受对方提出的谈判议程。

（2）在安排问题之前，己方要给自己充分的思考时间。

（3）详细研究对方所提出的谈判议程，以便发现是否有什么问题被对方故意摒弃在议程之外，或者作为用来拟定对策的参考。

（4）千万不要显出己方的要求是可以妥协的，应尽早表示己方的决定。

（5）对谈判议程不满意，要有勇气去修改，决不要被对方编排的谈判议程束缚住手脚。

（6）要注意利用对方的谈判议程中可能暴露的谈判意图，以便后发制人。

谈判是一项技术性很强的工作。为了使谈判在不损害他人利益的基础上达成对己方更为有利的协议，谈判人员可以随时卓有成效地运用谈判技巧，但又不为他人所觉察。一个好的谈判议程，应该能够帮助谈判人员驾驭谈判，这就好像双方作战一样，成为己方纵马驰骋的缰绳。

当然，谈判议程只是一个事前计划，并不代表一个合同。如果任何一方在谈判开始之后对它的形式不满意，那么就必须有勇气去修改，否则双方都负担不起因为忽视谈判议程而导致的损失。

6. 谈判对策的选择

在谈判中，任何情况都会发生，而谈判又是有时间限制的，不容许无限期地拖延谈判议程。这就要求谈判双方在谈判之前应对整个谈判过程中双方可能做出的一切行动进行正确的估计，并选择相应的对策。

为了使估计更接近实际情况，在谈判开始前，谈判双方可以组织有关人员根据本次谈判的外部环境（如政治、经济、时间或空间等）、双方的具体情况（如谈判能力、经济实力等），对谈判过程中双方的需要、观点以及对对方某些建议的反应等问题进行讨论，并针对不同的情况选择相应的对策。

当然，任何一种估计都可能是错误的，这就要求谈判人员不仅在分析、讨论问题时必须要以事实为依据，按照正确的逻辑思维来进行谈判，而且在谈判过程中也要注意对谈判对象的观察和对谈判形势进行分析判断，对原定的策略进行印证和修改，结合具体情况灵活运用，才能收到理想的效果。

三、模拟谈判

所谓模拟谈判，就是正式谈判前的"彩排"。它是国际商务谈判准备工作中的最后一项内容。模拟谈判是从己方人员中选出某些人扮演谈判对象的角色，提出各种假设和臆测，从谈判对象的立场、观点、风格等出发，和己方主谈人员进行谈判的想象练习和实际表演。模拟谈判有助于谈判人员获得实际谈判的经验，有助于确定谈判方案是否可行，从而达到提高谈判能力的目的，这是谈判准备阶段不可缺少的一个环节。

（一）模拟谈判的必要性

在谈判准备工作的最后阶段，谈判人员有必要为即将开始的谈判举行一次模拟谈判，以检验自己的谈判方案，而且也能使谈判人员提早进入实战状态。模拟谈判的必要性表现在以下三个方面。

1. 提高应对困难的能力

模拟谈判可以使谈判人员获得实际性的经验，提高应对各种困难的能力。很多成功谈判的实例和心理学研究成果都表明，正确的想象练习不仅能够提高谈判人员的独立分析能力，而且在心理准备、心理承受、临场发挥等方面都是很有益处的。在模拟谈判中，谈判人员可以一次又一次地扮演自己，甚至扮演谈判对象，从而熟悉实际谈判中的各个环节。这对初次参加谈判的人员来说尤为重要。

2. 检验谈判方案是否周密可行

谈判方案是在谈判小组负责人的主持下，由谈判小组成员具体制订的。它是对未来将要发生的正式谈判的预计，这本身就不可能完全反映出正式谈判中出现的一些意外情况。同时，谈判人员受到知识、经验、思维方式、考虑问题的立场、角度等因素的局限，谈判方案的制订就难免会有不足之处和漏洞。事实上，谈判方案是否完善，只有在正式谈判中方能得到真正的检验，但这毕竟是一种事后检验，往往发现问题时为时已晚。模拟谈判是对实际正式谈判的模拟，与正式谈判比较接近。因此，模拟谈判能够较为全面、严格地检验谈判方案是否切实可行，检查谈判方案存在的问题和不足，以便及时修正和调整谈判方案。

3. 训练和提高谈判能力

模拟谈判的对手是己方的人员，对自己的情况十分了解，这时站在谈判对象的立场上提问题，有利于发现谈判方案中的错误，并且能预测谈判对象可能从哪些方面提出问题，以便事先拟定出相应的对策。对于谈判人员来说，能有机会站在对方的立场上进行换位思索是大有好处的。正如美国著名的企业家维克多·金姆说的那样："任何成功的谈判，从一开始就必须站在对方的立场来看问题。"这种角色扮演的技术不但能使谈判人员了解谈判对象，而且也能使谈判人员了解自己，因为它给谈判人员提供了客观分析自我的机会，注意到一些容易忽视的失误，如在与外国人谈判时使用过多的本国俚语、缺乏涵养的面部表情、争辩的观点含糊不清等。

（二）模拟谈判的内容

模拟谈判的内容就是实际谈判中的内容。但是，为了更多地发现问题，模拟谈判的内容往往更具有针对性。模拟谈判内容的选择与确定，不同类型的谈判也有所不同。如果这项谈判对企业很重要，谈判人员面对的又是一些新的问题，以前从未接触过对方谈判人员的风格特点，并且时间又允许，那么，模拟谈判的内容应尽量全面一些。相反，模拟谈判的内容也可以少一些。

(三) 模拟谈判的拟定假设

要使模拟谈判做到真正有效,还有赖于拟定正确的假设条件。

拟定假设,是指根据某些既定的事实或常识,将某些事物承认为事实,不管这些事物现在(及将来)是否发生,但仍视其为事实进行推理。依照假设的内容,可以把假设条件分为三类,即对客观世界的假设、对谈判对象的假设和对己方的假设。

在谈判中,常常由于谈判双方误解事实的真相而浪费大量的时间,也许曲解事实的原因就在于一方或双方假设的错误。因此,谈判人员必须牢记,自己所做的假设只是一种推测,如果把假设奉为必然去谈判,将是非常危险的。

拟定假设的关键在于提高假设的精确度,使之更接近事实。为此,谈判人员在拟定假设条件时要注意以下四个方面。

(1) 让具有丰富谈判经验的人做假设,这些人身经百战,提出假设的可靠度高。
(2) 必须按照正确的逻辑思维进行推理,遵守思维的一般规律。
(3) 必须以事实为基准,所拟定的事实越多、越全面,假设的准确度就越高。
(4) 要正确区分事实与经验、事实与主观臆断,只有事实才是靠得住的。

(四) 模拟谈判的方式

模拟谈判的方式主要有下列两种。

1. 组成代表对手的谈判小组

如果时间允许,己方可以将自己的谈判人员分成两组,一组作为己方的谈判代表,另一组作为对方的谈判代表;也可以从谈判人员所在企业的有关部门抽出一些员工,组成另一个谈判小组。但是,无论用哪种办法,两个小组都应不断地互换角色。这是正规的模拟谈判,此方式可以全面检查谈判计划,并使谈判人员对每个环节和问题都有一个事先的了解。

2. 让一位谈判成员扮演对手

如果时间、费用和人员等因素不允许安排一次较正式的模拟谈判,那么谈判小组负责人也应坚持让一位谈判人员来扮演谈判对象,对企业的交易条件进行磋商、盘问。这样做不仅有可能使谈判小组负责人意识到是否需要修改某些条件或者增加一部分论据等,而且也会使企业相关人员提前认识到谈判中可能出现的问题。

问题探讨

香港某贸易公司在一次商务谈判前未留有充足的时间准备模拟谈判,导致该公司谈判人员在和美方公司的谈判中频频出错,最终导致谈判失败。

阅读以上资料,请思考谈判人员应如何制订国际商务谈判方案?这个方案包括哪些方面的内容?

(五) 模拟谈判的总结

模拟谈判的目的在于总结经验,发现问题,提出对策,完善谈判方案。所以,模拟谈判的总结是必不可少的。模拟谈判的总结应包括以下内容:谈判对象的观点、风格、精神；谈判对象的反对意见及解决办法；已方的有利条件及运用状况；已方的不足及改进措施；谈判所需情报资料是否完善；双方各自的妥协条件及可共同接受的条件；谈判破裂与否的界限等。由此可见，模拟谈判总结涉及各个方面的内容，只有通过总结，才能积累经验、吸取教训，完善谈判的准备工作。

本部分重点内容网络图

国际商务谈判的准备
- 国际商务谈判的信息准备
  - 国际商务谈判环境因素的分析
  - 国际商务谈判信息的收集与整理
- 国际商务谈判的自身情况准备
  - 国际商务谈判的组织准备
  - 国际商务谈判的物质条件准备
- 国际商务谈判方案的制订
  - 国际商务谈判方案制订的要求
  - 国际商务谈判方案制订的内容
  - 模拟谈判

复习思考题

一、简答题

1. 国际商务谈判中对手分析包括哪些方面？
2. 国际商务谈判信息收集的方法和途径有哪几种？
3. 国际商务谈判中谈判小组负责人的职责有哪些？
4. 国际商务谈判方案制订的要求是什么？

二、案例分析

在日商举办的农业加工机械展销会上，展出的正是中国几家工厂急需的关键性设备，于是中方某公司的代表与日方公司的代表在上海举行谈判。按惯例，日方公司的代表首先报价1000万日元，中方公司的代表马上判断出其价格含"水分"。由于中方公司的代表对这类产品的性能、成本及在国际市场上的销售行情了如指掌，并暗示生产厂家并非独此一家。最终中方公司的代表主动提出休会，给对方一个台阶。当双方重又坐到谈判桌旁时，日方公司的代表主动削价10%，中方公司的代表根据该产品近期在其他国家的行情，认为750万日元较合适，日方公司的代表不同意。最后中方公司的代表根据掌握的信息及准备的一些资料，让对方清楚，除他外还有其他一些合作伙伴，在中方公司的代表坦诚、有理有据的说服下，双方最终握手成交。[1]

---

[1] 庞大庆，等. 商业谈判学[M]. 北京：国防工业出版社，1997，有改动.

【分析】在国际商务谈判中，对于谈判对象各方面的信息收集是非常重要的。尤其要收集谈判对象关于市场同类产品的供求状况、相关产品与替代产品的供求状况、产品的技术发展趋势及产品报价等情况。只有对谈判对象了解的越具体、越深入，估计越准确、越充分，就越有利于掌握谈判的主动权。

【思考】中方公司的代表取得谈判成果的关键是什么？

实践与训练

1. 实训内容

请根据以下资料背景模拟进行国际商务谈判。

资料背景：在一个凉爽的秋天，一个名为爱德华·尼古拉的美国商人来到了绍兴丝绸厂。该厂的范厂长在厂里的样品展览室接待了他。尼古拉仔细研究完展览室的样品后脸上露出了满意的神色。这时，他突然转向范厂长并提出他打算预订其中的7种款式，他的报价是每码3.50美元。听到尼古拉的报价后范厂长并没有对他的报价做出正面回答，而是报出了同类产品在意大利、法国和欧洲其他国家以及美国的价格之后，他才报出了5.36美元的价格。听到这个价格尼古拉大叫起来，他说，5.36美元是中国香港的零售价格，如果他以此价格成交，他的老板一定会骂他笨蛋。范厂长信心十足地回答说，这个价格是中国香港的零售价，但是目前香港市场上没有这样的货品。事实上，这个价格是产品的成本价，因为工厂所进的丝绸价格是每码5.00美元，印染加工费是每码0.36美元。而同类产品在欧洲市场上可以卖到每码30美元。范厂长进一步强调说，因为这是第一次与尼古拉做生意，建立友谊和关系是第一位的，因此他的报价是不赚钱的。尼古拉不断提高自己的报价，从4美元到4.20美元，再到4.30美元，最后提到4.60美元。范厂长只是微笑不语，最后他让尼古拉再回去考虑考虑，并说中国有一句俗话，买卖不成友谊在。尼古拉没有多说什么就离开了。三天后，尼古拉发来电传，希望与范厂长再做进一步交谈。

2. 实训目的

理论联系实际，训练学生对国际商务谈判中模拟谈判的认识，能够正确地理解模拟谈判的重要性，培养学生认识问题的能力。

3. 实训要求

从此次国际商务谈判的第二阶段开始模拟谈判，达成最终协议，确定最终成交价格。

4. 实训步骤

学生每四人分为一组，其中两人作为买方，另外两人作为卖方，从谈判的第二阶段开始继续谈判。

学习情境 4
国际商务谈判阶段及其策略

> **学习目标**

国际商务谈判的过程复杂多变，要使得谈判朝着顺利的方向进行，确保谈判双方利益的实现，就必须明确国际商务谈判的各阶段及其特点，并运用恰当的策略。本学习情境重点介绍了国际商务谈判的四个阶段——开局阶段、交锋阶段、磋商阶段、终结阶段，并依据各阶段不同的特点，结合实践性案例，总结出针对各阶段的谈判策略。学习者将在了解国际商务谈判各阶段策略的基础上，依据任务要求，进行国际商务谈判实训，对熟练运用国际商务谈判策略、全面把握国际商务谈判的核心、顺利推进各阶段战略方案的灵活实施起到关键性作用。

> **知识点**

1. 理解国际商务谈判的各阶段。
2. 掌握国际商务谈判各阶段的特点。
3. 掌握国际商务谈判各阶段的策略。

> **技能点**

1. 能够判断国际商务谈判的推进阶段。
2. 能够熟练运用国际商务谈判各阶段的策略。

任务一　国际商务谈判的阶段

> **案例导入**

中国 A 公司与日本 B 公司在上海著名的国际大厦，围绕进口农业加工机械设备，进行了一场别开生面的竞争与合作、竞争与让步的谈判。

谈判一开局，按照国际惯例，首先由卖方报价。B公司首次报价为1000万日元。这一报价离实际卖价偏高许多。B公司之所以这样做，是因为他们以前的确卖过这个价格。由于A公司事前已摸清了国际行情的变化，深知B公司是在放"试探气球"。于是A公司直截了当地指出：这个报价不能作为谈判的基础。B公司对A公司如此果断地拒绝了这个报价而感到震惊。他们分析，A公司可能对国际市场行情的变化有所了解，因而己方的高目标恐难实现。于是，B公司便转移话题，介绍起产品的特点及其优良的质量，以求采取迂回前进的方法来支持己方的报价。这种做法既回避了正面被点破的危险，又宣传了自己的产品，还说明了报价偏高的理由，可谓一石三鸟，潜移默化地推进了己方的谈判方案。但A公司一眼就看穿了对方在唱"空城计"。

因为，在谈判之前，A公司不仅摸清了国际行情，而且还研究了B公司产品的性能、质量、特点以及其他同类产品的有关情况。谈判交锋环节，A公司首先发问："不知贵国生产此种产品的公司有几家？贵公司的产品优于A国、C国的依据是什么？"A公司话未完，B公司就领会了其中含义，顿时陷于答也不是、不答也不是的境地。但他们毕竟是生意场上的"老手"，其主谈人为了避免难堪的局面借故离席，副主谈也装作找材料埋头不语。过了一会，B公司的主谈人神色自若地回到桌前，想好了应付这一局面的对策。果然，他一到谈判桌前，就问他的助手："这个报价是什么时候定的？"他的助手早有准备，对此问话自然心领神会，便不假思索地答道："以前定的。"于是B公司的主谈人笑着解释说："哦，时间太久了，不知这个价格有否变动，我们只好回去请示总经理了。"老练的B公司主谈人运用"踢皮球"战略，找到了退路。A公司的主谈人主动提出"休会"，给双方以让步的余地。

第二轮谈判开始后，双方首先漫谈了一阵，调节了情绪，融洽了感情，创造了有利于谈判的友好气氛。之后，B公司再次报价："我们请示了总经理，又核实了一下成本，同意削价100万日元。"同时，他们夸张地表示，这个降价的幅度是不小的，要A公司还盘。A公司认为B公司降价的幅度虽不小，但离A公司的要价仍有较大距离，马上还盘还很困难。因为还盘就是向对方表明己方可以接受对方的报价。在弄不清对方的报价离实际卖价的"水分"有多大时就轻易还盘，往往造成被动，高了己方吃亏，低了可能刺激对方。还盘多少才是适当的，A公司一时还拿不准。为了慎重起见，A公司一面电话联系，再次核实该产品在国际市场的最新价格，一面对B公司的二次报价进行分析。

根据分析，这个价格，虽B公司表明是总经理批准的，但根据情况来看，此次降价是谈判人员自行决定的。由此可见，B公司的报价中所含水分仍然不小，弹性很大。基于此，A公司确定还盘的价格为750万日元。B公司立即回绝，认为这个价格很难成交。A公司坚持与B公司探讨了几次，但没有结果。鉴于讨价还价的高潮已经过去，因此，A公司郑重向对方指出："这次引进，我们从几家公司中选中了贵公司，这说明我们成交的诚意。此价虽比贵公司销往C国的价格低一点，但由于运往上海口岸比运往C国的费用低，所以利润并没有减少。"

A公司的主谈人接着说："A国、C国还等着我们的邀请。"说到这里，A公司主谈人把一直捏在手里的王牌摊了出来，恰到好处地向对方泄露，把该国外汇使用批文和A国、

C国的电传递给了B公司的主谈人。B公司的主谈人见后大为惊讶，他们坚持继续讨价还价的决心被摧毁。这时，A公司的主谈人便运用心理学知识，称赞B公司在此次谈判中表现得的确精明强干，A公司就只能选择A国或C国的产品了。B公司掂量再三，还是认为成交可以获利，告吹只能赔本。①

【思考讨论题】A公司和B公司双方的谈判经历了几个阶段？每个阶段有什么特点？A公司取得谈判胜利的原因是什么？

一场完整的国际商务谈判，一般要经过摸底、报价、磋商、缔结协议等几个阶段。对于各阶段并没有明确的时间和标志来划分，根据谈判类型及谈判双方的博弈，谈判的各阶段所花费的时间也是不固定的，进入各阶段的快慢不同，需要谈判人员保持敏锐的思考力和策略意识。在国际商务谈判中，我们所说的谈判阶段又称实质性谈判阶段，从谈判双方见面寒暄开始，到最后确立关系，签订协议或谈判失败中止，一般包含四个阶段：一是开局阶段，主要是寒暄，谈一些与工作不相干的话题；二是交锋阶段，主要交流与工作相关的信息；三是磋商阶段，主要是进行说服和争取双方利益最大化；四是终结阶段，主要是打破僵局并最终达成协议。

在国际商务谈判中，贸易谈判是最为主要和最经常发生的谈判类型，因为其特定的表达方式和法律解释，使其谈判环节更加严格。因此，我们可以把国际贸易谈判阶段的环节扩展为开局、询盘、发盘、还盘和接受五个环节。从法律角度来看，发盘和接受是谈判过程中不可缺少的两个基本环节。

一、开局阶段

开局阶段，是指谈判双方第一次见面后至实质性谈判前的阶段，是谈判的前奏和铺垫。在这个阶段，谈判双方并未讨论具体、实质性的谈判内容，主要进行的是相互介绍、寒暄以及就谈判具体内容以外的话题进行交谈。谈判开局是谈判双方刚开始接触的阶段，是实质性谈判的序幕。谈判开局的好坏将直接左右整个谈判的格局和前景，它在整个谈判过程中起着非常关键的作用，它为谈判营造了一种氛围，影响和制约以后谈判的进行。因为这是谈判双方的首次正式亮相和谈判实力的首次较量，直接关系谈判的主动权，它为后续的谈判奠定了基调，热烈、积极、友好的开局比较适合国际商务谈判的进行，冷淡、对立、紧张的开局会使谈判双方处于对峙状态。开局阶段的主要任务是建立良好的第一印象、创造合适的谈判气氛、谋求有利的谈判地位等。

二、交锋阶段

交锋阶段是实质性谈判的开始阶段，是指在正式开始谈判以后到报价，谈判双方通过交谈，相互了解各自的立场、观点和意图，并把话题转移到有关交易内容（即报价）的阶

---

① 刘园. 国际商务谈判［M］.3版. 北京：中国人民大学出版社，2015，有改动。

段。这个阶段的主要任务是表明己方的意图和了解对方的意图，谈判的一方对另一方提出自己的所有要求。这个阶段的主要工作是通过开场陈述来进行的，并且应该是分别陈述，试探对方的需求和虚实，协商谈判的具体方案，进行谈判情况的审核与倡议，首次对双方无争议的问题达成一致，同时进行报价，并评估讨价还价的形势。这个阶段关系谈判双方对最关键问题（价格）谈判的成效；同时，在此过程中，谈判双方通过互相的摸底，也在不断调整自己的谈判期望与谈判策略。

在国际贸易谈判中，这个阶段包括询盘和发盘。

询盘又称询价，是指买方为了购买或者卖方为了销售货物而向对方提出有关交易条件的询问，如"贵公司的业务范围是什么""该种产品的价格如何"等。询盘的目的是了解行情，探求交易的可能性，因此仅仅是笼统的询问对方是否购买或者是否销售货物，从而为后续的谈判奠定基础。询盘往往是一笔交易的起点，但是在法律上对双方均无约束力，也不是谈判过程中必需的环节。询盘可以口头表示，也可以书面表示。

谈判双方可以在询盘的基础上做出发盘。发盘又称报价，是卖方或者买方以口头或书面的形式向对方提出交易条件，并表示愿意按照这些条件达成交易、订立合同，它是谈判过程中必不可少，也是至关重要的一个环节。由卖方做出的发盘，称为"售货发盘"；由买方做出的发盘称为"购货发盘"或"递盘"。

发盘具有一定的有效期，在有效期内，发盘人不得任意撤销或修改其内容，一经对方接受，则合同成立，对双方都具有约束力。超过有效期的期限，发盘人则不再受到该发盘的约束。在谈判过程中，发盘方应该根据商品的种类、市场情况和交易额等因素确定合理的有效期限。对于市价稳定的产品或交易额不大的商品，可以给予较长的有效期；对于交易量大或价格波动大的商品，则可以规定较短的有效期。

三、磋商阶段

磋商阶段，是指一方报价以后至成交之前的阶段，是整个谈判的核心阶段。在国际商务谈判中，往往要经过多次的发盘和还盘的过程才能谈判成功。因此，该环节又被称为讨价还价阶段，也是谈判中最艰难的阶段，是谈判策略与谈判技巧运用的集中体现，直接决定谈判的结果。磋商阶段包括讨价、还价、要求、抗争、异议处理、压力与反压力、僵局处理、让步等诸多活动和任务。谈判双方为了获得自己的所需利益，自然就会有矛盾，而矛盾的激化就会导致对立的状态出现。这个时候，谈判双方互相交锋，彼此争论，紧张交涉，讨价还价，逐渐确定妥协的范围。在磋商阶段，如果谈判双方在价格问题上谈不拢，则会回到其他问题继续洽谈。因此，谈判人员应该继续做好对谈判对象的摸底工作，直至最后攻克价格这个堡垒。

在国际贸易谈判中，这个阶段主要是还盘，即还价，是指受盘人对发盘内容因不完全同意而提出的全部或部分修改。还盘是对发盘的拒绝，同时又构成了一项新的发盘。当还盘后，原发盘自动失效，还盘方不能在还盘后反悔，除非获得原发盘人的同意。还盘不需要重复陈述已经同意的条件，可以只对有修改的交易条件提出意见。

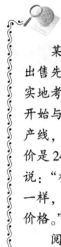

问题探讨

某市塑料编织袋厂娄厂长从青岛得到信息,日本某纺织株式会社正准备向我国出售先进的塑料编织袋生产线,遂当即到进口过类似设备的青岛、潍坊等企业进行实地考察,了解其性能及运转情况,并确认引进可行性。4月5日,娄厂长在青岛开始与日方公司进行谈判。在第二轮谈判中,对方主要代表发言:"我们经销的生产线,由日本最守信誉的3家公司生产,代表当前行业的先进水平,全套设备的总价是240万美元。"报完价,该代表漠然一笑,摆出一副毋庸置疑的神气。娄厂长说:"根据我们掌握的情报,你们的设备性能与贵国××株式会社提供的产品完全一样,我省××厂购买的该设备,比贵方开价便宜一半。因此,我提请你重新出示价格。"日方公司主要代表听罢,相视而望。

阅读以上资料,请思考国际商务谈判磋商阶段的聚焦点是什么?

四、终结阶段

终结阶段,是指谈判双方在主要交易条件基本达成一致以后,到协议签订完毕的阶段。终结阶段的开始,并不代表谈判双方的所有问题都已解决,而是指提出成交的时机已经到了。实际上,这个阶段谈判双方往往需要对价格及主要交易条件进行最后的谈判和确认,但是此时双方的利益分歧已经不大,可以提出成交了。终结阶段的主要任务是对前期谈判进行总结回顾,进行最后的报价和让步,促使成交,拟定合同条款及对合同进行审核与签订等。

合同的签订代表谈判告一段落,但并不意味谈判活动的完结,谈判的真正目的不是签订合同,而是履行合同。因此,合同签订后的阶段也是谈判过程的重要组成部分。该阶段的主要任务是对谈判进行总结和资料管理,确保合同的履行与维护双方的关系。

在国际贸易谈判中,这个阶段称为接受,又称承诺,是买方或卖方同意对方在发盘中提出的各项交易条件,并愿按这些条件与对方达成交易、订立合同的一种肯定的表示。接受可以通过"声明"或"行为"做出表示。如当卖方接受买方的发盘时,他可以选择用口头或书面的形式向买方表示同意按照谈判约定内容供应货物;也可以通过实际行为,诸如开始生产或立即采购所卖货物等方式表示。

根据英美法系的"镜像原则"和大陆法系的"纯净并完全相符原则",接受的内容必须与发盘内容完全相符,也就是说接受必须是绝对的、无保留的。任何对发盘内容的添加、限制,都被视作对发盘的拒绝。但是,在实际业务中,可以把买方对发盘的条件变更分为实质性变更和非实质性变更。对于非实质性变更,《联合国国际货物销售合同公约》认为仍然可以构成接受。

接受也必须在有效期内做出,除非特殊情况,否则逾期接受均视为无效。接受在送达发盘人时生效,不能撤销,合同即告成立。

任务二　国际商务谈判开局阶段的策略

案例导入

某市 A 公司从事某添加剂业务，因金融危机导致国际上工业原材料价格暴跌，于是，该公司决定以低价从国外大量购进该产品。A 公司作了大量的市场调研工作，确定英国 B 公司为谈判对象。A 公司还通过电子邮件等方式与 B 公司进行了沟通，把己方的基本情况和所需产品信息传递给对方，也希望进一步获取 B 公司的信息。于是，A 公司副总经理亲自挂帅组织谈判团队，通过各种渠道了解 B 公司的产品与底价，制订周密的谈判计划和方案。为了克服文化差异，A 公司利用商务接待、参观访问等各种场合收集 B 公司谈判代表的个人信息，及时调整策略，充分尊重对方的文化与习惯。在首次谈判桌上，A 公司副总经理李明并没有急于阐明己方的观点，而是微笑着对 B 公司的谈判代表说："你不知道，在英国你这个姓氏只有一个，非常特别。""这我一向不知道。"B 公司的谈判代表说着骄傲地谈论起他的家族和祖先："我的家庭是从荷兰移居英国的，几乎有 200 年了。"李明听了他的谈论，先是称赞他的祖先，然后称赞他年轻有为。随后，李明还称赞 B 公司组织制度健全，机器设备精良。B 公司的谈判代表听了高兴极了。他声称其中有一些机器还是他亲自发明的。至此，李明只字未提谈判的目的。B 公司的谈判代表说："现在，我们谈谈正事吧。我知道你们这次谈判的目的。但我没有想到我们竟是如此愉快。"

在后续的开局谈判中，A 公司顺利达成了对己方更有利的价格条款。[①]

【思考讨论题】 为什么 A 公司顺利达成了开局谈判目标？李明设计了哪种开局谈判氛围，并使得谈判顺利推进呢？

国际商务谈判开局阶段所占用的时间较短，讨论的内容除去阐明主题与有关程序以外，大多与谈判主题的关系不大或根本无关。但是，这个阶段却很重要。良好的开端是成功的一半。开局阶段是为整个谈判奠定基础的阶段。实践表明，这个阶段所创造的特定的谈判气氛会对整个谈判过程产生重要的影响和制约作用。

第一，开局阶段谈判人员的精力最为充沛，注意力也最为集中，所有人都在专心倾听谈判对象的发言，全神贯注地理解讲话的内容。第二，谈判双方均需要阐明自己的立场，表明各自的重要观点，谈判双方阵容中的个人地位及所承担的角色基本显露出来，双方都将从对方的言行、举止、神态中观察对方的态度及特点，从而确定自己的行为方式。第三，谈判的总体格局基本上在开局后很短的时间内确定，它对所要解决的问题及解决问题的方式将产生

[①] 仲鑫. 国际商务谈判 [M]. 北京：机械工业出版社，2011，有改动.

直接影响，而且一经确定就很难改变。第四，开局的成败将直接关系谈判的一方能否在整个谈判进程中掌握谈判的主动权和控制权，取得谈判的优势地位，以最大限度谋取谈判利益，从而最终影响谈判结果。因此，谈判人员在开局阶段的基本目标和任务就是为谈判创造一个合适的谈判气氛、交换意见和作开场陈述，从而为后续的谈判工作奠定良好的基础。

一、营造谈判氛围的策略

开局阶段的氛围营造取决于谈判的内容和类型，取决于谈判双方之间的关系、谈判双方的实力、谈判人员之间的关系等因素。有经验的谈判人员都会高度重视和充分利用谈判开局，创造对己方有利的理想的谈判气氛，从而引导整个谈判的发展方向和左右整个谈判的格局，最终实现己方的谈判目的。

特定的谈判气氛会影响谈判人员的心理、情绪、感觉和态度，从而引发相应的行为反应。如果不加以调整和改变，这一氛围就会不断强化，从而最终影响谈判的结果。特定的谈判气氛还会影响谈判的发展方向。一种特定的谈判气氛可以在不知不觉中将谈判活动推向某一方向。如热烈、积极、合作的谈判气氛会使谈判朝着达成一致协议的方向推进；而冷淡、对立、紧张的谈判气氛则会把谈判推向严峻的境地，甚至导致谈判失败。同样的谈判主题，在不同的谈判气氛中，谈判结果可能大相径庭。

> **问题探讨**
>
> 中方某数控机床厂拟引进美方莱利特公司的生产线设备。双方在是部分引进还是全部引进的问题上陷入了僵局，数控机床厂的部分引进方案令美方公司无法接受，我方遭到拒绝。数控机床厂的首席代表虽然心急如焚，但还是冷静地分析形势。在第二轮谈判中，他聪明地改变了说话的战术，由直接讨论变成迂回说服："全世界都知道，莱利特公司的技术是一流的，设备是一流的，产品是一流的。如果莱利特公司能够帮助我方的产量跃居中国一流，那么全国人民会很感谢你们的。"同时，数控机床厂的谈判代表转换了话题，从微笑中开始谈天说地，先来一个第一流的诚恳而又切实的赞叹，使莱利特公司的谈判代表在首轮谈判中形成的抵触情绪得以很大程度的消除。①
>
> 阅读以上资料，请判断中美企业的这次谈判会在什么样的氛围中进行？

（一）高调气氛法

高调气氛，是指谈判气氛比较热烈，谈判双方情绪积极、态度主动，愉快因素成为构成谈判情势的主导因素的谈判开局气氛。高调气氛通常会对谈判的开局及谈判的顺利进展发挥积极的促进作用。在这种谈判气氛中，谈判对象往往只注意到对自己的有利方面，而且对谈判前景的看法也倾向于乐观，因此，高调气氛易于促进协议的达成。

---

① http：//www.chinavalue.net/Biz/Blog/2015 - 1 - 17/1151403.aspx，有改动。

高调气氛主要表现为热烈、积极、友好的谈判气氛。谈判双方的态度诚恳、真挚,彼此主动适应对方的需要;见面时话题活跃,口气轻松;感情愉悦,常有幽默感。谈判双方显得精力充沛,兴致勃勃;谈判人员服装整洁,举止大方,目光和善;见面热情友好、相互让座,欣然落座,相互问候,互敬烟茶等。谈判双方对谈判的成功充满信心,把谈判成功看成友谊的象征。

在什么情况下营造高调气氛,应具体考虑谈判双方的实力对比,谈判双方之间的业务关系和双方谈判人员的个人关系以及谈判人员的成交意愿等因素。通常,可以在以下四种情况下营造高调气氛。

1. 己方占有较大优势

如果己方的谈判实力明显强于谈判对象,为了使对方清醒地意识到这一点,并且在谈判中不抱过高的期望值,从而产生威慑作用。同时,又不至于将谈判对象吓跑,在开局阶段,在语言上和姿态上,己方既要表现得礼貌、友好,又要充分显示出己方自信的气势。

2. 双方企业有过业务往来,关系很好

双方企业有过业务往来,关系很好,这种友好关系应该作为双方谈判的基础。在这种情况下,开局阶段的气氛应该是热烈的、友好的、真诚的、轻松愉快的。己方谈判人员在开局时,语言上应该是热情洋溢的;内容上可以畅叙双方过去的友好合作关系或两个企业之间的人员交往,也可以适当地称赞对方企业的发展和进步;姿态上应该比较自由、放松、亲切。在寒暄结束时,可以这样将话题引入实质性谈判,如:"过去我们双方合作得一直非常愉快,我想,这次我们依然会有一个皆大欢喜的结果,让我们一起开始努力吧!"

3. 双方谈判人员个人之间的关系

谈判是人们相互之间交流思想的一种行为。个人感情会对交流的过程和效果产生很大的影响。如果双方谈判人员有过交往接触,并且还结下了一定的友谊,那么,在开局阶段应该畅谈友谊。双方可以回忆过去交往的情景,也可以讲述离别后的经历,还可以询问对方家庭的情况,以增进彼此之间的感情。一旦双方谈判人员之间建立和发展了私人感情,那么,提出要求、做出让步、达成协议就不是一件太困难的事。

4. 己方希望尽早与对方达成协议

由于己方的成交愿望强烈,希望把握时机,担心失去机会;或者己方对谈判成交前景判断乐观,希望提高谈判效率,迅速成交,因而全力投入、态度恳切,积极烘托热烈向上的谈判气氛。

(二)低调气氛法

低调气氛,是指谈判气氛十分严肃、低落,谈判的一方情绪消极、态度冷淡,不快因素构成谈判情势的主导因素的谈判开局气氛。低调气氛会给谈判双方都造成较大的心理压力,在这种情况下,哪一方的心理承受力弱,哪一方往往会妥协让步。

低调气氛主要表现为松弛、缓慢、旷日持久的谈判气氛,一般在阶段性的谈判中出现。这时,双方谈判人员经过之前的几轮谈判,已经感到厌倦。谈判人员在开局阶段进入谈判会场时,握手例行公事,不紧不松;面部表情麻木,眼视他方;或入座时左顾右盼,显出一种可谈可不谈的无所谓的态度。对谈判的目标双方不表示信心，对对方的话题不认真倾听，双方不断地转换话题，处于一种打持久战的氛围之中。

营造低调气氛，应具体考虑谈判双方的实力对比和谈判双方之间的业务关系等因素。通常，可以在以下两种情况下营造低调气氛。

1. 己方有讨价还价的砝码，但并不占有绝对优势

如果己方的谈判实力相对弱于谈判对象，为了不使对方在气势上占上风和轻视己方，谈判人员应做好充分的心理准备并要有较强的心理承受能力，始终显示一种内在的信心和展示一种顽强作战、不屈不挠的斗争精神，也可以向对方表示一定的合作姿态，同时要善于运用己方的砝码迫使对方让步。

2. 双方企业有过业务往来，但本企业对对方企业的印象不佳

这时，开局气氛通常是严肃的、凝重的。己方谈判人员在开局时，语言上在注意礼貌的同时，应保持严谨，甚至可以带一点冷峻；内容上可以对过去双方的业务关系表示不满、遗憾，以及希望通过本次交易磋商来改变这种状况，也可以谈谈途中见闻、体育比赛等中性话题；姿态上应该充满正气，注意与谈判对象保持一定的距离。在寒暄结束时，可以这样将话题引入实质性谈判，如："我们双方有过一段合作关系，但遗憾的是并不那么愉快，希望这一次能有令人愉快的合作。千里之行，始于足下。让我们从头开始吧！"

（三）自然气氛法

自然气氛，是指谈判双方情绪平稳、谈判气氛既不热烈，又不消沉。自然气氛无须刻意地去营造。这种谈判开局气氛便于己方向谈判对象进行摸底，因为，谈判双方在自然气氛中传达的信息往往要比在高调气氛和低调气氛中传送的信息要准确、真实。当谈判的一方对谈判对象的情况了解甚少，对方的谈判态度不甚明朗时，谋求在平缓的气氛中开始对话是比较有利的。

营造自然气氛时，谈判人员要注意自己的行为、礼仪；要多听，多记，不要与谈判对象就某一问题过早发生争议；要准备几个问题，询问方式要自然。针对谈判对象的提问，能做正面回答的一定要正面回答；不能做正面回答的，要采用恰当方式进行回避。一般来说，可以在以下两种情况下营造自然气氛。

（1）双方的谈判实力相当，为了防止一开始就强化谈判对象的戒备心理和激起对方的对立情绪，以致影响实质性谈判，在开局阶段，仍然要力求创造一个友好、轻松、和谐的气氛。己方谈判人员在语言上和姿态上要做到轻松而不失严谨、礼貌而又不失自信、热情而不失沉稳。

（2）己方的谈判实力弱于谈判对象，为了不使对方在气势上占上风，从而影响后面的实质性谈判，开局阶段，在语言上和姿态上，己方一方面要表示出友好、积极合作的态度；另一方面也要充满自信，举止沉稳，谈吐大方，使对方不至于轻视自己。

谈判气氛并非是一成不变的。在谈判中，谈判人员可以根据需要来营造适于自己的谈判气氛。但是，谈判气氛的形成并非完全是人为因素的结果，客观条件也会对谈判气氛有重要的影响，如节假日、天气情况、突发事件等。因此，在营造谈判气氛时，一定要注意外界客观因素的影响。

二、话题选择的策略

在开局阶段,双方谈判人员从见面入座、开始交谈到话题进入实质性内容之前,应依据不同内容和类型的谈判实际,选用针对性的话题选择策略,从而创造出理想的、建设性的谈判开局。

(一) 中性话题选择策略

一般来说,谈判双方可以选择与谈判主题无关又无害的中性话题开场,这种话题的谈论容易引起谈判双方感情的共鸣,给彼此间的继续交谈提供方便,便于双方通过语言的交流迅速实现情感上的融洽。

谈判人员通常选用的中性话题包括:

(1) 谈论气候、季节及对谈判环境的感受;
(2) 双方互聊个人状况,互致私人问候;
(3) 会谈前旅行的经历或本次谈判后的游览计划;
(4) 当前社会普遍关心的热门话题或名人轶事;
(5) 双方谈判人员的爱好和兴趣;
(6) 体育新闻、文娱消息;
(7) 家庭状况;
(8) 双方都熟悉的人员及其经历;
(9) 曾有过的交往、以往的共同经历或过去成功的合作等;
(10) 双方都能接受的轻松笑话。

运用中性话题选择策略时,应选择积极的中性话题,这样的话题容易使谈判对象向己方靠拢,对己方的意见持肯定看法,并表现出认同、接受的态度,从而将其引向己方所要达到的目标。尤其是主场谈判的一方应发扬主人的风度,先行入题,以产生共鸣。互叙中性话题的时间不可太长,应适可而止。同时,还要避免过分闲聊,离题太远,从而浪费了谈判时间。

(二) 幽默话题选择策略

幽默话题选择策略,是指谈判人员借助形象生动的媒介、风趣诙谐的语言风格与谈判对象交谈,以打破对方的戒备心理,引起对方的好感和共鸣。

幽默的谈吐是一个人的思想、学识、智慧和灵感在语言运用中的结晶,也是谈判交际语言的"调味剂"和"润滑剂"。在国际商务谈判的开局阶段,选择幽默的话题可以使谈判气氛轻松活跃,提高双方人员谈判或继续谈判的兴致,或者至少可以使谈判人员紧张的情绪得到有效的缓解;可以使冷淡、对立、紧张、一触即发的谈判气氛变为热烈、积极、友好、和谐的谈判气氛;可以使谈判对象发自内心地理解、接纳、叹服己方的劝慰,接受己方的观点;可以帮助在谈判中已经处于不利的一方巧妙地摆脱困境;可以促使对方形成对己方的修养、学识和能力的认同,转变其固有的观念与态度,为进一步的谈判打下基础。

运用幽默话题选择策略应注意以下三个方面。

1. 不要在幽默中加进嘲笑的成分

国际商务谈判中对幽默手法的运用，要围绕实现开局目标的要求，建立在尊重谈判对象的思想基础上。幽默应该是善意、友好、发自内心的，幽默的运用更多地是为了活跃谈判气氛，而不应含有嘲笑对方的成分。要做到调侃但不嘲弄，敏锐但不滑头，委婉但不悲观，尖锐但不刻薄。

2. 笑谈自己，以增加己方的吸引力

这实际上是一种漫画式的夸大其词。谈判的一方在笑谈自己时，对自己表面的、无大碍的某些缺点进行夸大或缩小，使自身的某些本质特征鲜明地显露出来，既可以作为幽默的"笑料"来调节整个开局阶段的气氛，又表现了自己的大度胸怀，并在看似难堪的窘境中，以自我排解的方式实施了己方的开局目标。

3. 谈判双方人员要具有必备的文化素质和相应的气质、修养、风度

由于幽默是语言、性格、情景等因素别开生面的巧妙组合，因此要求谈判人员要具有高雅的情趣和乐观的信念，较强的观察能力和想象能力，较高的文化素养和较强的驾驭语言能力。只有双方的谈判人员具备大体相当的素养，才能借用幽默的方法激发形成融洽、活泼、建设性的谈判氛围。

任务三 国际商务谈判交锋阶段的策略

案例导入

中国A房地产开发公司拟邀请澳大利亚著名的B建筑设计公司把正在建设中的××大厦建设成一幢豪华、气派，既方便商务办公，又适于家居生活的现代化综合商住楼，必须使之设计科学、合理。中方委派高级工程师一行7人作为全权代表飞赴上海，与该建筑设计公司进行洽谈。

在首次谈判中，A房地产开发公司的谈判代表介绍了××大厦的现状："××大厦的建设方案是在七八年前设计的，其外形、外观、立面等方面有些不合时宜，与跨世纪建筑的设计要求存在很大差距。我们慕名远道而来，恳请与贵公司合作。"谈判代表一边介绍，一边将事先准备好的有关资料，如施工现场的相片、图纸，国内有关单位的原设计方案、修正资料等，提供给B建筑设计公司。B建筑设计公司对这一项目很感兴趣，他们首先报出40万元的设计价。这一报价令A房地产开发公司的谈判代表感到难以接受。B建筑设计公司的谈判代表说："我公司是一家讲求质量、注重信誉、在世界上有名气的公司，报价稍高是理所当然的。而且，鉴于工程造价，以及中国的实际情况，这一价格已是最优惠的价格了。"根据A房地产开发公司谈判代表的了解，设计方在上海的设计价格为每平方

米 6.50 美元。若按此价格计算，××大厦设计费应为 16.26 万美元，根据当天的外汇牌价，应折合 136.95 万元人民币。的确，40 万元人民币的报价算是优惠的了！但是，考虑到公司的利益，A 房地产开发公司的谈判代表还价："20 万元（人民币）。"对方感到吃惊。顺势，A 房地产开发公司的谈判代表解释道："在来上海之前，总经理授权我们 10 万元左右的签约权限。我们出价 20 万元，已经超出我们的权力范围……如果再增加，我们必须请示总经理。"双方僵持不下，谈判暂时结束。

第二天晚上，双方又重新坐到谈判桌前，探讨对建筑方案的设想、构思，接着又谈到价格。这次 B 建筑设计公司主动降价，由 40 万元降为 35 万元。并一再声称："这是最优惠的价格了。"A 房地产开发公司的谈判代表坚持说："太高了，我们无法接受！经过请示，公司同意支付 20 万元，不能再高了！请贵公司再考虑考虑。"B 建筑设计公司的谈判代表嘀咕了几句，说："鉴于你们的实际情况和贵公司的条件，我们再降 5 万元，30 万元好了。低于这个价格，我们就不做了。"A 房地产开发公司的谈判代表分析，对方舍不得放弃这次合作的机会，有可能还会降价，因此 A 房地产开发公司的谈判代表仍然坚持出价 20 万元。过了一会，B 建筑设计公司的谈判代表收拾笔记本等用具，根本不说话，准备退场。眼看谈判陷入僵局。

这时，A 房地产开发公司的谈判代表急忙说："请您与我公司总经理通话，待我公司总经理决定并给我们指示后再谈，这样好不好？"由于这样提议，紧张的气氛才缓和下来。

最后，在双方报价与还价的基础上，A 房地产开发公司出价 25 万元，B 建筑设计公司基本同意。但提出比原计划延期两周左右交图纸。①

【思考讨论题】 案例中 B 建筑设计公司首先报价，你认为先报价对谈判有利吗？先报价与后报价各有何利弊？为什么？

在建立了良好的谈判气氛之后，谈判人员相继入座，从而开始进入实质性谈判环节，也就是国际商务谈判的交锋阶段，这个环节主要包括开场陈述、交换意见及询盘报价，其中询盘报价最为关键。

一、开场陈述

在陈述环节，谈判人员之间不可能完全相互信任，总会存在猜疑。有经验的谈判人员的高明之处不在于企图消除这种猜疑，而是巧妙地利用人所共有的希望他人支持自己的观点、赞同自己的主张和言行，能使他人产生共鸣的人际交往的心理，创造感情上的相互接近，取得谈判对象的尊重和信任，使对方甘愿从友好的方面进行猜测。最重要的是要表达出坦白率直、开诚布公的态度。因此，在谈判双方实力与需求大体对等，或双方原来就有良好的合作关系，以及双方主谈人的性格气质大体相近的情况下，向谈判对象表露己方的真实意图，正是获得对方的理解和尊重的好方法。

（一）开场陈述的目的

开场陈述的目的是为之后的报价和磋商奠定基础，为了摸清谈判对象的原则和态度，

---

① http://www.chinavalue.net/Biz/Blog/2015-1-17/1151403.aspx，有改动。

开场陈述的重点是阐明己方对有关问题的看法和原则，谈判对象关注的利益点，简明扼要地把主要问题的提出来。

（二）开场陈述的重点内容

（1）己方对问题的理解，即己方认为这次谈判应涉及的问题。

（2）己方的利益，即己方希望通过谈判取得的利益。

（3）己方的首要利益。阐明哪些方面对己方来讲是至关重要的。

（4）己方可以向对方做出的让步和商谈事项，己方可以采取何种方式为谈判双方共同获得利益做出贡献。

（5）己方的原则，包括谈判双方以前合作的结果；己方在对方享有的信誉，今后双方合作中可能出现的良好机会或障碍。

（三）开场陈述的时间

开场陈述的时间要把握好度，谈判双方尽量平分秋色，切忌出现独霸会场的局面。发言内容要简短而突出重点，恰如其分地把意图、感情倾向表示出来即可。但这并不是说态度模糊，关键的话还是要准确、肯定地讲清楚，如"希望有关技术方面问题的讨论结果，能使我们双方都满意"。在语言用词和态度上，尽量轻松愉快，有幽默感，以减少引起谈判对象的焦虑、不满和气愤的可能。否则，只会使谈判对象产生敌意，筑起一道防御之墙，丧失其原来可能协助或支持己方的机会。

（四）开场陈述的结束语

结束语需特别斟酌，其要求是表明己方陈述只是为了使谈判对象明白己方的意图，而不是向对方挑战或强加给对方接受。如"我是否说清楚了""这是我们的初步意见"就是比较好的结束语。陈述完毕后，要留出一定的时间让谈判对象表示一下意见。把谈判对象视为回音壁，注意对方对己方的陈述有何反应，并寻找出对方的目的与动机和己方预想的差别。

对于谈判对象的陈述，己方要做到的：一是倾听，听的时候要思想集中，不要把精力花在寻找对策上；二是要搞懂对方陈述的内容，如果有什么不清楚的地方，可以向对方提问；三是归纳，要善于思考理解对方的关键问题。谈判双方分别陈述后，需要做出一种能把双方引向寻求共同利益的陈述，即倡议。倡议时，谈判双方提出各种设想和解决问题的方案，然后再在设想和符合双方商业利益的现实之间，搭起一座通向成交道路的桥梁，谈判双方需要判断哪些设想、方案更具有现实性和可能性。

二、交换意见

开场陈述后，谈判双方从中会得到启发，寻求共同点，使成交前景渐趋明朗。因此，谈判双方需要进一步拉近彼此的距离，交换意见，将主题集中于谈判的目标、计划、进度和人员四个方面。

（一）谈判目标

谈判目标因谈判双方的出发点不同而有不同类型。如探测型，意在了解对方的动机；创造型，旨在发掘互利互惠的合作机会；论证型，旨在说明某些问题；达成原则协定型；

达成具体协定型；批准草签的协定型；回顾与展望型；处理纷争型。目标、既可是上述的其中一种，也可以是其中的几种。

（二）谈判计划

谈判计划，是指会议的议程安排，其内容包括主题、每个主题的时间安排、出席人员和双方人员必须遵守的若干规则。主题界定的谈判内容的多与少可以由谈判的标的决定，主题之间应有逻辑性。每个主题的时间安排应该既有适度性，又有应变性。

（三）谈判进度

这里的进度是指会谈的速度或节奏快慢，或是会谈前预计的洽谈速度。

（四）谈判人员

谈判人员，是指每个谈判小组的成员情况，既包括姓名、职务以及其在谈判中的地位与作用，又包括以前是否有过接触、交往次数或时间长短。

在进入实质性谈判之前，谈判双方仍有必要再就谈判的目标、计划、进度和人员等方面的问题协商一次。最为理想的方式是以轻松、愉快的语气先谈双方容易达成一致意见的话题，如"咱们先确定一下今天的主题，如何？""咱们先商量一下今天的大致安排，怎么样？"从表面上看，这些话好像无足轻重、分量不大，但这些要求往往最容易得到对方肯定的答复，因此比较容易创造一种寻求共同目标的感觉。如果谈判对象急于求成，一开局就喋喋不休地大谈实质性问题，己方应巧妙地避开对方的话题，把对方引到谈判目的、谈判议程上来。同时，这也是防止谈判双方因彼此追求的目标、利益相去甚远而在开局之初就陷入僵局的良好对策。

三、询盘报价

在初步交换意见的基础上，谈判进入询盘阶段，可以是买方做出，也可以是卖方做出，但大多数情况下是由买方首先做出询价。询盘的内容可以是价格，也可以是品质、保险、支付方式、运输等一项或多项交易条件或内容。有时也可以不经过询盘直接进入发盘的环节。

发盘，亦称报价，首先提出价格的行为称之为报价。实际上是己方向谈判对象提出自己所有要求的行为。这里所讲的报价并不是指谈判双方在谈判中提出的价格条件，而是指谈判的一方向对方提出自己的所有要求。当然，在所有的这些要求中，价格是其核心。

报价是价格磋商的基础。谈判的一方报价之后，多数谈判对象不会立即做出接受报价的决定，因此，谈判双方就会自然进入价格磋商阶段。这里的价格磋商是指谈判双方针对对方的报价和策略而使用的反提议和相应对策。价格磋商的核心是价格问题，但却不仅仅是价格的升降。谈判双方的实力，谈判人员的态度和行为，所做的准备工作及己方所运用的策略等都对价格磋商至关重要。因此，从这种意义上讲，价格磋商实质上是一种包括各种复杂力量关系在内的交换过程。

（一）报价的原则

报价应遵循的基本原则是通过反复比较和权衡，设法找出报价方所得利益与该报价能被接受的成功概率之间的最佳组合点。

在报价前，谈判的一方必须反复核实、验证，确定己方商品价格所依据的信息资料的可靠性，以及所定价格金额和可调幅度的合理性。如果定价的依据不真实，所报的期望价过高或可调幅度不切实际，那么，在以后的磋商阶段中，一旦对方提出异议，己方又无法回答，就会使己方丧失信誉，轻则影响谈判的顺利进行，重则导致整个谈判向不利于己方的方向变化发展。

谈判的一方在报价时，不仅要考虑报价所能获得的利益，还要考虑报价能否被谈判对象接受，即报价成功的概率。在国际商务谈判中，谈判双方处于对立统一体之中，他们既相互制约又相互统一。因此，在报价的高低不是由报价方随心所欲就可以决定的，报价只有在对方接受的情况下才能产生预期的结果。因此，在报价前报价方要通过各种渠道获取商业市场信息，进行预测，最好设定一个"最低可接纳水平"，要尽可能地摸准对方的要求，并设法找到己方报价的期望利益与对方接受的可能性之间的最佳协议点，制订出一个报价的最佳方案。这是因为成功的谈判需要依赖最佳的报价方案；而最佳报价方案的形成，不仅取决于对方对某种商品单价的讨论，另外还取决于对方对商品支付手段、交易条件、质量要求及其他一系列内容的磋商。己方报价的期望利益和对方接受的可能性既然是受多种因素的影响，那么，谈判双方就需要从这些因素出发，在综合性的考虑中谋求报价的成功。也就是说，在对己方和对方诸多要求都了解清楚的情况下，找到对方的诸多要求与己方的诸多要求——对应的最佳协议点，并且把握其发展趋向。这样才能产生一个完整的报价设想，进而对己方报价的成功与否做出正确的估计。

此外，报价的先后也是讲究策略的，在某种程度上，报价先后会对谈判产生实质性影响。就一般情况而言，先报价者有利，因为先报价的一方可以按照自己的意图报价，会使对方产生心理压力，为今后讨价还价划定了基准线。当然，若先报价的一方为卖方，报出的价格低于最佳协议价格，那将会损失预期利润；若先报价的一方为买方，报出的价格高于最佳协议价格，那将会增加更多的成本，因此，尽管先报价有优势，但应该建立在清楚了解谈判双方实力的基础上，针对具体情况采取不同的策略。通常情况，按照惯例，发起谈判者先报价或者卖方先报价。如果己方强于谈判对象，处于有利地位，己方先报价；如果谈判对象是外行，己方先报价。在谈判对象报价期间，谈判人员切忌干扰对方报价，要认真听取完整、准确的内容，不要急于还价，而应该要求对方对其价格构成、依据、计算及方式解释清楚，了解对方报价的实质和破绽，然后提出自己的价格。

然而，这仅仅是就报价的一般性原则进行的分析。在实际的国际商务谈判过程中，由于谈判双方的状况以及谈判环境条件的复杂性，很难找到这样一个最佳的、理想的报价。但是，谈判人员应把握这一原则的精神实质，尽可能精确地估计谈判对象可接受的报价范围，根据不同的形式采取具体的报价策略，力争在实际的谈判过程中使报价接近理想的报价。

（二）报价策略

国际商务谈判的报价策略主要是报价为多少最合理、用什么方法报价、什么时间报价最合适。谈判双方对价格的焦点是价格的高低、付款方式、交货期及保证条件四大项。而这四大项中谈判双方对价格的高低是最敏感的。但在有些情况下买方对价格的高低不十分敏感，这时就要抓住这一不敏感时机，使谈判对己方有利。

> **背景资料**
>
> ### 买方对价格不敏感的表现
>
> 1. 买方迫切急需自己的货，只关心交货期。
> 2. 买方把购买当成一种投资，价格就不这么关心了。
> 3. 买方只关注产品的市场推广和活力。
> 4. 卖方出售的产品在买方购买的产品中所占的比例很小。

在国际商务谈判中，谈判人员要充分考虑商品的定价影响因素和报价的影响因素，从而制定出比较合乎实际的报价策略，主要的报价策略以下三种。

1. 报高价策略

所谓报高价策略，是以卖方确定的最高期望价格报出价格的策略。在国际商务谈判中，谈判人员可以根据外部环境和内部条件，即根据报价的依据，结合谈判意图，确定报价的上限和下限，即期望标准和临界标准。作为卖方，其报价策略是"喊价要高"；作为买方，其报价策略是"出价要低"。

报高价会给谈判结果设定一个不可突破的上限。价格一经报出，卖方既不能再提出更高的要价，更不要期望买方会接受更高的报价。报高价往往对成交期望水平具有实质性的影响，一个人的期望水平越高，他会越努力地实现或维护这个水平，其结果当然有可能达到这个水平。所以，最初报高价策略对最后的成交水平起着制约作用。因为大多数谈判的最终协议价格，是在己方报价与对方报价的中间点上下之间。国际商务谈判实践都证明了在谈判双方报价中"一高一低"谋略是合理而行之有效的策略。如出口商对一件品牌成衣开价200元，进口商会还价到120元，那么最终谈判价格可能在160元上下成交。所以，高明的谈判人员，在不导致谈判破裂的前提下，要尽可能地报高价，从而争取更大的利益。

但是，凡事有利也有弊，过高的报价往往会导致谈判的破裂。如果卖方的开价大大超过买方的底价，或者买方的还价大大低于卖方的底价，那就势必导致谈判的破裂。

> **问题探讨**
>
> 中国A公司向韩国B公司出口丁苯橡胶，进行了一场别开生面的谈判。谈判一开局，按照国际惯例，首先由卖方A公司报价。A公司首次报价为1200美元/吨。这一报价离实际卖价偏高许多。A公司之所以这样做，是因为他们以前的确卖过这个价格。如果B公司不了解谈判当时的国际行情，就会以此作为谈判的基础，那么，A公司就可能获得丰厚的利润。但是B公司事前已经摸清了国际行情的变化，于是拒绝了A公司的报价。尽管如此，A公司灵活地转移话题，介绍起产品的特点及其优良的质量，以求采取迂回前进的方法来支持己方的报价。①
>
> 阅读以上资料，判断资料中反映的是哪种报价策略？

---

① http://www.China-train.net/pxzx-zjlbd/68130.html，有改动.

2. 引诱报价策略

国际商务谈判的特点是"利己"和"合作"兼顾。因此，如果谈判人员想要顺利地获得谈判的成功，而且还维系和发展同谈判对象之间的良好关系，那么在尽可能地维护自己利益的基础上，还要照顾和满足谈判对象的需求。

谈判人员在使用引诱报价策略时必须注意掌握分寸，如果引诱的价格太低，那么吸引力就太小；而"诱饵"太多、代价太大，则得不偿失。谈判人员在使用引诱报价策略时还必须清醒地认识到：投下"诱饵"以满足谈判对象的需要是方式，最终满足己方的需要才是目的，谈判价格不可本末倒置，要进行成本和收益的核算。

经典小故事

美国有位大富翁詹姆斯经营旅馆、戏院、自动洗衣店等颇有章法，他出于某种需要决定再投资一本杂志。经内行人介绍，詹姆斯看中了杂志出版界的大红人鲁宾逊。精于谈判之道的詹姆斯，在谈判之前对鲁宾逊进行了全面而细致的调查，除了了解到鲁宾逊恃才自傲的一面以外，还了解到鲁宾逊非常珍惜家庭的幸福，非常热爱自己的妻子和孩子。并且，他还了解到鲁宾逊对于独立承担竞争性非常强的杂志的资金不足，为了节省开支，鲁宾逊不得不整日泡在办公室里，处理繁杂的事务。针对鲁宾逊的这一性格和心理，詹姆斯决定在谈判中实施引诱报价策略。经过两次会面和共进午餐后，双方同意坐下来谈判。谈判一开始，詹姆斯开门见山地承认自己对出版杂志一窍不通，因此，需要借助鲁宾逊这样有才干的专家。满足了鲁宾逊恃才傲物的心理，使鲁宾逊对詹姆斯产生了好感。接着，他把一大笔数目的现金支票和他公司的股票放在鲁宾逊的面前，告诉鲁宾逊他公司的股票在过去几年内如何涨价、收益如何可观、利息有多大等。这等于告诉鲁宾逊：如果合作的话，他的家庭生活有了保障；他的杂志有了足够的财政支持；他还能从繁杂的公务中解脱出来，因为詹姆斯已经物色了一批人。詹姆斯把这些人一一介绍给鲁宾逊，其中还有未来的经理，这些人将来都归他使用，帮助他处理办公室的烦琐事务，好让他全力以赴只管杂志的编辑工作。

3. 中途变价策略

中途变价策略旨在报价的中途，改变原来的报价趋势，从而争取谈判成功的报价方法。所谓改变原来的报价趋势，是说买方在一路上涨的报价过程中突然爆出一个下降的价格，或者卖方在一路下降的报价过程中突然报出一个上升的价格来，从而改变了原来的报价趋势，促使对方考虑是否接受报价方的价格。

如在中方某零件加工贸易公司与美方进口商的一次谈判中，该加工贸易公司为了达成交易，谈判价格一再下降，从 20 美元、18 美元、16 美元……12 美元、11 美元，可是美方进口商还是不愿意进行交易，加工贸易公司的谈判代表认为不能再降价了，他们突然改变下降的趋势，报出了一个上升的价格"12 美元"来。没料想美方进口商却揪住"11 美元"不放，这时加工贸易公司的谈判代表顺水推舟地以 11 美元的价格达成交易。遇到美方这样的进口商实在让人头疼，尽管已经满足了对方的许多要求，可对方似乎还有无数的要求，这时对付谈判对象的有效方法就是中途变价策略。

大量的谈判实践告诉我们,许多谈判人员为了争取更好的谈判结果,往往以极大的耐心,没完没了的要求和争取。只有改变原来的报价趋势,报出一个出乎对方意料的价格来,才能遏制对方的无限要求。

任务四　国际商务谈判磋商阶段的策略

案例导入

我国南平铝厂为了引进意大利B公司的先进技术设备,派代表前往意大利进行谈判。对方派出了公司总裁、副总裁和两名高级工程师组成的谈判团与南平铝厂进行谈判。谈判一开始,B公司企图采用先报价、报高价的谈判手法,为谈判划定一个框框,所以,抛出了一个高于世界市场上最高价格的价码。中方主谈人是南平铝厂的厂长,他既精通技术,又精通谈判之道。等到对方报价、阐明理由完毕之后,他很有礼貌地向对方说:"我们中国人是最讲究实际的,请你们把图纸拿出来看看吧!"等到对方把图纸打开来,该厂长不慌不忙地在图纸上比比画画、指指点点,中肯而又内行地分析出哪些地方不够合理、哪些地方不如某国家的先进……眼看对方代表面面相觑、无法下台,该厂长借机给他们一个台阶:"贵公司先进的液压系统是对世界铝业的重大贡献……"接着他又颇有意味地说:"……我们在20年前就研究过。"B公司的谈判代表被深深地折服了,B公司主谈人由衷地说:"了不起,了不起……你们需要什么,我们就提供什么,一切从优考虑!"这一仗打得如此漂亮,南平铝厂以极为优惠的价格引进了一套具有世界先进水平的铝加工设备,为国家节约了一大笔外汇。①

【思考讨论题】意大利B公司的失败原因主要是所报价格给南平铝厂提供了可攻击之处,经过有针对性讨价还价,使含水分大的报价降下来。

一般情况下,当谈判的一方报价之后,另一方不会无条件地接受,双方面对面进行讨论、说理、论战、争吵,进入实质性较量。谈判双方求同存异、合作、谅解、让步。这个阶段就是最艰难、最紧张的磋商阶段,谈判双方为了实现自己的目的,要根据对方的行为、言论、行动,重新评价对方的条件,真正弄清对方的意图,调整谈判方案,运用智慧,恰当采用各种谈判策略去应对。

背景资料

何时调整策略

1. 在对方的行为与让步与自己预计的相符时,不要轻易地改变自己的策略,并暗示对方也不要改变策略,这样对对方都有利。

---

① 王桂林. 国际商务谈判[M]. 西安:西安交通大学出版社,2013,有改动.

> 2. 在对方的行为与让步比自己预计的快且幅度也大时，应充分了解对方的意图，若对方有急于求成的想法，可使用迫使对方继续让步的策略。
> 3. 在对方的行为与让步比自己预计的慢且幅度很小时，对方表现出无法让步的强硬态度，这时己方要有尺度地让步。

一、讨价策略

讨价，是指在谈判中的一方首先报价之后，另一方认为离自己期望的目标太远，而要求报价方改善报价的行为。这种讨价要求既是实质性的又是策略性的。其策略性作用是误导对方对己方的判断，改变对方的期望值，并为己方的还价做准备。讨价策略的运用包括讨价方式的选择和讨价之后对谈判对象的分析。

讨价一般分为三个阶段，不同的阶段则采用不同的讨价方式。

第一阶段，由于讨价刚开始，买方对卖方价格的具体情况尚欠了解，因而，讨价的策略是全面讨价，即买方要求卖方从总体上改善报价。

第二阶段，讨价进入具体内容，这时的讨价策略是针对性讨价。即在对方报价的基础上，找出明显不合理、噱头、含水分大的项目，针对这些不合理的部分要求改善报价。

第三阶段，是讨价的最后阶段，讨价方在做出讨价表示并得到对方的反应之后，必须对此进行策略性分析。

若为首次讨价，就能得到对方改善报价的反应，这就说明对方报价中的策略性虚报部分可能较大，价格中所含的噱头、水分较多，或者也可能表明对方急于促成交易。但是，一般来说，报价方开始都会固守自己的价格立场，不会轻易改变价格。另外，即使报价方做出改善报价的反应，还要分析其让步是否具有实质性内容。只要没有实质性改善，讨价方就应继续抓住报价中的实质性内容或关键的谬误不放，同时，依据对方的权限、成交的决心继续实施讨价策略。

二、还价策略

谈判的一方报价以后，一般情况下，另一方不会无条件地全部接受其所报价格，而是会做出这样或那样的反应。谈判中的还价，实际上就是针对谈判对象的首次报价，己方所做出的反应性报价。还价以讨价作为基础。在一方首先报价以后，另一方一般不会全盘接受，而是根据对方的报价，在经过一次或几次讨价之后，估计其保留价格和策略性虚报部分，推测对方可能妥协的范围，然后根据己方的既定策略，提出己方可接受的价格，反馈给对方。如果说报价划定了讨价还价的范围的一条边界的话，那么，还价将划定与其对立的另一条边界，谈判双方将在这两条边界所规定的界区内展开激烈的讨价还价。

（一）还价前的运筹

还价策略的精髓在于"后发制人"。谈判的一方要想发挥"后发制人"的威力，就必须针对对方的报价做出周密的筹划。

（1）谈判的一方应根据对方对己方讨价所做出的反应和己方所掌握的市场行情及商品比价资料，对报价内容进行全面的分析，从中找出突破口和报价中相对薄弱的环节，作为己方还价的筹码。

（2）谈判的一方应根据所掌握的信息对整个交易做出通盘考虑，估量对方及己方的期望值和保留价格，制订出己方还价方案中的最高目标。

（3）谈判的一方应根据己方的目标设计出几种不同的备选方案，以保持己方谈判立场的灵活性。

（二）还价方式

1. 按分析比价还价和按分析成本还价

从价格评论的依据出发，谈判还价的方式分为按分析比价还价和按分析成本还价两种。

按分析比价还价，是指己方不了解所谈产品本身的价值，而以其相近的同类产品的价格或竞争者产品的价格作为参考进行还价。这种还价的关键是所选择的用作对比产品的科学性，只有比价合理才能使对方信服。

按分析成本还价，是指己方能计算出所谈产品的成本，然后以此为基础再加上一定百分比的利润作为依据进行还价。这种还价的关键是所计算成本的准确性，成本计算得越准确，谈判还价的说服力越强。

2. 单项还价、分组还价和总体还价

按谈判中每次还价项目的多少，谈判还价方式分为单项还价、分组还价和总体还价。

单项还价，是指以所报价格的最小项目还价，如对于成套设备，按主机、辅机、备件等不同的项目还价。

分组还价，是指把谈判对象划分成若干个项目，并按每个项目报价中所含水分的多少分成几个档次，然后逐一还价。

总体还价又叫一揽子还价，是指不分报价中各部分所含水分的差异，均按同一个百分比还价。

（三）还价起点的确定

还价起点是买方第一次公开报出的打算成交的条件，其高低直接关系买方自己的利益，也反映出谈判人员的谈判水平。

还价的目的不是仅仅为了表明提供与对方报价的差异，而应着眼于如何使对方承认这些差异，并愿意向双方互利性的协议靠拢。所以，还价起点的总体要求是，既能够保持价格磋商过程得以进行，同时还价起点要低，力求使自己的还价给对方造成压力，从而影响或改变对方的判断。此外，还价起点又不能太低，还价起点的高度必须接近对方的目标，使对方有接受的可能性。由于先前的报价实际为谈判划定了一定的范围，并形成对该价格的深刻印象，使还价方很难对此范围有大的突破。

三、让步策略

在国际商务谈判中,谈判双方需要不断地让步,才可以达到最终的价值交换过程。让步并不是放弃自身利益,而是进一步弄清对方底细的过程,一个小小的让步可能会影响整个战略布局。无论是以价格的增减换取原则条款保留,以放弃某些次要条款或要求换取价格的效益,还是以次要条款或要求取舍换取主要条款或要求的取舍,都要把握尺度和时机。如何把握,没有固定科学的公式可遵循,让步中草率让步与寸步不让都是不可取的,需要凭借谈判人员的经验、直觉和智慧去处理。

(一) 让步原则

1. 目标价值最大化原则

国际商务谈判中的很多情况下的目标并非是单一的,在谈判时处理这些多重目标的过程中不可避免地存在着目标冲突现象,谈判的过程事实上是寻求谈判双方目标价值最大化的过程,但这种目标价值的最大化并不是所有目标的最大化,如果是这样的话就违背了国际商务谈判中的平等公正原则,因此也避免不了在处理不同价值目标时使用让步策略。

实际上,在国际商务谈判的过程中,不同目标之间的冲突是时常发生的,而且在不同目标中的重要价值及紧迫程度也是不相同的,所以处理这类矛盾时所要掌握的原则就是在目标之间依照重要性和紧迫性建立优先顺序,优先解决重要及紧迫目标,在条件允许的前提下适当争取其他目标,其中的让步策略首要就是保护重要目标价值的最大化,如价格、付款方式等关键环节。因此,己方首先要确定什么是重要目标,什么是紧迫目标?不要把重要目标定得太多,以免顾此失彼,甚至自相混乱,给谈判对象留下可乘之机。在确定重要目标后,再寻求对方目标价值最大化。

2. 刚性原则

在国际商务谈判中,谈判双方在寻求自身目标价值最大化的同时也对自己最大的让步价值有所准备,换句话说,谈判中可以使用的让步资源是有限的,所以,让步策略的使用是具有刚性的,其运用的力度只能是先小后大,一旦让步力度下降或减小则以往的让步价值也失去意义;同时谈判对象对于让步会产生"免疫力",也就是说一种方式的让步使用几次就会失去效果。谈判人员必须认识到,让步的资源是有限的,让步的次数是有限的,让步的效果是有限的,让步策略的运用是有限的,即使己方所拥有的让步资源比较丰富,但是在谈判中谈判对象对于己方让步的体会也是不同的,谈判对象的某些需求是无止境的,并不能保证取得预先期望的价值回报。因此,谈判人员对待让步的使用就更要慎重,必须给自己定一个让步底线,一步步慢慢地让。

3. 时机原则

时机原则就是在适当的时机和场合做出适当、适时的让步,使谈判让步的作用发挥到最大、所起到的作用最佳。在国际商务谈判的实际过程中,让步时机非常难以把握,常常存在时机难以判定,对于让步的随意性导致时机把握不准确等问题,因此,谈判人员要在适当的时机、适当的场合做出适当的让步,使让步的作用发挥到最大,起到的作用最佳。

4. 清晰原则

清晰原则，是指让步的对象、理由，让步的具体内容和实施细节都要非常的清晰、明确，避免因为让步而导致产生新的问题和矛盾。常见的违背让步清晰原则的问题有：

（1）让步的标准不明确，使对方感觉自己的期望与己方的让步意图错位，甚至感觉己方没有让步而是含糊其辞；

（2）让步的方式、内容不清晰，在谈判中己方所做的每一次让步必须是对方所能明确感受到的，也就是说，让步的方式、内容必须准确、有力度，对方能够明确感觉到己方所做出的让步，从而激发对方的反应。

5. 此失彼补原则

如果迫不得已，己方再不做出让步就有可能使谈判夭折的话，也必须把握住"此失彼补"这一原则。即这一方面虽然己方给了对方优惠，但在另一方面必须加倍地，至少均等地获取回报。当然，在谈判时，如果发觉此问题己方若是让步可以换取对方更大的好处时，也应毫不犹豫地给其让步，以保持全盘的优势。

（二）让步方式

在讨价还价中，谈判人员始终在彼此的利益价格区间内较劲，所以需要对谈判进程有很好的控制。有的谈判人员在谈判过程中一再后退、连连让步，突然一下子就跳到最后，往往会使谈判偏离原来的正确方向。所以，耐心和忽略时间压力有时候可以帮助己方达到目的，但即使这样也未必能获得对方的好感。因此，要选择理想的让步方式，己方才能施展胸中已有的让步方案。

1. 一次到位让步

一次到位让步即在谈判的前一阶段，谈判的一方一直很坚决地不做出任何让步，但到了谈判后期却一次做出最大的让步。其特点是态度诚恳、务实、坚定、坦率。这种让步是对那些锲而不舍的谈判对象做出的。通过这种方式，谈判人员向谈判对象亮出了底牌，比较容易打动对方采取回报行为，给对方以合作感、信任感，从而提高谈判效率，降低谈判成本，以促成合局。如果遇到的是一个比较软弱的谈判对象，可能其早就放弃讨价还价而妥协了；而一个坚强的谈判对象则会坚持不懈，不达目的决不罢休，继续迫使对方做出让步，他会先试探情况，最后争取最大的让步。在这种谈判中，谈判双方都要冒因立场过于坚决而出现僵局的风险。

这种让步方式的优点是：前面阶段的拒绝与强硬，是为了向对方传递己方的坚定信念。如果谈判对象缺乏毅力与耐心，那么就有可能使己方在谈判中获得较大利益。当己方在最后阶段一次让出全部可让利益时，对方会对己方留下既强硬又出手大方的强烈印象。采用这种让步方式时可能会有两个问题：一是对方在再三要求让步而遭到拒绝的情况下，可能等不到最后就离开了谈判桌；二是最后的让步虽然很晚，但是幅度过大，往往会鼓励对方进一步纠缠，可能失去己方原本应有的利益。因此，这种让步方式要谨慎使用，一般在明确己方处于谈判劣势或谈判双方之间的关系较为友好时使用。

学习情境4 国际商务谈判阶段及其策略

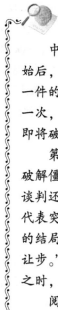 **问题探讨**

中国南方A市工艺品公司作为供货方同某外商就工艺品买卖进行谈判。谈判开始后，工艺品公司的谈判人员坚持800元一件，态度十分强硬，而外商只出500元一件的价格，且毫不示弱。谈判进行了两日，没取得任何进展。外商提出休会再谈一次，若再不能取得共识，谈判只能作罢。A市工艺品公司坚决不退让，眼看谈判即将破裂。

第三天谈判继续开始，双方商定最后阶段谈判只定为3个小时，因为没有办法破解僵局，再拖延下去只能是浪费时间。谈判进行了两个多小时仍是毫无进展。在谈判还剩下最后10分钟时，双方代表已做好退场准备了，这时工艺品公司的首席代表突然响亮地宣布："这样吧，先生们，我们初次合作，谁都不愿出现不欢而散的结局，为了表达我方的诚意，我们愿把价格降至660元一件，但这绝对是最后的让步。"外商代表先是一惊，而后沉默了好几分钟，就在谈判结束的钟声即将敲响之时，他们伸出了手说："成交了！"①

阅读以上资料，请判断该工艺品公司使用了哪种让步方式使得谈判取得成功？

2. 坦诚以待让步

坦诚以待让步即在让步阶段的一开始就全部让出可让利益，而在随后的阶段里无可再让。这种让步方式坦诚相见，比较容易使得对方采取同样的回报行动来促成交易成功。同时，率先做出大幅度让步的一方会给对方以信任感。直截了当地一步让利也有益于速战速决，从而降低谈判成本，提高谈判效率。

采用这种让步方式时要注意，相比较于一次到位让步，谈判人员有可能失掉本来能够力争到的利益；这种让步方式操之过急，会使对方的期望值增大而进一步讨价还价，强硬而期望值过高的对方更会得寸进尺，而由于己方可出让利益已经全部让出，因此在后面的阶段中皆表现为拒绝，这样一来就可能导致谈判陷入僵局。不过如果己方在谈判中处于劣势，或对方是老客户，双方都很熟悉，采用这种方法也未尝不可。

3. 逐步让步

逐步让步是一种逐步让出可让利益并在适当的时候果断停止让步，从而尽可能最大限度地获得利益的策略。这种让步策略在具体操作时又有不同的形式。

（1）等额让步。

等额让步即在让步的各个阶段中，等额地让出可让利益，让步的数量和速度都是均等的、稳定的。国际上将这种挤一步让一步的策略称之为"色拉米"香肠式谈判让步策略。这种策略的优点是：对于谈判双方充分进行讨价还价比较有利，使双方容易在利益均沾的情况下达成协议。由于让步平稳、持久，坚持步步为营的原则，这样不仅使对方不会轻易占到便宜，而且如果遇到对方性急或没有时间长谈时则会因此占据上风而获利。

---

① 商务谈判中的价格谈判技巧，有改动。

采用这种让步方式的要求是：步步为营，稳扎稳打；态度谨慎，言语适度；既不张扬，又不胆怯。采用这种让步方式要注意的是：它不仅效率低，还通常要消耗谈判双方大量的精力和时间，从而使谈判成本增高，而且容易使人产生乏味疲劳之感。由于每讨价还价一次都会获得等额的一份利益，如果对方是个有耐心的人，这种让步方式会鼓励他继续期待得到进一步的让步。另外，这种让步方式适用于竞争比较激烈的国际商务谈判，在缺乏谈判知识或经验的情况下，以及在一些同陌生人进行的不熟悉的谈判中运用这种策略，效果也比较好。

（2）小幅度递减让步。

己方在谈判过程中，让步的幅度逐渐减小，这有助于表示出己方越来越坚定的立场和态度，它虽然显示着己方虽然愿意妥协，但是防卫严密，不会轻易做出让步；同时也明示谈判对象能得到的好处越来越少了。

（3）中等幅度递减让步。

这种形式的让步与小幅度递减让步基本相似，只是让步幅度的递减比较大一些。它表示出己方妥协的意愿比较强烈，但同时也告诉对方，己方所做出的让步是有限的。在谈判的初期，这种做法有提高己方期望的危险；但是随着让步幅度较快地减小，己方渐渐趋向于一个坚定的立场之时，危险也就逐渐降低了。

（4）递增让步。

这种让步方式是以谈判的一方在谈判中每次递增让步幅度的形式实施的。这种让步方式往往会给妥协的一方造成重大的损失，因为它引导谈判对象相信：只要坚持到底，更令人满意的结果在后头。随着让步幅度越来越大，所挤水分越来越多，对方的期望随着时间的推移也越来越大，要求也越来越苛刻，态度也越来越坚决，这对妥协的一方是很不利的。

（5）大幅度递减让步。

这种让步方式比较危险，谈判的一方一开始就做出很大的让步，这将会迅速提高对方的期望值，而且这么大的让步也会让其感觉很意外。但是，接着妥协的一方可以拒绝让步，以及最后为达成交易用小小的让步来冲销这种对自己不利的效果，让对方清楚，即便再进一步地进行讨论也是徒劳无功的。

（6）大幅度递减但略有反弹让步。

这种让步方式是从大幅度递减让步方式演变而来的。它们的区别在于，谈判的一方在拒绝让步时态度极为坚决，反而将其价格又略微地上浮一些，这是对谈判对象做出的一种对抗或反攻；其后，再次做出一点小小的让步，使对方欣喜若狂、倍加珍惜，从而迅速达成交易。

四、僵局处理策略

谈判僵局是磋商阶段最常见的一种状态，谈判双方就彼此的利益难以达成共识，不愿意做出让步，就形成了僵局。无论何时僵局都有可能发生，任何谈判主题都有可能形成分歧与对立。所以，在谈判出现僵局时，作为谈判人员应该灵活变通，对谈判产生分歧的原因进行分析，正确地运用一些谈判策略来打破僵局，从而促进谈判的顺利进行。

（一）谈判中僵局形成的原因

1. 立场观点的争执

在谈判过程中，如果针对某一个问题谈判双方各自坚持自己的主张，谁也不愿做出让步，往往容易产生分歧。谈判双方越是坚持自己的立场，分歧就会越大。这时，谈判双方真正的利益被这种表面的立场对立所掩盖，而为了维护各自的利益，非但不愿做出让步，反而会用顽强的意志来迫使对方改变立场，谈判变成了一种意志力的较量，自然就陷入僵局。

2. 一方过于强势

在谈判过程中，通过语言面对面来交流信息、磋商主题是谈判双方常用的方式。谈判中的任何一方，为了抢占谈判的主导权，不顾及谈判对象的感受，过于强调自己的观点，滔滔不绝地论述，忽视谈判对象的反应，这势必会使对方反感，造成潜在的僵局。更为甚者，谈判的一方自认为理由充分，唯恐对方不理解和不信任，会从不同的角度反复地陈述自己的观点，不给谈判对象任何表达观点的机会，剥夺对方的发言权，最终造成"曲终人散"的局面。

3. 过分沉默与反应迟钝

由于谈判习惯、谈判策略等原因，在谈判桌上，有些谈判人员不能或不愿与谈判对象进行充分的交流，要么沉默寡言、貌似专心倾听，实则反应迟钝或不置可否，这样的表现常常会引起谈判对象的种种猜疑和戒备，给对方造成心理压力，甚至引起对方的不满，从而导致谈判的难堪局面，从而造成僵局。

4. 人员素质的低下

人的素质永远是引发僵局的重要因素，谈判也是如此。谈判人员的素质始终是谈判能否成功的重要因素，当谈判双方合作的客观条件良好、利益一致时，谈判人员的素质高低往往是起决定性作用的因素。

5. 信息沟通的障碍

谈判本身固然是靠"讲"和"听"进行沟通的，但事实上，即使一方完全听清另一方的讲话内容并予以正确理解，而且能够接受这种理解，也并不意味着就能完全把握对方所要表达的思想内涵。谈判双方在信息沟通过程中的失真现象是时常发生的：在实践中，由于信息传递失真使谈判双方之间产生误解而出现争执，并因此使谈判陷入僵局的情况是屡见不鲜的。这种失真既可能是口译方面的，又可能是合同文字方面的，都属于沟通方面的障碍。

（二）策略运用

1. 采取横向式谈判打破僵局

当谈判陷入僵局，经过协商而毫无进展，谈判双方的情绪均处于低潮时，可以采用避开谈判主题的办法，换一个新的主题与对方进行谈判，以等待高潮的到来。横向式谈判是回避低潮的常用方法。由于主题和利益间的关联性，当其他的主题取得成功时，再回来谈陷入僵局的主题，便会比以前容易得多。

要使得实质性谈判展开，应先撇开争议的问题，再谈另一个问题，而不是盯住一个问题不放，不谈妥誓不罢休。如在价格问题上谈判双方互不相让，陷入了僵局，可以先暂时搁置一旁，改谈交货期、付款方式等其他问题。如果在这些主题上对方感到满意了，再重新回过头来讨论价格问题，阻力就会小一些，商量的余地也就更大些，从而弥合了分歧，使谈判出现新的转机。

2. 寻找替代方法打破僵局

俗话说："条条大路通罗马。"在国际商务谈判上也是如此。谈判中一般存在多种可以满足谈判双方利益的方案，而谈判人员经常简单地采用某一种方案，而当这种方案不能为双方同时接受时，僵局就会形成。

在谈判磋商阶段，谈判双方会越过谈判初期所坚持的立场，而去寻找潜在的共同利益时，就能找到许多符合双方利益的方案，僵局就可以突破。不过，要试图在谈判开始就确定什么是唯一的最佳方案，这往往阻止了许多其他可作选择方案的产生。相反，在谈判准备时期，若能构思对彼此均有利的更多方案，往往会使谈判如顺水行舟，一旦遇有障碍，只要及时调拨船头，就能顺畅无误地到达目的地。

同时，谈判双方也可以对一个方案中的某一个部分采用不同的替代方法，如下所述。

（1）另选商议的时间。如谈判双方彼此再约定好重新商议的时间，以便讨论较难解决的问题。因为到那时也许会有更多的资料和更充分的理由，能有效促成较难主题达成共识。

（2）改变售后服务的方式。如建议减少某些烦琐的手续，以保证日后的服务。

（3）改变承担风险的方式、时限和程度。在交易的所得、所失不明确的情况下，不应该讨论分担的问题，否则只会导致争论不休。同时，如何分享未来的损失或者利益，可能会使谈判双方找到利益的平衡点。

（4）改变交易的形态。在谈判双方相互争利的情况下，通过改变交易方向，由争议的状态转化为同心协力、共同努力的状态，使得谈判双方形成更为紧密的联系共同谋求解决办法。

（5）改变付款的方式和时限。在成交的总金额不变的情况下，加大定金、缩短付款时限或者采用其他不同的付款方式。

谈判不可能总是一帆风顺的，谈判双方磕磕碰碰是很正常的事情，这时，谁能创造性地提出可供选择的替代方案——当然，这种替代方案一定既要能有效地维护自身的利益，又要能兼顾对方的利益要求——谁就掌握了谈判的主动权。

3. 运用休会策略打破僵局

休会策略是谈判人员为了控制、调节谈判进程，缓和谈判气氛，打破谈判僵局而经常采用的一种基本策略。它不仅是谈判人员为了恢复体力、精力的一种生理需求，而且是谈判人员调节情绪、控制谈判过程、缓和谈判气氛、融洽双方关系的一种策略技巧。在谈判中，谈判双方因观点产生差异、出现分歧是常有的事，如果各持己见、互不妥协，往往会出现僵持严重以致谈判无法继续的局面。这时，如果继续进行谈判，双方的思想还沉浸在刚才的紧张气氛中，结果往往是徒劳无益，有时甚至适得其反，甚至可能导致以前的成果付诸东流。因此，比较好的做法就是休会，因为这时谈判双方都需要找到时间进行思考，使双方有机会冷静下来，或者每一方的谈判成员之间需要停下来，客观地分析形势、统一认识、商量对策。

谈判出现僵局，双方的情绪都比较激动、紧张，会谈一时也难以继续进行。这时，提出休会是一个较好的缓和办法，可以达到以下目的。

（1）仔细考虑争议的问题，构思重要的问题。

（2）可以进一步对市场形势进行研究，以证实自己原来的观点的正确性，思考新的论点防御策略。

（3）召集各自谈判小组成员，集思广益，商量具体的解决办法，探索变通途径。

（4）检查原定的策略及战术。

（5）研究讨论可能的让步。

（6）决定如何应对谈判对象的要求。

（7）分析价格、规格、时间与条件的变动。

（8）阻止谈判对象提出尴尬的问题。

（9）排斥讨厌的谈判对象。

（10）缓解体力不支或情绪紧张。

（11）应对谈判出现的新情况。

（12）缓和谈判一方的不满情绪。

休会一般先由谈判的一方提出，只有经过双方的同意，这种策略才能发挥作用。怎样才能取得对方的同意呢？首先，提出建议的一方应把握时机，看准对方态度的变化，讲清休会时间。如果对方也有休会的要求，那么双方会一拍即合。其次，要委婉地表达休会的原因，并让谈判对象准确知道。一般来说，如果是东道主提出休会，客人出于礼貌，很少拒绝。最后，提出休会建议后，暂时不要再提出其他的新问题，先把眼前的问题解决后再说。

4. 利用"一揽子"交易打破僵局

所谓"一揽子"交易，即向对方提出谈判方案时，好坏条件搭配在一起，要卖一起卖，要同意一齐同意。往往有这种情况，卖方在报价里包含了可让与不可让的条件。所以，当买方还价时，可以采用差异化价格方案。如把设备、备件、配套件三类价格均分出A、B、C三个方案，这样报价时即可获得不同的利润指标。在进行价格谈判时，卖方应视谈判气氛、对方的心理等因素做妥协让步。作为还价的一方也应同样如此，即把对方的货物分成三档价，还价时取设备 A 档价、备件 B 档价、配套件 C 档价，而不是都为 A 档价或 B 档价。这种做法的优点在于有吸引力，具有平衡性，对方易于接受，可以起突破僵局的作用。尽管在一次还价总额高的情况下该策略不一定有突破僵局的作用，但仍不失为一个合理还价的较好理由。

5. 有效退让打破僵局

达到谈判目的的途径是多种多样的，谈判结果所体现的利益也是多方面的，当谈判双方对某一方面的利益分割僵持不下，就轻易地让谈判破裂，这实在是不明智的。谈判双方没有想到，其实只要在某些问题上稍做让步，而在另一些方面就能争取更好的条件。这种辩证的思路是一个成熟的国际商务谈判人员应该具备的。

如在国外购买设备的合作谈判中，有些谈判人员常常因价格分歧而导致不欢而散，至于诸如设备功能、交货时间、运输条件、付款方式等尚未涉及，就匆匆地退出了谈判。事实上，买方有时可以考虑接受稍高的价格，然而在购货条件方面买方可以向卖方提出更多的要求，如增加若干功能，或缩短交货期，或除在规定的年限内提供免费维修外还要保证在更长时间内免费提供易耗品，或分期付款等。

谈判犹如一个天平，每当谈判对象有妥协意愿时，就是己方争取自身谈判利益的时机。在国际商务谈判中，当谈判陷入僵局时，谈判双方如果对国内情况、国际情况有了全面了解，对双方的利益所在又把握得恰当准确，那么就应以灵活的方式在某些方面采取退让的策略，去换取另外一些方面的得益，以挽回本来看来已经失败的谈判，最终达成双方都能接受的合同。

谈判人员不能忘记坐在谈判桌上来的目的毕竟是为了成功而非失败。因此，当谈判陷入僵局时，谈判人员应有这样的认识，即如果促使合作成功所带来的利益大于坚守原有立场而让谈判破裂所带来的好处，那么有效退让就是谈判双方应该采取的策略。

6. 适当馈赠打破僵局

谈判人员在相互交往的过程中，适当地互赠些礼品，会对增进双方的友谊、沟通双方的感情起到一定的作用，这也是常见的社交礼仪。西方学者幽默地称之为"润滑策略"。每一个有经验的谈判人员都知道：给予对方热情的接待、良好的照顾和服务，对于谈判往往会产生重大的影响。它对于防止谈判出现僵局是一个行之有效的途径，这就等于直接明确地向谈判对象表示"友情第一"。

所谓适当馈赠，就是说馈赠要讲究艺术，一是要注意对方的习俗，二是要防止有贿赂之嫌。有些企业为了达到自身的利益乃至企业领导者、业务人员自己的利益，在谈判中把送礼这一社交礼仪改变了性质，使之等同于贿赂，不惜触犯法律，这是错误的。所以，馈赠礼物要是在社交范围之内的普通礼物，突出"礼轻情义重"。谈判时，招待对方吃一顿具有地方风味的午餐，赠送一些小小的礼物，这并不是贿赂，提供这些平常的招待也不算是道德败坏。如果对方馈赠的礼品比较贵重，通常意味着对方要在谈判中"索取"较大的利益，对此，要婉转地暗示对方礼物"过重"，予以推辞，并要传达出自己不会因礼物的价值而改变谈判态度的信息。

任务五 国际商务谈判终结阶段的策略

案例导入

日本航空公司（以下简称日航）决定从美国麦道公司引进10架新型麦道客机，指定常务董事任领队，财务经理为主谈人，技术部经理为助谈，组成谈判小组去美国洽谈购买事宜。日航公司的代表飞抵美国稍事休息后，麦道公司立即来电，约定次日在麦道公司的会议室举行谈判。第二天，三位日本绅士仿佛还未消除旅途的疲劳，行动迟缓地走进会议室，只见麦道公司的一群谈判代表已经端坐一边。谈判中，日航公司的代表显得听觉不灵、反应迟钝，不断制造沟通障碍，甚至无法明了麦道公司的谈判代表在说些什么，让麦道公司的谈判代表十分恼火，早已准备好的论点、论据和推理根本没用，选择的说服策略也无用武之地。麦道公司的谈判代表已被搅得烦躁不安，只想尽快结束谈判，于是直截了当地把球踢向对方："我们的飞机性能是最佳的，报价也是合情合理的，你们有什么异议吗？"日航公司的谈判代表沉默，"是因为价钱吗？"麦道公司的主谈人问，日航公司的主谈人点了点头。"好，这一点可以商量。第二点是什么？"麦道公司的主谈人焦急地问。日航公司的主谈人口吃地说："性……性……性……""你是说性能吗？只要日航方面提出书面改进要求，我们一定满足。"麦道公司的主谈人脱口而出。至此，日航公司一方什么也没有说，麦道公司一方就不假思索地匆忙做出许诺，把谈判的主动权拱手交给了对方。这是一项价值数亿美元的大宗贸易，还价应按国际惯例取适当幅度，日航公司的主谈人却故意装作全然不知，一开口就要求削价对半。麦道公司的主谈人听了不禁大吃一惊，看看对方是认真的，就想既然已经许诺让价，为了表示诚意就爽快地让吧，于是便说："我们可以削价5%。"日航公司方报价削减10%；麦道公司方还价是5%，双方陷入僵局。

两天后谈判重新开始，日航公司一下子降了2%，还价8%；麦道公司增加1%，只同意削价7%，经过长时间的沉默。麦道公司的主谈人决意终止交易，开始收拾文件。恰在这时，口吃了几天的日航公司的主谈人突然消除了语言障碍，十分流利地说道："你们对新型飞机的介绍和推销使我们难以抵抗，如果同意降价8%，我们现在就起草购销11架飞机的合同。"说完他笑吟吟地起身，把手伸给麦道公司的主谈人。"同意！"麦道的谈判代表们也笑了，起身和三位日本绅士握手："祝贺你们，用最低的价钱买到了世界上最先进的飞机。"的确，日航公司的谈判代表把麦道公司的飞机压至前所未有的低价位。[1]

【思考讨论题】 日航公司为什么取得了谈判的胜利？在成交阶段，日航公司使用了什么策略使得交易最终达成？

谈判双方的期望已相当接近，就都会产生结束谈判的愿望。成交阶段就是谈判双方下决心按照磋商达成的最终交易条件成交的阶段。这一阶段的主要目标有三个方面：力求尽快达成协议；尽量保证已取得的利益不丧失；争取最后的利益收放。

一、谈判终结的判定

从交易条件判定即以谈判双方交易条件（文字与数字表示）解决的状况来判断谈判是否终结的做法。条件量化分级可以为两个层次，即成交线与分歧量。

成交线即以对方的条件是否是己方预定可以接受的最低条件来判断谈判是否终结。

分歧量，是指谈判双方尚存的条件分歧，或称谈判分歧点。谈判双方存在交易条件的

---

[1] 陈岩. 国际商务谈判学 [M]. 北京：中国纺织出版社，2010，有改动.

分歧量又包括分歧的数量与分量。

一般从谈判的时间来判定终结成交：

一是从谈判双方所需的谈判时间来判定：即谈判双方所需的谈判时间，在开始谈判前，谈判双方就确定的谈判所需时间。双方据此安排谈判人员和谈判程序。当所定的时间用完，谈判也应结束。一般来讲，谈判双方约定时间应在开始谈判之前，多以谈判内容客观所需时间来确定。

二是从单方限定的谈判时间来判定：即单方限定的谈判时间，谈判的一方提出自己可以参加谈判的时间，该时间是判定终结谈判的另一标志。单方限定谈判时间的做法在实际中用得较多。不论谈判结果是否成交，限时一到，即要结束谈判；否则，欲继续谈判的一方必须做出一定程度的让步。

> **问题探讨**
>
> 一家美国服装公司与中国经销代理商谈判经销价格，美国服装公司认为经销商的要价太高，委派财务总监与经销商压价，但对方在与经销商沟通时，却同时询问这项计划什么时间开始执行？这立刻暴露出美国服装公司已准备与经销商成交，这种情况下再指望经销商降价已是不可能了。另外，在国际商务谈判中，谈判双方在谈价格时会出现以下情形：当双方在砍价时，一方报出48元，对方马上叫起来："你怎么能指望我们在45元以上购买你们的商品呢？"这一句话传达了两个信息：一是对方的保底价位是45元；二是对方已准备成交了。
>
> 成交是谈判的根本目标，成交阶段是整个销售谈判过程的完成阶段，是谈判的一方对另一方的成交提示和建议，做出积极肯定的反应并正式接受成交条件的过程。而成交信号就是指谈判双方在谈判过程中表现出来的各种成交意向。有效促成交易，辨认对方的成交信号是先决条件。从一定意义上说，采取成交行动是一种暗示。而成交信号就是这种暗示。成交信号是暗示成交的行为和提示，是谈判人员有成交意向时从其神态、表情、言谈、行为中折射出来的信号。
>
> 阅读以上资料，请归纳出各种成交信号。

二、策略运用

为了实现尽快地达成交易的成交目标，谈判双方可以采用以下策略。

（一）场外交易

当谈判进入成交阶段，谈判双方已经在绝大多数的主题上均已取得一致意见，仅在某一两个问题上存在分歧、相持不下而影响成交时，即可考虑采取场外交易策略。因为这时仍把问题摆到谈判桌上来进行商讨，往往难以达成协议。

1. 场外交易的作用

在正常的谈判时间内，会因为谈判桌上紧张、激烈、对立的气氛和情绪影响谈判协商的结果，场外轻松、友好、融洽的气氛和情绪很容易缓和谈判双方的紧张局面，轻松地谈论自己感兴趣的话题，交流私人感情，有助于化解谈判桌上遗留的问题，双方会很大度地相互做出让步而达成协议。另外，在谈判成交阶段上的让步，会使得让步方感觉丢面子，可能会被对方视为投降方或战败方。即使某一方的主谈人或领导者的头脑很清楚，认为做出适当的让步以求尽快达成协议是符合己方利益的，但因同伴的态度坚决、情绪激昂而难以当场做出让步的决定。

而场外轻松、友好、融洽的气氛和情绪则很容易缓和双方剑拔弩张的紧张局面。谈判双方轻松自在地谈论自己感兴趣的话题，交流私人感情，有助于化解谈判桌上激烈交锋带来的种种不快。这时适时巧妙地将话题引回谈判桌上关注的问题上来，谈判双方往往会很大度地相互做出让步而达成协议。

2. 场外交易的注意事项

（1）谈判人员必须明确，在一场国际商务谈判中用于正式谈判的时间是不多的，大部分时间都是在场外度过的，因此谈判双方必须把场外活动看成是谈判的一部分，场外谈判往往能得到正式谈判得不到的东西。

（2）谈判双方不要把所有的事情都放在谈判桌上来讨论，而是要通过一连串的社交活动讨论和研究问题的细节。

（3）当谈判陷入僵局时，谈判双方就应该离开谈判桌，举办多种娱乐活动，使双方无拘无束地交谈，以便相互了解、沟通感情、建立友谊。

（4）借助社交场合，主动和非谈判代表的有关人员（如工程师、会计师、工作人员等）进行交谈，借以了解对方更多的情况，往往会得到意想不到的收获。

（5）在非正式场合，可由非正式代表提出建议、发表意见，以促使对方进行思考，因为即使这些建议和意见很不利于对方，对方也不会追究，毕竟这些话不是谈判代表所讲。

（二）最后让步

磋商阶段遗留的最后一两个有分歧的问题，需通过谈判双方最后的让步才能取得一致。取得最后的让步要把握两个方面的问题：让步的时间和让步的幅度。让步的时间过早会被对方认为是前一阶段讨价还价的结果，而不是为了达成协议做出的终局性的最后让步。让步的时间过晚会削弱对对方的影响和刺激作用，并增加了下一阶段谈判的难度。

让步的时间过早会被对方认为是前一阶段讨价还价的结果，而不是为达成协议做出的终局性的最后的让步。让步的时间过晚会削弱对对方的影响和刺激作用，并增加了下一个阶段谈判的难度。让步时间上的策略是基于最后让步的条件，可以把最后的让步条件分为主要部分和次要部分。主要部分的条件应在最后期限之前表明，次要部分的条件安排在最后时刻阐明。这犹如一桌丰盛的酒宴，最后让步中的主要部分恰似最后一道大菜，掀起最后一个高潮。而次要部分亦如酒宴结束前上的一碟水果，让人心满意足。

在让步的幅度上，幅度太大会让对方认为这不是最后的让步，进而继续步步紧逼；如果幅度太小，则对方会认为微不足道，难以满足自己的要求。

那么，最后的让步幅度为多大才合适呢？谈判双方在决定最后让步的幅度时，要考虑的一个重要因素是对方接受让步的个人在其组织中的地位或级别。在许多情况下，到谈判的最后关头，往往对方管理部门中的重要领导人会出面，参加或主持谈判。这时最后让步的幅度必须满足以下两项要求。

（1）幅度比较大，符合谈判双方参与谈判的重要管理部门高级主管的地位和尊严。

（2）幅度又不能过大，如果过大，往往参与谈判的重要管理部门高级主管会指责他的下属没有做好工作，并坚持要求他们继续谈判。

做出最后的让步后，谈判人员必须保持坚定性。因为谈判对象会想方设法来验证己方立场的坚定性，以判断该让步是否是真正的终局或是最后的让步。

（三）不忘最后获利

当谈判双方将交易的内容、条件大致确定即将签约时，有经验的谈判人员往往还要利用最后的时间去争取最后的一点收获。谈判人员总是处于不满足的状态，总是试图再从谈判对象那里争取一部分利益。因此，在一定的时候要使用"最后通牒"，以打消谈判对象的任何奢望，促使谈判尽快达成协议。

在成交阶段最后收获的常规做法是：在签约之前，谈判的某一方突然提出一个小小的请求，要求对方再做出一点让步。由于谈判已进展到签约的阶段，谈判人员已付出很大的代价，也不愿为这点小利而伤了友谊，更不愿为这点小利而重新回到磋商阶段，因此对方往往会很快答应这个请求，以求尽快签约。

（四）注意为双方庆贺

在国际商务谈判即将签约或已经签约的时候，可谓大告成功。此时，谈判双方应注意保持为双方庆贺的姿态，强调谈判的结果是双方共同努力的结晶，以满足双方心理的平衡。同时，不要忘记赞扬谈判对象的才干，这样做会使对方感到舒适和欣慰。相反，如果谈判胜利方只关注己方庆贺，并沾沾自喜，喜形于色或用讥讽的语气与谈判对象交谈，这必然会带来不必要的麻烦，谈判对象可能会就谈判中的失利问题重新提及，还可能提出其他要求而停止签约等。不论什么结果，对谈判胜利方均是不利的。

（五）慎重对待协议

谈判的成果要靠严密的协议来确认和保证，协议是以法律形式对谈判成果的记录和确认，它们之间应完全一致，不能有任何误差。在实际情况中，常常有人在签订协议时故意更改谈判的结果，如在日期上、数字上以及关键性的概念上做文章。如果己方对此有所疏忽，在有问题的协议上签了字，协议就与以前的谈判无关了。因此，将谈判成果转变为协议形式的成果是需要花费一定力气的，不能有任何松懈。在签订协议之前，己方应与谈判对象就全部的谈判内容、交易条件进行最终确定。在签字时，再将协议的内容与谈判结果一一对照，确认无误后方可签字。

谈判终结阶段确认时，要最后回顾与起草备忘录：一是对交易条件的最后检索；二是起草备忘录。草拟谈判协议是谈判双方为了明确各自的权利和义务，以书面形式确定下来的约定。审核谈判协议一定要按照合同的性质、依据相应的法律法规的规定对合同条款进行再次审查，从而确保谈判结果具体、明确、切实可行。

本部分重点内容网络图

国际商务谈判阶段及其策略
- 国际商务谈判阶段
  - 开局阶段
  - 交锋阶段
  - 磋商阶段
  - 终结阶段
- 国际商务谈判开局阶段的策略
  - 营造谈判氛围的策略
  - 话题选择的策略
- 国际商务谈判交锋阶段的策略
  - 开场陈述
  - 交换意见
  - 询盘报价
- 国际商务谈判磋商阶段的策略
  - 讨价策略
  - 还价策略
  - 让步策略
  - 僵局处理策略
- 国际商务谈判终结阶段的策略
  - 谈判终结的判定
  - 策略运用

复习思考题

一、简答题

1. 简述国际商务谈判的阶段。
2. 开局阶段在整个国际商务谈判中处于什么地位？恰当的开局需要考虑哪些因素？
3. 国际商务谈判的报价策略有哪些？
4. 举例说明国际商务谈判磋商阶段的策略运用。
5. 在谈判终结阶段可以采用哪些策略？

二、案例分析

巴西一家公司到美国去采购成套设备。巴西谈判小组成员因为上街购物耽误了时间。当他们到达谈判地点时，比预定时间晚了45分钟。美方谈判代表对此极为不满，花了很长的时间来指责巴西谈判代表不遵守时间，没有信用，如果总这样下去的话，以后许多工作很难合作，浪费时间就是浪费资源、浪费金钱。对此，巴西谈判代表感到理亏，只好不停地向美方谈判代表道歉。谈判开始以后似乎美方谈判代表还对巴西谈判代表来迟一事耿耿于怀，一时间弄得巴西谈判代表手足无措，说话处处被动。巴西谈判代表无心与美方谈判代表讨价还价，对美方谈判代表提出的许多要求也没有静下心来认真考虑，匆匆忙忙就签订了合同。等到合同签订以后，巴西谈判代表平静下来，头脑不再发热时才发现自己吃了大亏，上了美方谈判代表的当，但已经晚了。[1]

【分析】国际商务谈判开局阶段气氛的营造是谈判顺利进行的开始，如果谈判中的某一方成功运用开局氛围营造策略，必然会掌握谈判的主动权。因此，作为谈判人员，要保持冷静、智慧的头脑，沉着应对谈判氛围出现的各种状况。

【思考】美方谈判代表营造了哪种开局谈判氛围？这样做的目的是什么？如果你是巴西谈判代表，你会如何应对这样的局面，使得谈判向着有利于己方的方向发展？

实践与训练

1. 实训内容

中国 A 大型电器集团公司与法国 B 公司进行关于微波炉买卖的谈判。通过对采购方 B 公司的了解及初步接触，A 大型电器集团公司制订了此次国际商务谈判的谈判计划，安排了此次谈判的议程。现在面临的问题是：如何根据实际情况，营造恰当的谈判开局气氛，实施开局策略，使谈判顺利进行。

2. 实训目的

根据谈判的实际情况，运用一定的技巧和方法实施相应的谈判开局策略，营造一种有利的谈判开局气氛，在某种程度上达到控制谈判局面的目的。

3. 实训要求

学生分成甲、乙两组，做好谈判分工，按照谈判的惯例，双方就开局阶段营造开局气氛的方法、实施开局策略的方法、开局策略应考虑的因素等方面做好谈判设计，要求重点运用好正确的开局方式。

4. 实训步骤

第一步，收集整理所有关于谈判对象的信息，为谈判开局做准备。

第二步，营造恰当的谈判气氛，掌握开局主动。请描述己方准备营造何种开局气氛，介绍己方的谈判成员（主谈人、谈判助手、法语翻译助手、法律顾问）。

第三步，实施开局策略。请描述实施开局策略应考虑的因素，己方采用的开局策略。

第四步，制定谈判议程。请写出己方的开局陈述。

第五步，判断谈判对象的需求与诚意。

第六步，把握时机，结束开局阶段。

---

[1] 窦然. 国际商务谈判与沟通技巧 [M]. 上海：复旦大学出版社，2009，有改动.

学习情境 5

国际商务谈判策略实施技巧

学习目标

国际商务谈判要经历一个错综复杂、跌宕起伏、充满变数的过程,为了取得令人满意的效果,保证实现利益目标,谈判人员在掌握各阶段策略的基础上,必须在谈判中适时而灵活地运用技巧去应对,要提高谈判技巧,掌握现代谈判理论和相关知识是基础,实践是关键。通过本学习情境的学习,学习者将深入了解国际商务谈判各阶段的策略实施技巧,以便在今后的实践中清楚地予以识别。

知识点

1. 了解国际商务谈判技巧运用原则。
2. 掌握国际商务谈判开局阶段的技巧。
3. 掌握国际商务谈判交锋阶段的技巧。
4. 掌握国际商务谈判磋商阶段的技巧。

技能点

1. 熟悉国际商务谈判的技巧。
2. 熟练掌握国际商务谈判各阶段的策略实施技巧。

任务一 国际商务谈判技巧运用原则

案例导入

我国一个化工代表团在东南亚 E 国进行考察时发现,该国的一家工厂对使用 S 国的化工原料 N2121 有抱怨情绪。代表团李先生是我国生产 N2121 化工厂的厂长，回国后，他对这个问题作了进一步的了解。S 国生产 N2121 的化工企业集团是国际知名的大企业，其 N2121 的产量占世界总产量的 50% 以上。优点是产品纯度高（纯度在 98% 以上），质量稳定；缺点是只供应大包装产品（每袋 50 千克），而 E 国方面需要的是小包装产品。虽然 E 国方面一再要求提供小包装产品，但问题一直没有得到解决。S 国所提供的 N2121 需要在 E 国工厂分装成每袋 10 千克的小包装后，才能送车间使用。增加一道工序就会增加最终产品的成本。另外，E 国的工厂并不需要 98% 的高纯度，纯度只要达到 95% 就足够了，而 95% 的 N2121 的价格要低些。

E 国的工厂每年需要购买约 20 万吨 N2121，这个数量对 S 国的化工企业集团来说，只是一笔小生意。因此，在与 E 国的工厂打交道的过程中，S 国的化工企业集团的态度非常傲慢，对于 E 国改换包装规格的要求，根本不予考虑。在平时交往时，也不注意 E 国的风俗习惯，以大国代表自居。但 20 万吨 N2121 对于李先生的工厂来说，是一笔大生意，占了工厂全年产量的 1/3。李先生的工厂生产小包装 N2121 不成问题，95% 的纯度也能满足 E 国对 N2121 产品的纯度要求。

在充分了解 E 国工厂的需求之后，李先生向该工厂的总经理发出了访问我国的邀请。该总经理来华以后，受到了李先生工厂的热情接待。在代表团访问期间，李先生还特别安排了 3 天的时间带他参观游览北京的名胜古迹。该总经理在参观工厂以后，对李先生工厂的产品质量、运行现状以及尊重客户、平等待人的作风都很满意。随后双方的谈判顺利进行，该工厂与李先生的工厂签订了两年的合约。①

【思考讨论题】李先生工厂的综合谈判力和 S 国的化工企业集团根本无法相比，但他却赢得了 E 国工厂的订单，这是什么原因？李先生把握了谈判技巧运用的哪些原则？

国际商务谈判是协调经济贸易关系的行为过程，其内驱力是谈判双方各自的经济需求。成功的国际商务谈判总是寻求达到需求结合点的途径。因此，国际商务谈判技巧不是研究虚假、欺诈和胁迫手段，而是依据现代谈判理论和谈判原则，为了实现谈判目标，在谈判过程中熟练地运用谈判知识和谈判技能，是综合运用知识经验的艺术。掌握谈判技巧，就能在谈判中掌握主动，获得满意的结果。要正确地使用国际商务谈判技巧，必须遵循以下原则。

一、利益重于立场

谈判中的僵持多数源于重视立场或原则，谈判双方各自坚持自己的立场，往往将某项原则或立场视为谈判所坚持的重要条件，然而，实际上在谈判双方对立的立场背后，既可能存在冲突的利益，还可能存在共同的或可以彼此兼容的利益。如在机械设备的出口中，谈判双方坚持各自的价格立场并不能有助于双方达成最终的交易，因为价格立场的背后还会有许多利益的存在，而这些利益的存在对双方来说并不一定就是冲突。国际商务谈判人

---

① 李朝明. 国际商务谈判 [M]. 上海：立信会计出版社，2012，有改动。

员必须彻底分析交易双方的利益所在，认清哪些利益对于己方是非常重要的，是决不能让步的；哪些利益是可以让步的，可以用来作为交换条件的。在不分清利益因素的情况下，盲目坚持立场和原则，往往使谈判陷入僵局或者使谈判彻底失败。让步的谈判并不等于是失败的谈判。因此，在国际商务谈判中，对于利益问题，应注意以下四个方面。

（1）积极向对方陈述己方的利益所在，以引起对方的注意并使对方满足己方的利益。

（2）承认对方的利益所在，考虑对方的合理利益，甚至在保证己方利益的前提下努力帮助对方解决利益冲突问题。

（3）在谈判中既要坚持原则（如具体的利益），又要具有一定的灵活性。

（4）在谈判中对利益要持有原则，而对人要持有热情。在谈判中要强调为了满足对方利益所做出的努力，有时也要对对方的努力表示钦佩和赞赏。

二、创造双赢的解决方案

有时，人们在国际商务谈判中不欢迎律师的参加，其原因是把律师在谈判中的职责想象成是从法律角度计较得失，千方百计地维护谈判人员的利益。而实际上让好的律师参与谈判往往会取得意想不到的效果。因为，好的律师在谈判中有能力为谈判双方寻求对双方都有利的解决方案。如果将谈判双方的利益比作一块饼来切，那么律师并不是仅仅注重切在什么地方，而更注重在切分这块饼之前，尽量使这块饼变得更大。这就是提醒谈判人员应该在谈判中注重创造双赢的解决方案。然而，在许多的国际商务谈判中，谈判的结局并不理想。谈判人员更多的是注重追求单方面利益，坚持固守自己的立场，而从来也不考虑对方的实际情况。为什么谈判人员没有创造性地寻找解决方案，没有将谈判双方的利益实现最大化？这是谈判中的误区。

（一）谈判误区的障碍

有经验的谈判专家认为，导致谈判人员陷入谈判误区的主要障碍有以下四个方面。

（1）过早地对谈判下结论。即谈判人员往往在缺乏想象力的同时，看到谈判对象坚持其立场，也盲目地不愿意放弃自己既有的立场，甚至担心寻求更多的解决方案会泄露自己的信息，降低讨价还价的力量。

（2）只追求单一的结果。即谈判人员往往错误地认为，创造并不是谈判中的一部分；谈判只是在谈判双方的立场之间达成一个双方都能接受的点，因此，谈判人员错误地追求单一谈判目标。

（3）误认为一方所得，即另一方所失。许多的谈判人员错误地认为，谈判具有零和效应，给谈判对象所做出的让步就是己方的损失，所以没有必要再去寻求更多的解决方案。

（4）谈判对象的问题始终该由他们自己解决。许多的谈判人员认为，谈判就是要满足自己的利益需要，替对方想解决方案似乎是违反常规的。

实践表明，成功的国际商务谈判应该使得谈判双方都有赢的感觉。只有谈判双方都是赢家的谈判，才能使以后的合作持续下去，双方才会在合作中各自取得自己的利益。因此，如何创造性地寻求谈判双方都接受的解决方案乃是国际商务谈判的关键所在，特别是在双方的谈判处于僵局的时候更是如此。

(二) 走出谈判误区的思路

为了使谈判人员走出误区，其必须遵循以下的谈判思路和谈判方法。

1. 将方案的创造与对方案的判断行为分开

谈判人员应该先创造解决方案，然后再进行决策，不要过早地对解决方案下结论。比较有效的方法是采用所谓的"头脑风暴"式的小组讨论，即谈判小组成员彼此之间激发思想，创造出各种想法和主意，而不是考虑这些想法和主意是好还是坏，是否能够实现。然后再逐步对创造的想法和主意进行评估，最终决定谈判的具体方案。在谈判双方是长期合作伙伴的情况下，谈判双方也可以共同进行这种小组讨论。

2. 充分发挥想象力，以扩大方案的选择范围

在小组讨论中，参加者最容易犯的错误就是觉得大家在寻找最佳的方案。而实际上，在激发想象阶段并不是寻找最佳方案的时候，要做的就是尽量扩大谈判的可选余地。在此阶段，谈判人员应从不同的角度来分析同一个问题，甚至于可以就某些问题和合同条款达成不同的约束程度，如不能达成永久的协议，就可以达成临时的协议；不能达成无条件的协议，就可以达成有条件的协议等。

3. 找出双赢的解决方案

双赢在绝大多数的国际商务谈判中都是应该存在的，创造性的解决方案可以满足谈判双方利益的需要，这就要求谈判双方应该能够识别共同的利益所在。每个谈判人员都应该牢记：每个谈判都有潜在的共同利益；共同利益就意味着商业机会；强调共同利益可以使谈判更顺利。另外，谈判人员还应注意谈判双方兼容利益的存在，这种不同的利益同时并存，并不矛盾或冲突。

4. 替对方着想，并让对方容易做出决策

让对方容易做出决策的方法是：让对方觉得解决方案既合法又正当；让对方觉得解决方案对双方都是公平的；另外，列举对方曾经接受过的成功方案，也有利于促使对方做出决策。

三、使用客观标准

在谈判过程中，谈判的一方尽管充分理解对方的利益所在，并绞尽脑汁为对方寻求各种互利的解决方案，同时也非常重视与对方发展关系，但还是可能会遇到令人非常棘手的利益冲突问题。若谈判双方就某一个利益问题争执不下、互不让步，即使强调双赢也无济于事。如在国际贸易中的交货期长短问题、最终的价格条款的谈判问题等。通常在上述情况下，一般谈判人员多数会采取立场式的谈判方法。这时，解决的方法有可能是，一方如果极力坚持自己的立场，则另一方就不得不做出一定的让步来达成协议。这样，谈判就势必演变成为一场意愿的较量，看谁最固执或谁最慷慨。谈判的内容就集中在看谁更加愿意达成协议。在许多情况下，谈判有可能会陷入一场持久的僵局中，从而不利于谈判双方以后的进一步合作。而此时使用客观标准就能对国际商务谈判起到非常重要的作用，保证谈

判摆脱僵局，实现谈判双方的利益目标。

问题探讨

中日贸易双方就出口机械设备订立合同问题展开谈判。双方就出口商向银行开具的保函应该如何规定进口商提取设备质量保证款的问题争执不下。中方进口商担心日方出口商在交付货物后出现机械设备不合格的情况，因此要求在谈判协议中注明：出口商向其银行申请开立以进口商为受益人的银行保证书，大约占到全部货款的5%，一旦进口商发现履行合同时出现质量问题，进口商就可以向银行提出付款的申请。而出口商并不答应这样的做法，出口商担心万一进口商的信誉不好，如果在银行保证书中不对进口商取得该担保款项加以限制，进口商随时都有可能提取该款，这对于出口商来说风险很大。经过反复谈判磋商，最后，双方决定遵循一些客观的标准来解决这一双方都担心的问题，即如果出现质量问题，由第三方公证鉴定机构出具品质鉴定书，并以此作为进口商向银行索取违约款项的唯一依据。[①]

阅读以上资料，请判断材料中运用了哪些谈判原则？

在国际商务谈判中，谈判人员运用客观标准时应注意以下两个问题。

（一）建立公平的标准

通常，在国际商务谈判中，一般遵循的客观标准有市场价值、科学的计算、行业标准、成本、有效性、对等的原则、相互的原则等。客观标准的选取要独立于谈判双方的意愿，要公平和合法，并且在理论中和实践中均是可行的。

（二）建立公平的分割利益的步骤

在国际商务谈判中，有许多通过步骤来分割利益的例子。如大宗商品贸易由期货市场定价进行基差交易；在两位股东持股相等的投资企业中，委派总经理采取任期轮换法等，具体分割利益的步骤如下。

1. 将谈判利益的分割问题局限于寻找客观依据

在国际商务谈判中，对于谈判双方有争议的问题，多问对方提出此标准的依据。如贸易方案的理论依据是什么，为什么是这个价格，如何算出这个价格的等类似的讨论。

2. 善于阐述自己的理由并接受对方提出的合理的客观依据

谈判人员一定要用严密的逻辑推理来说服谈判对象，对方认为公平的标准必须对己方也是公平，要运用己方所同意的对方的标准来限制对方漫天要价，甚至于在两个不同的标准也可以谋求折中方案。

---

① 李雪梅，张弼. 国际商务谈判 [M]. 北京：北京交通大学出版社，2011，有改动.

3. 不要屈从于对方的压力

在国际商务谈判中,来自谈判对象的压力可以是多方面的。但是,无论是哪种情况,谈判人员不能因为这些偏离谈判目标的压力而使得己方做出退让,己方应要求谈判对象陈述理由,讲明其所遵从的客观标准。

 背景资料

美国夏威夷大学亨登教授总结出最常用的14条谈判技巧[①]

1. 要有感染力:通过你的举止来表现你的信心和决心。这能够提升你的可信度,让对手有理由接受你的建议。

2. 起点高:最初提出的要求要高一些,给自己留出回旋的余地。在经过让步之后,你所处的地位一定比低起点要好得多。

3. 不要动摇:确定一个立场之后就要明确表示不会再让步。

4. 权力有限:要诚心诚意地参与谈判,当必须敲定某项规则时,可以说你还需要得到上司的批准。

5. 各个击破:如果你正和一群对手进行谈判,设法说服其中一个对手接受你的建议。此人会帮助你说服其他人。

6. 中断谈判或赢得时间:在一定的时间内中止谈判,当情况好转之后再回来重新谈判。

7. 面无表情,沉着应对:不要用有感情色彩的词汇回答你的对手。不要回应对方的压力,坐在那里听着,脸上不要有任何表情。

8. 耐心:如果时间掌握在你的手里,你就可以延长谈判时间,提高胜算。你的对手时间越少,接受你的条件的压力就越大。

9. 缩小分歧:建议在两种立场中找到一个折中点,一般来说,最先提出这一建议的人,在让步过程中的损失最小。

10. 当一回老练的大律师:在反驳对方的提议的时候不妨这样说:"在我们接受或者否决这项建议之前,让我们看看如果采纳了另外一方的建议会有哪些负面效果。"这样做可以在不直接否定对手建议的情况下,让对方意识到自己的提议是经不起推敲的。

11. 先行试探:在做出决定之前,可以通过某个人或者某个可靠的渠道将你的意图间接传达给对手,试探一下对手的反应。

12. 出其不意:要通过出人意料地改变谈判方式来破坏对手的心理平衡。永远不要让对手猜出你下一步的策略。

13. 找一个威望较高的合作伙伴:设法得到一个有威望的人的支持,这个人既要受到谈判对象的尊重,又要支持你的立场。

[①] 克劳德·塞利奇,苏比哈什·C. 贾殷. 国际商务谈判 [M]. 檀文茹,等译. 北京:中国人民大学出版社,2014,有改动。

14. 讨价还价：如果你在同时和几个竞争者谈判，就要让他们都了解这一情况。将同这些竞争者之间的谈判安排在比较相近的时间，并让他们在会晤前等候片刻，这样他们就能够意识到有人在和自己竞争。

任务二　国际商务谈判开局实施技巧

案例导入

日本一家著名的汽车公司刚刚在美国"登陆"，急需找一个美国代理商来为其推销产品，以弥补他们不了解美国市场的缺陷。当日本公司准备同一家美国公司谈判时，谈判代表因为堵车迟到了，美国公司的谈判代表抓住这件事紧紧不放，想以此获取更多的优惠条件，日本公司的谈判代表发现无路可退，于是站起来说："我们十分抱歉耽误了您的时间，但是这绝非我们的本意，我们对美国的交通状况了解不足，导致了这个不愉快的结果，我希望我们不要再因为这个无所谓的问题耽误宝贵的时间了，如果因为这件事怀疑我们合作的诚意，那么我们只好结束这次谈判，我认为，我们所提出的优惠条件是不会在美国找不到合作伙伴的。"日本公司谈判代表的一席话让美国公司的谈判代表哑口无言，美国人也不想失去一次赚钱的机会，于是谈判顺利进行下去了。①

【思考讨论题】美国公司的谈判代表在谈判开始时试图营造何种开局气氛？日本公司的谈判代表是如何应对的？

在谈判开局阶段，谈判双方一经接触，谈判气氛就开始形成，并引导整个谈判进程的整体谈判气氛的变化与发展，是热情还是冷漠，是友好还是猜忌，是轻松活泼还是严肃紧张都已基本确定。甚至整个谈判的进展，如谁主谈、怎样谈、双方的策略、双方的态势也都受到了很大的影响。因此，开局谈判气氛对整体谈判气氛的形成和发展具有关键性作用。影响谈判气氛的因素是多种多样的。在谈判过程中，这些因素会随着整个谈判形势的变化而变化。但是，形成谈判气氛的关键时间却是十分短暂的，这个关键时机就是双方谈判接触的短暂瞬间。谈判人员从与谈判对象的接触中，获得有关谈判双方在这个谈判过程中对对方的评价。而谈判双方对对方的印象和评价将在很大程度上决定谈判气氛。因此，谈判人员应对开局阶段给予高度重视，恰当地使用氛围营造技巧，认真设计和努力实现对己方有利的谈判开局气氛。

---

① 白远．国际商务谈判——理论案例分析与实践［M］．3版．北京：中国人民大学出版社，2012，有改动．

一、氛围定位技巧

谈判人员从特定的谈判终极目标和具体的谈判环境条件出发，可以采取以下三种方法巧妙地设定谈判开局氛围。

（一）优势定位法

优势定位法，是指在国际商务谈判中，谈判的一方在谈判开局阶段把创造平等坦诚、互谅互让的谈判气氛作为己方的定位。采取优势定位法，其条件通常是：谈判双方的实力对比悬殊；双方主谈人的谈判能力存在明显差异；己方为强方，在经济实力、政治背景、协作关系等方面占有较大优势，谈判对象为弱方，企业实力、谈判能力较弱，且多为外来客户；双方交易的需求愿望不对等，谈判对象有较急迫的利益要求；同时，在谈判的开局阶段，作为弱者的对方，对己方的态度的弱而不卑等。

优势定位法设法营造的平等坦诚、互谅互让、轻松愉快的谈判气氛，是一种理想的谈判气氛。为此。谈判人员在开局阶段要做到：在热烈友好的氛围下交往，谈判的东道主应表现出积极、豁达、自如的态度，态度平和、诚恳、真挚，不以势压人、倚强凌弱；谈判双方在商谈中心主题前充分交流思想，努力适应彼此的需要；建立认真的谈判气氛，交谈的内容稍带事务性。

谈判人员运用优势定位法时应注意以下事项。

1. 主动地创造积极的谈判气氛

开局之初常常会出现冷场，在这种情况下，谈判的东道主应表现出积极、豁达、自如的态度，以热情友好的言语先讲话；要是谈判对象主动发言，则再好不过了。己方应有意识地同谈判对象产生共鸣，创造一种和谐、活跃的谈判气氛。

2. 在行为举止上要尽量表现出豁达大度

由于己方为强方，在主场谈判情况下，为了形成积极的谈判气氛，要表现出己方的豁达、宽容，与谈判对象的感情交流要真情流露，对谈判对象的谈判人员要平等相待，双方的发言要平分秋色，切忌出现"一言堂"、不可一世的局面。

3. 引导谈判对象按照己方设定的目标思维并采取行动

优势定位法的谈判开局目标的设定在开始谈判之初只是己方一方的意愿，要努力使之成为谈判双方的共识。己方必须发挥在开局目标设定上的主导作用，引导谈判对象向己方设定的目标靠拢，争取创造出良好的谈判气氛。

在营造轻松愉快的谈判气氛时，谈判人员应密切注意谈判对象的策略定位，谨防对方"反向行动"给己方造成的不利。谈判对象切忌大意失利，恶化开局阶段的谈判气氛。

（二）均势定位法

均势定位法，是指在国际商务谈判中，谈判双方在谈判开局阶段把创造和谐的洽谈气氛作为双方的定位。

采用均势定位法，其条件通常是：谈判双方的经济实力相当，双方主谈人的谈判能力差别不大，呈现均势状态；谈判双方各自又都有良好的主观愿望，谈判的态度认真坦诚；同时，在谈判的开局阶段，谈判双方已表现出初步的求大同存小异的意向或承诺，决心适应彼此的需要，坚持不让小事、枝节问题改变根本决策或破坏大局等。这些都为谈判双方把创造和谐的气氛作为开局目标打下了良好的基础。

谈判人员应该认识到，均势定位法主要源于谈判双方均势状态下所存在的共同利益。一项成功的商业交易，其目标并不是要置谈判对象于死地。谈判目标应该是谈判双方达成协议，而不是一方独得胜利。谈判双方都必须感到自己有所得，即使其中有一方不得不做出某些牺牲，整个格局也应该是双方各有所得。对于谈判双方存在的共同利益包括：双方都要求格局稳定，保持均势；双方都希望达成彼此都大体满意的贸易协定；双方都期望维护良好的合作状态；双方都期望维护良好、长期的关系。

因此，明确谈判双方的共同利益，保持谈判双方的均势状态，对采用均势定位法是至关重要的。谈判人员运用均势定位法时应注意以下事项。

1. 清醒认识并保持谈判双方的均势

均势格局是保持稳定的必要条件，没有均势就难有和谐。谈判双方的实力平衡，谈判局势往往呈现稳定或相持的状态。对抗的发生是对平衡势态的打破。谈判双方的实力失衡，谈判局势往往呈现恶化或动荡的状态。因此，在国际商务谈判中，必须通过双方或多方的力量进行牵制与制约，求得均衡之势，以避免对抗，布好开局。

2. 努力为实现利益均沾的目标创造和谐气氛

如上所述，均势定位法主要源于谈判双方的共同利益。因此，谈判双方应当把国际商务谈判当作一项合作的事业，双方认真权衡共同利益与各自的独立利益，为了实现利益均沾的谈判目标，双方相互适应、彼此迁就、密切合作，以形成和谐的谈判气氛。

3. 提防谈判的一方打破平衡、恶化谈判气氛的企图

均势下和谐的谈判气氛的形成和维持是有难度的，因为谈判双方的实力大体相当，任何一方都没有明显的优势。不排除其中一方企图打破均势，谋求谈判的有利态势。如果均势格局的平衡点被打破，谈判双方的力量对比发生倾斜，就可能破坏和谐的谈判气氛的形成和维持，这在开局目标设定时应特别警惕。

（三）**劣势定位法**

劣势定位法，是指在国际商务谈判中，谈判的一方在开局阶段把先追求平等对话、后创造友好气氛作为己方定位。采用劣势定位法，其条件通常是：国际商务谈判双方的实力对比悬殊，己方为弱方，谈判对象为强方，其在经济实力、企业背景、谈判能力等方面均处于优势，而己方处于劣势；常常谈判对象为主场谈判，己方为客场谈判；双方的需求不对等，己方的需求愿望强烈，谈判对象的需求愿望并不急迫；同时，在谈判的开局阶段，谈判对象已表现出企图先发制人、以强凌弱的态势。在这种情形下，作为弱者的己方只能把先追求双方能平等对话、后创造友好谈判气氛作为己方的开局目标。

谈判人员在运用劣势定位法时应注意以下事项。

1. 理智地规范己方开局阶段的行为

由于己方处于劣势，为了顺利开局，掌握好言行的分寸感十分重要。在行为方式上，

己方应诚挚友好，坦然平和，不卑不亢，以礼相见；不要低三下四，曲意附和，更不能感情用事，只图一时痛快的"乱放炮"。

2. 情、理、利"三管齐下"，追求双方平等对话

情、理、利，即感情、道理、利益或利害关系。在这三者间，情为前提，理为根基，利为关键。在己方处于劣势的情势下，围绕平等互利这一命题，动之以情，晓之以理，明之以利，三管齐下，争取说服谈判对象，使其从中感觉到却之违情、抗之悖理、背之不利，从而接受己方的开局目标。

3. 积极主动地调节谈判对象的言行

由于谈判对象处于谈判的有利地位，在言行上表现为傲慢、过分轻狂、自以为是、盛气凌人等是常见的。这时的谈判气氛往往也是紧张的、冷淡的、对立的。处于这种情况下时，己方应不予计较，以礼相待，以情感化，据理力争，积极影响、调节谈判对象的过分言行，"化干戈为玉帛"，变消极因素为积极因素，推动谈判气氛向平等、友好、富于建设性的方向转化。

二、气氛营造技巧

(一) 高调气氛营造技巧

1. 感情攻击法

情感是人脑对客观现实与人的主观需要之间关系的反映，也是对客观事物和对象所持的态度体验，情感的产生是以客观事物和对象是否满足人的需要为中介的，它是个体与社会的需求关系在人脑中的反映。感情攻击法，是指谈判人员通过某一特殊事件来引发普遍存在于谈判对象心中的感情因素，使这种感情迸发出来，从而达到营造热烈、积极的谈判气氛的目的。

谈判人员在运用感情攻击法时应注意以下两个方面。

（1）必须把握强度。在谈判开局阶段使用时，谈判人员可以根据需要，主观产生感情或使谈判对象情感上得到某种满足，要注意营造热烈氛围的强度，从而左右谈判对象的情感世界。

（2）谈判人员要使用一种自然、真实的情绪表现，打破谈判对象已建立起来的理性的心理平衡，使其不知所措，从而使己方在谈判桌上占优势，取得主动。

> **问题探讨**
>
> 江苏仪征化纤公司是世界有名的化纤公司。该公司总经理任传俊主持了一次和德国吉玛公司的索赔谈判，对手是理扬奈德总经理。由于引进的圆盘反应器有问题，中方提出了1100万马克的索赔要求，而德方只认可300万马克。这是一次马拉松式的谈判。在一次谈判的开始前，任传俊提议陪伴理扬奈德到扬州游览。

在花木扶疏、景色宜人的大明寺，任传俊对德方代表团介绍道："这里纪念的是一位为了信仰，六渡扶桑，双目失明，终于达到理想境界的高僧鉴真和尚。今天，中日两国人民都没有忘记他。你们不是常常奇怪日本人对华投资为什么比较容易吗？那很重要的原因是日本人了解中国人的心理，知道中国人重感情、重友谊。"接着，他对理扬奈德笑道："你我是多年打交道的朋友，除了彼此经济上的利益以外，就没有一点个人之间的感情吗？"旅行车从扬州开回仪征，直接开到谈判室外，谈判继续进行。任传俊开门见山地说："问题既然出在贵国引进的圆盘反应器上，为索赔花费太多的时间就是不必要的，反正要赔偿……"理扬奈德耸耸肩膀："我公司在贵国中标，才花了1亿多美元，我无法赔偿过多，我总不能赔本干……"

任传俊紧跟一句："据我得到的消息，正是因为贵公司在世界上最大的化纤基地中标，才得以连续在世界15次中标，这笔账怎么算呢？"理扬奈德语塞。

任传俊诚恳地说："我们是老朋友了，打开天窗说亮话，你究竟能赔多少？我们是重友谊的，总不能让你被董事长砸掉了饭碗，但我也要对这里一万多名建设者有个交代。"谈判结束了，德方赔偿800万马克。①

阅读以上资料，试分析任传俊在谈判中使用的谈判技巧，为什么德方同意赔偿？

2. 称赞法

称赞法，是指谈判人员通过称赞谈判对象来削弱对方的心理防线，从而激发出谈判对象的谈判热情，调动对方的情绪，从而营造高调的谈判气氛。

谈判人员在运用称赞法时应注意以下三个方面。

（1）选择恰当的称赞目标。选择称赞目标的基本原则是择其所好，即选择那些谈判对象最引以为豪的，并希望己方注意的目标。

（2）选择恰当的称赞时机。如果称赞时机选择得不好，称赞法的结果往往会适得其反。

（3）选择恰当的称赞方式。称赞方式一定要自然，不要让谈判对象认为己方是在刻意奉承他，否则会引起谈判对象的反感。

 问题探讨

日本某著名电器公司为了在美国市场更好地推广其新产品，在与美国公司的首次谈判中，日方公司尽管作了充分的展示，美方公司仍旧表现得不是很感兴趣，就在首次谈判结束时，日方公司一位辅助谈判的销售经理的一句话却引起了美方公司主谈人的兴趣。

---

① 刘春生. 国际商务谈判［M］. 北京：对外经济贸易大学出版社，2013，有改动.

> 日方公司的销售经理说:"安德森先生,期待我们能进一步谈判,如果允许的话,我愿继续与您保持联络,我深信您前程远大。"
>
> "前程远大,何以见得?"听口气,美方公司的主谈人好像是怀疑日方公司的销售经理在讨好他。
>
> "几周前,我听了您在美国汽车行销企业高端论坛上的演讲,那是我听过的最好的演讲。这不是我一个人的意见,很多人都这么说。"
>
> 听了这番话,美方公司的主谈人竟有点喜形于色了。日方公司的销售经理顺势向他请教如何做好一场演讲,他的话匣子就打开了,说得眉飞色舞,临别时他对日方公司的销售经理说:"欢迎我们能再次交流。"
>
> 几周后,由于日方公司的销售经理与美方公司的主谈人的私下交流,日方公司和美方公司的第二轮谈判顺利进行,而且有了一个很好的谈判结果。①
>
> 阅读以上资料,请总结日方公司在谈判初期营造良好开局的策略。

3. 幽默法

幽默法,是指谈判人员用幽默的方式来消除谈判对象的戒备心理,使其积极参与到谈判中来,从而营造高调的谈判气氛。幽默的语言体现的是一种智慧,在紧张的谈判中,有时候幽默是冷幽默,处理不好就会出现尴尬的僵局,以幽默对幽默是更高明的境界,需要谈判人员具有极好的应变能力。俗话说:"不战而屈人之兵。"我国的幽默大师林语堂曾经说:"在第二次世界大战前,如果各国都派幽默高手来谈判,那么就可以避免第二次世界大战的发生。"有经验的谈判人员往往对谈判技巧驾轻就熟、游刃有余,从策略、方法、技巧和个人魅力上先立于不败之地。然而,在谈判双方激烈的谈判当中,不能缺少幽默,有了幽默来助阵,谈判才更容易获得全局性的胜利。

幽默,是谈判中的一种缓冲方法,能使本来困难的谈判变得顺畅起来。谈判人员采用幽默法时应注意:一是选择恰当的时机,采取适当的方式,要收发有度;二是要掌握一定的幽默语言组合技巧,巧用对比、倒置、夸张、杂糅、反复等。

经典小故事

在国际商务谈判中,拒绝谈判对象可能会招致谈判的失利,如果恰当地使用幽默,在轻松诙谐的话语中透露出否定谈判对象的某个条件或讲述一个精彩的故事让其听出弦外之音,既避免了对方的难堪,又转移了对方被拒绝的不快。中美公司的一次谈判中,美方公司的谈判代表提及在抽检中方公司出口的洗发水产品有分量不足的先例,趁机以此为筹码不依不饶地讨价还价。中方公司的谈判代表微笑着娓娓道来:"美国一专门为空降部队伞兵生产降落伞的军工厂,产品不合格率为万分之一,

---

① 国际商务谈判,有改动。

也就意味着一万名士兵将有一个因降落伞质量缺陷而牺牲,这是军方所不能接受和容忍的,他们在抽检产品时,让军工厂主要负责人亲自跳伞。据说从那以后,合格率为百分之百。如果你们提货后能将那瓶分量不足的洗发水产品赠送给我,我将与公司负责人一同分享,这可是我公司成立8年以来首次碰到使用免费洗发水的好机会哟。"这样拒绝不仅转移了谈判对象的视线,还阐述了拒绝否定理由,即合理性。①

4. 问题挑逗法

问题挑逗法,是指谈判人员提出一些尖锐的问题诱使谈判对象与自己争论,通过争论使对方逐渐进入谈判角色。这种方法通常是在谈判对象的谈判热情不高时采用,有些类似于激将法。但是,这种方法很难把握好火候,在使用时应慎重一些,要选择好退路。谈判人员在运用问题挑逗法时应注意:一是要选择问题的导向,只针对谈判对象试图回避的问题进行发问和挑逗;二是要选择合适的谈判时间段使用,一般在谈判磋商处于僵局时;三是在使用问题挑逗法时要注意方式和方法,激将要有度。

问题探讨

中国某公司与日本某公司就某项交易进行谈判。在谈判开始后,双方人员彼此作了介绍,并马上投入了技术性的谈判。中方商务人员利用谈判休息时间,对日方技术人员表示赞赏:"您技术熟悉、表述清楚,水平不一般,我们就欢迎这样的专家。"该技术人员很高兴,表示他在公司的地位很重要,知道的事也多。中方商务人员顺势问道:"贵方主谈人是你的朋友吗?""那还用问,我们常在一起喝酒,这次与他一起来中国,就是为了帮助他。"他回答得很干脆。中方商务人员又挑逗地问了一句:"为什么非要您来帮助他,没你就不行吗?"日方技术人员迟疑了一下:"那倒不是,但这次希望他能成功,这样他回去就可以晋升部长职务了。"中方商务人员随口跟上:"这么讲我也得帮助他了,否则,我将不够朋友。"

阅读以上资料,请分析中方商务人员在谈判中使用的谈判技巧。

(二) 低调气氛营造技巧

1. 感情攻击法

这里的感情攻击法与营造高调气氛的感情攻击法的性质相同,即都是以情感诱发作为营造谈判气氛的手段,但两者的作用方向却相反。在营造高调气氛的感情攻击法中,是要激发谈判对象产生积极的情感,使得谈判开局充满热烈的气氛。而在营造低调气氛时,则是要诱发谈判对象产生消极的情感,致使一种低沉、严肃的气氛笼罩在谈判的开始阶段。

---

① 商务谈判中的幽默技巧,有改动。

谈判人员为了营造低调气氛采用感情攻击法要注意把握使用时机和强度。一般是在谈判双方对某一个问题相持不下时，谈判对象的态度、行为欠妥或者要求不太合理时使用。爆发强度应该保持在较高的水平，才能产生足够的威慑作用和影响。

2. 沉默法

沉默法是谈判人员以沉默的方式来使谈判气氛降温，从而达到向谈判对象施加心理压力的目的。需要注意的是，这里所讲的沉默并非是一言不发，而是指尽量避免对谈判的实质问题发表议论。谈判人员采用沉默法时要注意：一是要有恰当的沉默理由。通常谈判人员采用的理由有假装对某项技术问题不理解，假装不理解谈判对象对某个问题的陈述，假装对谈判对象的某项礼仪失误表示十分不满。二是要沉默有度，适时进行反击，迫使谈判对象让步。

3. 指责法

指责法，是指谈判人员对谈判对象的某项错误或礼仪失误严加指责，使其感到内疚，从而达到营造低调气氛，迫使对方让步的目的。指责法要慎重使用，若不恰当，可能会使得谈判直接破裂。如果使用恰当，反而能起到掌握谈判主动权的效果。如中方公司的谈判代表在与德方公司的谈判代表就价格问题进行磋商时，因德方公司的谈判代表不顾忌成本因素将价格压得很低，致使中方公司的谈判代表非常恼怒。在第二次谈判中，德方公司的谈判代表很傲慢，指责中方公司的产品是中低端产品，仍旧坚持压价，中方公司的谈判代表故作轻松地说："既然你认为我方提供的产品是中低端产品，那是否说明贵方青睐于'低质产品'呢？如果贵方坚持这个进价，请为我们准备过冬的衣服和食物，总不忍心让员工饿着肚子瑟瑟发抖地为你们干活吧！"随后，中方公司的谈判代表花了很长的时间来指责德方公司的谈判代表在谈判中的失礼行为，一时间弄得对方手足无措，无心再讨价还价。等到合同签订以后，德方公司的谈判代表才发现协议价已经超过预期。

任务三　国际商务谈判交锋实施技巧

案例导入

中国A公司向韩国B公司出口丁苯橡胶已一年，第二年A公司又向B公司报价，以继续供货。A公司根据国际市场行情，将价格从去年的成交价每吨下调了120美元（去年为1200美元/吨），B公司感到可以接受，建议A公司到韩国签约。A公司的谈判人员一行二人到了B公司总部，双方谈了不到20分钟，B公司的谈判人员说："贵方的价格仍太高，请贵方看看韩国市场的价，3天以后再谈。"A公司的谈判人员回到饭店后感到被戏弄了，觉得很生气，但人已来韩国，谈判必须进行。A公司的谈判人员通过有关协会收集到韩国海关丁苯橡胶进口统计，发现从哥伦比亚、比利时、南非等国家的进口量较大，中国的进口量也不少，中国 A 公司是占份额较大的一家。价格水平方面，南非的最低但高于中国的产品价。哥伦比亚、比利时的价格均高于南非。在韩国市场的调查中，批发和零售价均高出 A 公司的现报价 30%～40%，市场价虽呈降势，但 A 公司的报价是目前世界市场最低的价格。为什么 B 公司的谈判人员还这么说？A 公司的谈判人员分析，对手以为中方人员既然来了韩国，肯定急于拿合同回国，可以借此机会再压中方人员一手。那么，B 公司会不会不急于订货而找理由呢？A 公司的谈判人员分析，B 公司若不急于订货，为什么邀请 A 公司的谈判人员来韩国？再说 B 公司过去与 A 公司打过交道，签过合同，且执行顺利，对 A 公司的工作很满意，B 公司会突然变得不信任 A 公司了吗？从态度看不像，他们来机场接 A 公司的谈判人员，且晚上一起喝酒，保持了良好的气氛。从上述分析，A 公司的谈判人员共同认为：B 公司意在利用 A 公司谈判人员的出国心理再压价。根据这个分析，经过商量 A 公司的谈判人员决定在价格条件上做文章。总的来讲就是态度应强硬（因为 B 公司之前已表示同意 A 公司的报价），不怕空手而归。另外，价格条件还要涨回市场水平（即 1080 美元/吨左右）。再者不必用 3 天后通知 B 公司，仅一天半的时间 A 公司就将新的价格条件通知了 B 公司。

在一天半后的中午前，A 公司的谈判人员电话告诉 B 公司的谈判人员："调查已结束，得到的结论是：我方来韩国前的报价低了，应涨回去年成交的价位，但为了老朋友的交情，可以下调 20 美元，而不再是 120 美元。请贵方研究，有结果请通知我们。若我们不在饭店请留言。" B 公司的谈判人员接到电话后一个小时，即回电话约 A 公司的谈判人员到其公司会谈。B 公司认为 A 公司不应把过去的价再往上调。A 公司认为：这是 B 公司给的权利。自己按 B 公司的要求进行了市场调查，结果是应该涨价。B 公司希望 A 公司多少降些价，A 公司认为原报价已降到底。经过几回合的谈判，双方同意按 A 公司来韩国前的报价成交。这样，A 公司成功地使 B 公司放弃了压价的要求，按计划拿回了合同。

【思考讨论题】A 公司的报价是基于什么条件？A 公司使用了哪些报价技巧？①

一、陈述技巧

国际商务谈判中的陈述，也就是所谓的"叙"（叙述），就是基于己方的立场、观点、方案等，通过主动阐述来表达对各种问题的具体看法，以便谈判对象有所了解。国际商务谈判中的陈述是一种不受谈判对象提出问题的方向、范围制约的表达方式。说话的人是主动进行阐述，是谈判中传递大量信息、沟通情感的重要方法之一。尤其是谈判交锋阶段的阐述直接关系谈判双方相互之间的理解。所以，谈判人员应从实际出发，灵活掌握有关陈述的技巧。

（一）协商表达法

协商表达法，是指谈判人员以婉转、友好、间接的交谈方式表达立场的策略方法。从交际心理学的角度来看，在国际商务谈判中，谈判人员虽然有着不同的身份地位、文化程度、社会经历、思想性格和心理情绪，但在谈判过程中，都有一种出于上述特定境况的心

---

① 商务谈判技巧，有改动。

理上的亲和需求。如一般都有从属于团体组织的需要，被人尊重和理解的需要，获得支持与帮助的需要，取得合作与友谊的需要等。因此，己方在表达谈判开局目标时，应注意从当时的背景环境、客观情势，以及谈判对象的年龄、地位、思维、性格、文化、心理等情况出发，力求使自己的表达方式和内容都符合客观情势和对方心理上的主观需要。

采取协商表达法，其条件通常是：在国际商务谈判中，谈判双方都有良好的谈判意愿，希望能促成眼前的交易；或者谈判的一方明显地居于谈判劣势地位，试图以协商表达方式联络双方的感情，争得己方起码的、大致平等的谈判地位；或者谈判双方均为交易的老客户，彼此间对各自的经济实力、谈判能力都非常熟悉。

谈判人员运用协商表达法时应注意以下事项。

1. 注意表达的用语、语气，把握好语言的分寸感

在语言表达上，一般多用礼貌用语、寒暄用语、设问用语；同时，尽量做到发音清晰，语气适当，音量适中，音调高低快慢适宜。如"我想先和您商量一下这次会谈的总的安排，您觉得怎样""我们先交流一下彼此的情况，您看好吗"等。切忌使用命令的、冒犯的、冷淡的语言。

2. 淡化表达语言的主观色彩

口口声声讲"我提出""我认为"，自作鉴定，自我评论，即使其意不在排"他"扬"我"，这种表达语言也是不可取的。为此，谈判人员要讲究语言表达技巧，或谈己不言己，或变抽象为具体，或引用他人之语等，以淡化表达语言的主观色彩。

3. 努力培养谈判双方的认同感

谈判人员要以协商、婉转的口吻来表达，争取建立和培养谈判双方的认同感。如"我们先确定会谈的议程，您觉得是否合适""如果您觉得合适，那么是我先谈，还是贵方先谈好"等。这些表面上无足轻重的问话，很容易让谈判对象无所顾虑地给予肯定的回答，从而形成彼此一致的观点和意见，这样谈判双方就能比较容易达成互惠的协议。

协商表达法要求谈判人员以相互商量、商谈的口吻婉转、友好地表达己方的立场。通常这种方法容易为谈判对象所接受，并能使双方在友好、愉快、轻松的气氛中将谈判引向深入，从而收到意想不到的良好效果。

（二）直陈表达法

直陈表达法，是指谈判人员以坦诚、直率的交谈方式表达立场的策略方法。即谈判人员选用直陈表达法表达己方的立场，和盘托出己方的判断及意图；同时，还可以站在谈判对象的立场上进行设想并提出己方的看法，推动对方回应己方的提议，争取双方形成共同的开局目标。因此，直陈表达法经常能达到理想的预期效果。

采取直陈表达法，其条件通常是：进行国际商务谈判的双方已有多次交易往来，双方谈判人员的关系密切，对对方有较深入的了解，说话无须拐弯抹角；双方谈判人员（包括主谈人）的身份和资格大体相当，差距不大；谈判开局阶段发现谈判对象对己方的身份及能力表示怀疑或持有强烈的戒备心理；谈判中己方下决心姑且一试，以争取谈判的主动地位，并力争赢得谈判对象的信赖和支持。

谈判人员在运用直陈表达法时应注意以下事项。

1. 使用好直陈表达的方式

直陈表达在于直接诉诸理性。直陈表达的方式要有理有据、明确简洁、言简意赅，杜绝一切不实之词和无稽之谈。一般来说，表达的语言明确简洁，体现了谈判人员的智力水平和表达能力，能使谈判对象产生好感，并从心理上受到抑制。反之，表达的语言晦涩冗长、面面俱到，让谈判对象不耐烦，不仅不利于谈判对象理解己方的意图，而且低水平的语言表达也容易引起谈判对象的轻视，甚至厌恶、鄙视。

2. 把握好直陈表达的分寸

在直陈表达中，说话的深浅，着力的大小，用词的轻重，表达的激缓，都是值得斟酌。谈判人员对谈判对象直陈过激，容易引起对方的反感，造成双方的紧张态势；对谈判人员直陈过缓，又可能使谈判对象感到己方的软弱或认为己方缺少诚意，容易引起对方的怀疑。因此，谈判人员在使用直陈表达法时既要克服急躁情绪，又要避免给谈判对象以怠慢的感觉。

3. 控制好直陈表达的极限

直陈表达的内容与范围是有限度的，其限度在既不影响己方的开局目标，不损害己方的根本利益，又不致恶化谈判气氛，甚至导致双方谈判关系的破裂。因此，谈判人员在使用直陈表达时不能把己方的一切和盘托出，尤其是关系己方根本利益的意图，在表达时必须要有所保留。

> **问题探讨**
>
> A国一个经济实力较弱的小厂与B国一个经济实力较强的大厂在谈判时，小厂的主谈人为了消除对方的疑虑，向对方表示道："我们摊子小，实力不够强，但人实在，信誉好，产品质量符合贵方的要求，而且成本较其他厂家低。我们愿意真诚平等地与贵方合作。我们谈得成也好，谈不成也好，我们这个'小弟弟'起码可以与你们这个'大哥哥'交个朋友，向贵方学习生产、经营及谈判的经验。"肺腑之言，不仅可以表明自己的开局意图，而且可以消除对方的戒心，赢得对方的好感和信赖，这无疑会有助于谈判的深入进行。[①]
>
> 阅读以上资料，请分析直陈表达法在国际商务谈判中的使用技巧。

（三）冲击表达法

冲击表达法，是指谈判人员以突然、激烈、令谈判对象意外甚至感到窘迫的交谈方式表达立场的策略方法。这不是一种常规的表达方法，只能在某些特殊场合下采用。

在国际商务谈判中，绝大多数谈判人员在谈判的过程，都是以尊重人、体谅人、理解人的方式交往，谈判的一方表现的蛮横无理的情形是极个别的。但是，有时确实出现了这种情况：谈判双方刚一接触，对方就表现得非常傲慢，以居高临下之势口出狂言、自命不凡，令人反感；或者对方在谈判一开始就对己方讽刺挖苦、百般刁难，伤害己方的感情。在此情势下，谈判的一方若谨行慎言，不厌其烦地述说己方的立场，只能助长对方的嚣张气焰。因此，

---

① 国际商务谈判技巧，有改动。

此时谈判人员可以考虑选用冲击表达法，先是退避三舍，让对方充分发表意见，然后采用冲击度极强的表达方式，突然拍案而起，开门见山地批驳对方的言行，亮出己方的关键论点。

谈判人员在运用冲击表达法时应注意以下事项。

1. 冲击表达要有突然性和创意性

冲击表达应突然，令谈判对象感到意外，以保持它应有的冲击强度。同时，冲击表达要富于新意，不落俗套，具有感染力，能给谈判对象以冲击、震动。切忌任何平淡无奇、软弱无力的陈词滥调。

2. 不要视对方为敌，避免双方情绪对立

冲击表达有可能得到好的效果，但也可能产生负面效应。因此，谈判人员在选用此法时，在指导思想上应不视谈判对象为敌，并且要判断己方的观点、态度的冲击力度，预测谈判对象可能的反应及其程度；必须尽力避免伤害对方的自尊心，以免产生谈判人员最忌讳的情绪性对立。

3. 不要对对方的行为定性或批评其动机

谈判对象可能在开局阶段会有过分的言行，谈判人员可以运用冲击表达法进行批驳。但最好是一带而过，尤其是不要对谈判对象的行为定性或揭露其背后隐藏的动机，这样才能在冲击表达后，利用谈判气氛可能出现的缓和机会，积极创造扭转对立局面的条件，争取国际商务谈判后续各阶段的友好合作。

问题探讨

美国一位客商利用中国某企业急需求购原料且濒于停产之机，大肆抬高交易条件，并且出言不逊，伤害该企业谈判人员的感情，诋毁该企业的名誉。在这种情况下，如果该企业的谈判人员一味谦恭，诉说己方的困难处境，只会适得其反，助长对方的气焰。该企业的谈判人员在谦恭、退让之后，突然拍案而起，采用了冲击表达法。他指责对方道："贵方如果缺乏诚意，可以请便。我们尚有一定的原料库存，并且早就做好了转产的准备，想必我们今后不会再有贸易往来，先生，请吧！"由于谈判双方已投入了一定的人力、财力，再加上利益所在和双方都有调和的意愿，这种冲击式的表达技巧产生了应有的效果，促使双方终于坐下来开始了真诚的谈判。冲击表达法常常会弄得对方手足无措、锐气大减。但由于利益所在，对方常会在窘态消失之后，坐下来开始进行真诚的、平等的对话与谈判。[①]

阅读以上资料，请分析冲击表达法在国际商务谈判中的使用技巧。

二、报价技巧

（一）先发制人

一般来说，发起谈判者、投标者、卖方先报价。谈判的一方在自己准备充分、知己知

---

① 商务谈判的技巧，有改动。

彼时,要争取先报价。先报价可以先行影响、制约谈判对象,可以牵制、诱导谈判对象,但不能漫天要价,否则谈判对象可能会直接放弃谈判。如服装出口往往是采取先报价的方法,一件衣服卖 60 元都可以赚到 10 元,而却要报价 160 元。

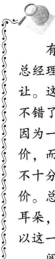 **问题探讨**

有个跨国公司的高级工程师,他的某项发明获得了发明的专利权。一天,公司总经理派人把他找来,表示愿意购买他的发明专利,并问他愿意以什么价格来转让。这个工程师对自己的发明到底值多少钱心中没数,心想只要能卖 10 万美元就不错了,可他的家人却事先告诉他至少要卖 30 万美元。到了公司总经理的办公室,因为一怕老婆,二怕总经理不接受,所以他有些胆怯,一直不愿正面说出自己的报价,而是说:"我的发明专利在社会上有多大作用,能给公司带来多少价值,我并不十分清楚,还是请您先说一说吧!"这样无形中把球踢给了对方,让总经理先报价。总经理只好先报价,"50 万美元,怎么样?"这位工程师简直不敢相信自己的耳朵,直到总经理又说了一遍以后,这才确认这是真的,经过一番讨价还价,最后以这一价格达成了协议。①

阅读以上资料,请分析国际商务谈判中先报价的优势。

(二)后报价

一般来说,招标者、买方后报价。后报价的一方可以从对方的报价中获取信息,以此修正自己的想法。如某公司想要购买爱迪生发明的一项专利,爱迪生认为只要卖到 1 万美元即可,他不报价让对方先报价,结果对方报价 40 万美元,价格高出预期的几十倍。

(三)切片价

即把一个货物商品化整为零进行报价,使得对方认为商品的价格并不昂贵。如 1000 克西洋参的销售价为 9000 元,销售员在报价时则说每克 9 元。又如,在英国,销售员在销售咖啡时不会说"每磅咖啡 2 英镑",而是说"50 便士可以买 1/4 磅"。通过切片价使人感到价格不那么昂贵。

(四)比较报价

即把谈判交易的产品价格与另一个价格较高的产品进行比较,相比之下,显得谈判交易产品的价格便宜了。如德方的谈判代表在对某汽车零件进行报价时,把该零件与美方某公司生产的同样型号的价格较高的汽车零件进行对比,使得中方的谈判代表觉得德方谈判代表的报价还是合理的。

(五)折旧报价

用此报价的关键是将谈判交易的产品价格与产品的使用周期结合起来,以表明价格并不昂贵。如英方的谈判代表在对某机械产品进行报价时,提出该产品一台 50 万元,使用

---

① 商务谈判的技巧,有改动。

周期至少50年，并提供10年的技术服务，每年的折后成本为1万元，这样的报价会非常打动谈判对象。因为，产品折旧时间越长，产品发挥效能的时间就越长，这样间接降低了企业成本。

（六）西欧式报价

此报价是欧洲多数国家进行国际商务谈判时常用的报价方式，首先给谈判对象一个有较大讨论还价余地的价格，用以稳住谈判对象，使得谈判对象认为会有一个不错的结果。如英国商家在出口商品谈判时，时常会通过给予进口国各种优惠、数量与价格的折扣、优惠信贷等方式，逐步达到谈判成交的目的。

（七）日本式报价

此报价是日本的谈判人员在进行国际商务谈判时常用的报价方式，首先把最低价报出，将其他的竞争对手挤走，然后变成一对一的谈判后，再把价格慢慢提上去。如日本对中国出口小汽车时，首先报价远低于美国、德国、意大利等国家，在将这些国家的商家纷纷挤走后，与中方进口商进行谈判，又报出略高于之前的定价，使其"本田""丰田"等品牌车顺利进入中国市场。

任务四 国际商务谈判磋商实施技巧

案例导入

一次，中日双方就FP-418货车质量问题进行谈判。在此之前，双方都为赢得这场谈判作了精心的准备。谈判一开局，中方代表简明扼要地介绍了FP-418货车在中国各地的损坏情况及用户对此的反映。中方代表在此虽然只字未提索赔的问题，但是已经为索赔问题提供了充足的事实根据，展示了中方谈判的技巧和威势，恰到好处地拉开了谈判的序幕。日方代表对此早有预料。因为FP-418的质量问题是个无法回避的问题，为了避免在这个对自己不利的问题上纠缠，日方代表不动声色地说："是的，有的车的确有轮胎炸裂、挡风玻璃破碎、电路故障、铆钉震断的情况，还有的车架偶有裂纹。"日方代表的回答表面上看似是自责，其实是为了避重就轻，将谈判之舟引入己方划定的水域。

中方代表步步紧逼，日方代表处处设防。谈判气氛逐渐紧张。中日双方代表在谈判开局不久就在如何认定FP-418货车质量问题上陷入僵局。中方主谈人深知在技术业务谈判中，必须用事实和科学的数据才能服人，不能想当然。于是他胸有成竹地发问："贵公司对每辆车支付的加工费是多少？这项总额又是多少？""每辆车10万日元，共计5.84亿日元。"日方代表接着反问道："贵国报价多少？"中方代表立即回答："每辆车16万日元，共计9.5亿日元。"日方代表淡然一笑，与其副手耳语一阵，问："贵国报价的依据是什么？"中方代表将各损坏部件如何修理、加固、花费多少工时等逐一报价。"如果贵公司觉得我们的报价偏高,你们派人来我们这里维修也可以。不过,我们计算过了,这样贵公司花费的恐怕是目前这个报价的好几倍。"这下可吓坏了日方代表。日方代表被中方代表如此精确的计算所折服,态度明显好转,说:"贵国能否再压低一点价格。"中方代表回答:"为了表示诚意,我们可以考虑贵公司的要求。那么,贵公司每辆车的报价是多少呢?""12万日元。"日方代表回答说。"13.4万日元,如何?"中方代表问。"可以接受。"日方代表知道中方代表已经做出让步了,就很快接受了此项索赔的协议。①

【思考讨论题】请结合案例分析中日双方代表在磋商环节的议价技巧。

一、辩论技巧

辩论是国际商务谈判磋商阶段的重要组成部分,是谈判人员表达自己的意见、驳斥谈判对象的观点、谋求双方共同利益的信息交流活动,是实现谈判双方各自目的的必要方式。国际商务谈判中的讨价还价集中体现在"辩"上,"辨"最能体现谈判的特征,它具有谈判双方相互依赖、相互对抗的二重性,是人类语言艺术和思维艺术的综合运用,具有较强的技巧性。

(一) 态度要客观公正,措辞要准确严谨

国际商务谈判中的辩论要充分体现现代文明的谈判准则,无论谈判双方的观点如何不同,如何针锋相对,谈判人员都必须以客观公正的态度去表达观点,切忌用侮辱诽谤、尖酸刻薄的语言进行人身攻击。否则,这样只会损害自己的形象,降低谈判的质量,并且会给对方留下话柄和攻击的软肋,甚至可能会置谈判于破裂的边缘。

(二) 观点要明确,立场要坚定

国际商务谈判中的辩论,就是要论证己方的观点,反驳对方的观点。辩论的过程就是通过摆事实、讲道理,说明己方的观点和立场。因此,在进行辩论时,谈判人员首先要亮出己方的观点,阐述己方的立场,接着运用客观的材料和其他的证据来支持、说明己方的观点、立场的正确性和公正性,反驳对方的观点。

(三) 具有战略眼光,不纠缠细枝末节

在辩论的过程中,谈判人员要具有战略眼光,掌握大的方向、前提及原则,把精力集中在主要的问题上,把握主动,而不要陷入枝节问题的纠缠之中。在论证己方的观点时,要重点突出、层次分明、简明扼要,不要东拉西扯、言不对题。在反驳对方的观点时,要抓住要害、有的放矢,而不能采取断章取义、强词夺理的方法。

(四) 辩论思路要敏捷、严密,具有逻辑性

国际商务谈判中的辩论往往是在谈判双方进行磋商遇到难题时才发生的。优秀的谈判人员应该头脑冷静、思维敏捷、论辩严密而且富有逻辑性。只有这样,谈判人员才能应对各种局面,摆脱困境,以便在谈判中以不变应万变。特别是在谈判双方的条件和实力差不多的情况下,谁在辩论中思维敏捷、逻辑严密,谁就能赢得谈判的成功。

---

① 王淙,丁晶. 国际商务谈判 [M]. 北京:对外经济贸易大学出版社,2013,有改动.

(五) 掌握好进攻的尺度

辩论的目的是为了证明己方的观点、立场的正确性，反驳对方的观点、立场的不足，争取说服对方，以便能够争取有利于己方的谈判结果，因此不应该认为辩论是一场对抗赛，而把对方置于死地。因此，谈判人员在辩论中要掌握好进攻的尺度，一旦达到了目的，就应适可而止，而不应得理不饶人、穷追不舍。否则，谈判对象可能会产生更强烈的敌对心理，甚至反击的念头更加激烈。这样即使谈判对象可能暂时口头认可某些事情，事后也不会善罢甘休，最终会对双方的合作不利。

(六) 辩论中占优时不可轻狂，居劣势时不必慌乱

在国际商务谈判的辩论中，谈判双方可能一会己方居于优势，一会对方居于优势，谈判人员处于两种不同的状态时必须处理好辩论中的优势和劣势情况。处于优势状态时，谈判人员要注意强化优势，转化为谈判对象的压力，并且可以语调、手势的配合，渲染己方的观点，维护己方的立场。但是要切记：处于优势时不能表现出轻狂、放纵和得意忘形。因为谈判中的优势和劣势是相对而言的，而且是可以转化的。相反，在处于劣势状态时，谈判人员应沉着冷静、从容不迫，既不怄气，又不可沮丧、泄气、慌乱不堪。只有这样，谈判人员才有可能保持己方的阵脚不乱，才会对谈判对象的优势构成潜在的威胁。

(七) 具有良好的举止和优雅的气度

在国际商务谈判的辩论中，谈判人员良好的举止和优雅的气质不仅能给谈判对象留下良好的印象，而且在一定程度上可以左右谈判气氛的健康发展。因为，一个人良好的举止和优雅的气质可能会比语言更有影响力。因此，谈判人员一定要注意自己在辩论时的行为，如语调高亢、手舞足蹈等都是没有气质的表现，更无气度可言。

(八) 辩论中不能以势压人、歧视揭短，也不能本末倒置、喋喋不休

在国际商务谈判的辩论中，谈判双方是平等的。因此，双方要心平气和、以理服人，而不能唯我独尊、大发脾气；另外，不管谈判对象来自哪个国家，都应一视同仁，没有歧视；不管辩论多么激烈，都不应进行人身攻击，不揭露谈判对象的短处。谈判不是争高比低的竞赛，因此要尽量避免发生无关大局的细节之争，远离实质问题的争执不但浪费时间和精力，还可能使谈判双方的立场更加对立，从而导致不愉快的结局，谈判人员也不能口若悬河，独占谈判时间。

二、劝说技巧

国际商务谈判中的"劝"即"说服"，是指谈判人员劝说谈判对象改变其初衷，接受己方的意见。说服是国际商务谈判中最艰巨、最复杂、最富有技巧性的工作。有时明明己方的观点是正确的，却不能够说服谈判对象，甚至还可能反过来被谈判对象"驳"得哑口无言。要想说服谈判对象，谈判人员不仅要掌握正确的观点，而且要使用一些高超的技巧，运用智慧去征服谈判对象。

（一）寻找双方的共同点，强调利益的一致性

1. 寻找双方的共同点

谈判双方的共同点是双方谈判人员之间心灵沟通的桥梁，也是说服对方的基础。寻找共同点可以从工作、生活、爱好以及双方共同熟悉的第三者开始。当然，谈判人员要说服谈判对象，更应努力寻求并强调与其立场一致的地方，从而进一步赢得谈判对象的信任，消除谈判对象的对抗情绪。

2. 强调彼此利益的一致性

说服工作要立足于强调彼此利益的一致性，淡化相互之间的矛盾，用谈判双方立场的一致性为跳板，因势利导地解开思想的扭结，这样的说服才能奏效。谈判对象就比较容易接受己方的观点。

（二）说明己方的意见可能导致的影响，特别是谈判对象接受意见后的益处

谈判人员应向谈判对象诚恳地说明希望对方接受己方的意见的充分理由，以及谈判对象一旦被己方说服将产生什么利弊得失，特别是谈判对象接受己方的意见后的益处。人都有趋利避害的心理，在谈判中，谈判人员最关心的问题是：接受谈判对象的意见，能否给己方带来利益？能带来多大的利益？如果说服工作不能为谈判对象解开这个心中的疑团，便是失败的。因此，说服工作必须能给谈判对象开出一张光明的"保票"，使谈判对象对接受己方的意见定会获利的光明前途深信不疑。

谈判人员要坦率地承认如果谈判对象接受己方的意见自己也将获得一定的利益。这样，谈判对象会觉得己方诚实可信，可能会自然而然地接受己方的意见；反之，如果谈判人员不承认自己能从谈判中获得一定的利益，谈判对象必定认为己方缺乏诚意，从而将己方拒于门外，己方也很难说服谈判对象。

（三）说服要有耐心、由浅入深，不可胁迫

1. 说服必须耐心细致

谈判人员应不厌其烦地动之以情、晓之以理，把接受己方的意见的好处和不接受己方的意见的弊端讲深、讲透，一直到谈判对象能够听取己方的意见为止。在谈判实践中，常有这样的情况：谈判对象的工作已经做通，但谈判对象基于面子或其他原因需要给其一个谈判台阶。这时谈判人员不能心急，要给谈判对象留出时间，直到瓜熟蒂落。

2. 由浅入深，从易到难

谈判中的说服，其实是一种思想工作，因此也应遵照循序渐进的方针。谈判人员在开始时应避开难题，先进行那些容易说服谈判对象的问题，以此打开缺口，再逐步扩展，并且恰当地把正在争论的问题与已经解决的问题联系起来。一时难以解决的问题可以暂时抛开，等待适当的时机再议。此外，谈判人员不能用胁迫或欺诈的方法说服谈判对象，否则会给谈判埋下危机的种子。

3. 应当避免过多地使用以"我"为中心的语言

在国际商务谈判中，谈判人员过于强调自己的主观意愿，表现出强硬的态度，往往会

使得谈判对象很反感。尽管谈判人员具有谈判优势,但在言辞上要注意谦和,如"我的看法是……""如果我是你的话……"。必要的情况下,应尽量把"我"变成"您",一字之差,效果会大不相同。

(四) 取得谈判对象的信任,抓住谈判对象的心理进行诱导劝说

谈判人员要想说服谈判对象,就要站在谈判对象的角度设身处地地谈论问题,为谈判对象想一想,从而使谈判对象对己方产生一种"自己人"的感觉,以此消除谈判对象的戒心、成见。这样,谈判对象就会信任己方,然后抓住谈判对象的心理动态,根据其心理,先说什么,后说什么,该说什么,不该说什么,心中必须有数。只有这样,谈判人员才可能使谈判对象按照自己的意图改变立场、观点,进而最终达到说服谈判对象的目的。

三、拒绝技巧

在国际商务谈判中,谈判人员尽管有时可以断然拒绝谈判对象的无理要求,但如果不是到了紧要关头,就不应贸然采取这种形式。当谈判人员无法接受谈判对象所提出的要求和建议时,如果直截了当地予以拒绝,就可能立即造成尖锐对立的气氛,对整个谈判产生消极的影响。拒绝是需要勇气和智慧的,聪明的谈判人员在拒绝谈判对象时要显得合情合理,既不伤害对方的感情,又达到了自己的目的。谈判中拒绝的技巧也有很多,但是原则只有一个:既要明确地表达出"不",又要让谈判对象能够理解和接受,从而为以后的合作保留一定的余地。在国际商务谈判中,会说"是"的谈判人员,不是最优秀的谈判人员,只有善于说"不"的谈判人员才是经验丰富的谈判人员,既会说"是",又会说"不"的谈判人才可以被称为谈判专家。

(一) 提出问题让谈判对象回答

有时候,面对谈判对象的过分要求,谈判人员可以有针对性地提出一连串的问题。这些问题足以使谈判对象明白己方不是可以任人欺骗的。通常,如果谈判对象愿意回答己方这一连串的问题,那么谈判对象的内心已经开始动摇,对自己提出的谈判条件感到有不妥之处,这时己方可以顺势拒绝谈判对象提出的过分的要求。当然,谈判人员使用这种方法来拒绝谈判对象时必须十分注意语气,不能用带有嘲弄、挖苦或教训的语气来提问,否则,反而会激怒谈判对象,增加新的对立成分,更加不利于谈判。

(二) 找借口达到拒绝的目的

现代的企业不是孤立的,谈判时所处的环境会发生变化,因此,在对谈判目标的实现存有难度时,谈判的一方可以寻找一些借口拒绝对方的谈判要求,如谈判人员可以提出一些谈判对象不能接受的条件或者就一些谈判要素提出质疑,如批文、许可证、外汇指标、手续等,以委婉拒绝谈判的继续进行。如果仅仅是谈判的一方的决策需要等某些宏观政策落地后才能确定,并不是希望结束谈判,那这时的拒绝是为了拖延时间,从形式上说,并不是拒绝。因此,找借口达到拒绝的目的要分清谈判的导向。

(三) 对谈判对象进行补偿

这种方法就是谈判人员在拒绝谈判对象的同时,要给予其某种补偿。这种补偿一般不

是可以兑现的金钱、货物或某种利益等，而是某种将来情况下的允诺、某种未来有条件的让步、某种未来的前景，甚至将来会提供的某种信息、服务等。通常这样的拒绝会赢得谈判对象的理解，并不是生硬的不可再有合作的拒绝，谈判双方还有继续交易往来的可能。这种带有补偿性的拒绝，实际上是补偿了谈判对象因遭到拒绝而产生的不满、失望等。

（四）先肯定再转折

这种方法就是谈判人员先不亮出己方的观点，而是从谈判对象的观点、意见中找出双方的共同点，再加以肯定、赞赏，或者站在第三者的角度对谈判对象的观点、意见表示理解，从而减少谈判对象的对抗心理，减弱其心理防线，然后再用婉转的语言陈述己方的观点，以此来拒绝谈判对象，甚至说服谈判对象。

（五）提出一定的条件

有时候谈判人员直截了当地拒绝谈判对象势必会恶化双方的关系，甚至导致谈判对象对己方的攻击。如果在拒绝谈判对象之前，先要求其满足己方的某个条件，若谈判对象能满足，则己方就可以满足对方的要求；如果谈判对象不能满足，那己方也无法满足对方的要求，从而达到拒绝谈判对象的目的。

（六）尽量避免回答近期的或细节的问题

有时候谈判人员为了人际关系的原因，在与谈判对象保持友好的个人关系的同时，对远期的前景做出一种美好的展望，并表现出极大的兴趣。由于远期目标并不具体，相关影响因素的变化难以预测，实际上谈判人员并不为此做出任何承诺，也就达到了拒绝的目的。有时，谈判人员无法回避眼前的问题时，还可以采取"不谈细节"的办法来谈判。谈判人员可以在双方所关心的问题上与谈判对象交换意见，但总是提出原则性的想法、框架性的建议，而无法进行细节的磋商，在具体问题上谈判人员总有一些理由表明自己无法做主，这样就可以达到拒绝或拖延的目的。

（七）扮演弱者的形象

感情丰富的谈判人员还可以扮演一种弱者的形象，以"老实"的态度、"无奈"的表情、"脆弱"的眼泪来打动谈判对象，如"如果……我就可能会被撤职""这是公司的政策所禁止的""如果要……是需要很高的费用的"。不过，谈判人员采用这种方法来拒绝谈判对象时，其效果并不好把握，它要取决于谈判对象的经验和态度。

四、让步技巧

磋商中的每一次让步不是单纯地追求己方的利益，同时要考虑谈判对象的满足。谈判双方在不同的利益问题上相互给予对方让步，以达成谈判和局为最终目标。以己方的让步换取对方在另一问题上的让步，称为互利互惠的让步技巧；在时空上，以未来利益上的让步换取对方近期利益上的让步，称为予远利谋近惠的让步技巧；若谈判的一方以不做任何让步为条件而获得对方的让步也是有可能的，称为丝毫无损的让步技巧。

（一）互利互惠的让步技巧

谈判不会是仅仅有利于某一方的洽谈。谈判的一方做出了让步，必然期望对方对此有所补偿，以获得更大的让步。谈判的一方在做出让步后，能否获得对方互惠互利的让步，在很大程度上取决于其谈判的方式。

一种是所谓的横向谈判，即采取横向铺开的方法，几个主题同时讨论、同时展开、同时向前推进。

另一种是所谓的纵向深入方法，即先集中解决某一个主题，而在解决其他的主题时，已对这个主题进行了全面深入的研究讨论。采用纵向商谈，谈判双方往往会在某一个主题上争持不下，而在经过一番努力之后，往往会出现单方让步的局面。横向谈判则把各个主题联系在一起，谈判双方可以在各个主题上进行利益交换，达成互惠让步。

争取互惠让步，需要谈判人员具有开阔的思路和视野。除了某些己方必须得到的利益必须坚持保留以外，不要太固执于某一个问题的让步，而应统观全局，分清利害关系，避重就轻，灵活地使己方的利益在某个方面能够得到补偿。

为了能够顺利地争取谈判对象互惠互利的让步，谈判人员可以采取的技巧如下。

（1）当己方谈判人员做出让步时，应向谈判对象表明：做出这个让步是与企业的政策或企业主管的指示相悖的。因此，己方只同意这样一个让步，即谈判对象也必须在某个问题上有所回报，这样才能有利于谈判继续进行。

（2）把己方的让步与谈判对象的让步直接联系起来，表明己方可以做出这次让步，只要在己方要求对方让步的问题上能达成一致，一切就不存在问题了。

比较而言，前一种言之有理，言中有情，易获得成功；后一种则直来直去，比较生硬。

问题探讨

某市 A 机械进出口公司（以下简称 A 公司）欲向国外订购一台专用设备，在收到报价单并经过讨价还价之后，该公司决定邀请拥有生产该设备先进技术的 B 公司来中国进一步谈判。在谈判中，双方集中讨论了价格问题。一开始，A 公司的出价是 10 万美元，而 B 公司的报价与报价单开列的价格一样，是 20 万美元。

在第一轮报价之后，双方都预计到最后的成交范围在 14 万～15 万美元，同时大家也估计到，需要几个回合的讨价还价才能实现这一目标。A 公司的有关人员讨论之后，提出以下让步幅度：

第一种：A 公司还价 14 万美元；

第二种：A 公司还价 10.5 万美元；

第三种：A 公司先还价 11.4 万美元，然后伺机依次加价，不过加价幅度越来越小。

A 公司最后决定采用第三种方式还价，经过四轮讨价还价之后，A 公司先后报出了 11.4 万美元、12.7 万美元、13.5 万美元，最后双方以 14 万美元成交。[①]

阅读以上资料，请思考第一种让步方案和第二种让步方案存在的主要问题是什么？

---

① 商务谈判报价策略，有改动。

（二）予远利谋近惠的让步技巧

在国际商务谈判中，参加谈判的各方均持有不同的愿望和需要，有的对未来很乐观，有的则对未来很悲观；有的希望马上达成交易，有的却希望能够等上一段时间。因此，谈判人员自然也就表现为对谈判的两种满足形式，即对现实交易的满足和对未来交易的满足，而对未来交易的满足程度完全凭借谈判人员自己的感觉。

对于有些谈判人员来说，可以通过给予谈判对象期待的满足或未来的满足而避免给予谈判对象现实的满足，即为了避免现实的让步而给予谈判对象以远利。如当谈判对象在谈判中要求己方在某一问题上做出让步时，己方可以强调保持与自己的业务关系将能给谈判对象带来长期的利益，而本次交易对是否能够成功地建立和发展双方之间的这种长期业务关系是至关重要的，以此向谈判对象说明远利和近利之间的利害关系。如果谈判对象具有长远的眼光，是会取远利而弃近惠的。其实，对于己方来讲，采取予远利谋近惠的让步策略，并未付出什么现实的东西，却获得了"近惠"。

例如，一位新加坡华裔客商与我国山东某进出口公司就大蒜生意进行谈判。在进行第一轮谈判时，进出口公司的代表报价为大蒜最低720美元/吨，而新加坡客商的最高出价为705美元/吨。因双方的原则立场坚定，谈判陷入了僵局。三天之后，双方再次坐到谈判桌前。进出口公司的代表基于当时正值大蒜收获期，若不尽快成交，就会错过收购时机。为此，该进出口公司决定以705美元/吨的价格与其成交，不料新加坡客商采用逆向行动自动将买价提高了5美元，令进出口公司的代表大为惊讶。合同正式签字生效以后，新加坡客商说道："我的祖籍是山东，希望彼此能建立长期、友好的合作关系。此次每吨多添5美元，我少赚1万美元，相信贵公司会牢记在心。以后一旦有事相求，贵公司恐怕不会拒绝。"的确，新加坡客商的让价是有回报的。原来青岛口岸每月只有一班轮船到达新加坡，如果延误了则要再等一个月，就很难抢上早市，不仅卖不了好价钱，而且风险很大。为此该客商把自己的处理和盘托出，请进出口公司把发货口岸改为上海，因为上海近期有到新加坡的轮船。进出口公司已领了新加坡客商的情，这次就不好拒绝了，新加坡客商也避免了改约带来的合同赔偿。由此可见，为了在谈判中获取更大的利益，予远利谋近惠的让步技巧是一种有效的方法。从长远来看，让步的一方实际上是输家。

（三）丝毫无损的让步技巧

丝毫无损的让步技巧，是指在谈判过程中，当谈判对象就某个交易条件要求己方做出让步，其要求的确有些理由，而己方又不愿意在这个问题上做出实质性的让步时，可以采取这样一种处理的办法，即首先认真地倾听谈判对象的诉说，并向谈判对象表示己方能够理解谈判对象的要求，满足谈判对象受人尊敬的需要，但以己方现有的条件，实在难以接受谈判对象的要求。因为，人们对自己争取某个事物的行为的评价并不完全取决于最终的行为结果，还取决于人们在争取过程中的感受，有时感受比结果还重要。在这里，己方在倾听意见时，要肯定谈判对象要求的合理性。同时保证在这个问题上己方给予其他客户的条件不如给到谈判对象的，希望谈判对象理解，进一步强化了这种受人尊敬需求的效果，迎合了人们普遍存在横向比较的心理。

以上所述的让步技巧各有特点及利弊，分别适用于不同特点、内容和形式的国际商务谈判。当然，让步技巧并非具有同定的模式，但它确实需要谈判人员对让步要有计划性，事前就能做到胸有成竹；在让步的时机上与尺度上有意识地表达己方的态度和决心；在让步中争取到谈判对象的心理满足，让步要让在刀刃上，使自己的较小让步给谈判对象带来较大的满足，以求获得较大的回报，实现让步的最佳效果。

本部分重点内容网络图

国际商务谈判策略实施技巧
- 国际商务谈判技巧运用原则
  - 利益重于立场
  - 创造双赢方案
  - 使用客观标准
- 国际商务谈判开局实施技巧
  - 氛围定位技巧
  - 气氛营造技巧
- 国际商务谈判交锋实施技巧
  - 陈述技巧
  - 报价技巧
- 国际商务谈判磋商实施技巧
  - 辩论技巧
  - 劝说技巧
  - 拒绝技巧
  - 让步技巧

复习思考题

一、简答题

1. 在国际商务谈判中应如何营造热情高调的开局谈判氛围？
2. 国际商务谈判技巧运用的原则有哪些？如何使用客观标准，请举例说明。
3. 在国际商务谈判中应当如何进行陈述？
4. 在国际商务谈判中，如何说服谈判对象接受己方的观点？
5. 你对国际商务谈判中的"拒绝"是怎么理解的？
6. 简述国际商务谈判交锋阶段的报价技巧。
7. 简述国际商务谈判磋商阶段的让步技巧。

二、案例分析

A公司是一家实力雄厚的中美合资房地产开发公司，在投资项目的选择上，其相中了澳大利亚B公司的一块极具升值潜力的地皮。而B公司也有合作的意向。于是双方精选了得利的干将，对土地的投资买卖进行谈判。

A公司的谈判代表：你们可能也有所了解，我们公司是美国C公司与D公司合资创办的，经济实力雄厚，近年来在房地产开发领域业绩显著。去年在你们市还开发了××花园，听说你们的王总也是我们的客户。你们市的几家公司正在谋求与我们的合作，想把他们手里的地皮转让给我们，但我们没有轻易表态。你们的这块地皮对我们很有吸引力。我们准备把原有的住户拆迁，开发成一片居民小区。我们公司的有关人员已经对该地区的住户、企业进行了广泛的调查，基本上没有什么阻力。时间就是金钱，我们希望能以最快的速度就这个问题达成协议，不知你们的想法如何？

B公司的谈判代表：很高兴能与你们有合作的机会。你我双方以前虽然没有打过交道，但对你们的情况还是有所了解的。我们遍布全国的办事处也有多家住的是你们建的房子，这可能是一种缘分吧。我们确实有出卖这块地皮的意愿，但我们并不急于脱手，因为除了贵公司以外，兴华、兴运等一些公司也对这块地皮表示出了浓厚的兴趣，正在积极地与我们接洽。当然了，如果你们的条件比较合理，价钱比较优惠，我们还是愿意优先与你们合作，还可以帮助你们简化有关手续，使你们的工程能早日开工。①

【分析】从双方的发言中，我们不难看出双方的谈判代表都不愧是久经沙场的谈判行家，从自我介绍到谈判技巧的运用都游刃有余。

【思考】请预测谈判双方的后续谈判是否会顺利？请你评价一下谈判双方的表现。

实践与训练

1. 实训内容

谈判A方：午子绿茶公司。

谈判B方：华之杰塑料建材有限公司。

(1) A方的背景资料。

①品牌绿茶产自美丽而神秘的某省，它位于中国的西南部，海拔超过2200米。在那里，优越的气候条件下生长出优质且纯正的绿茶，其茶多酚含量超过35%，高于其他（已被发现的）茶类产品。茶多酚具有降脂、降压、减少心脏病和癌症的发病概率的作用。同时，它能提高人体免疫力，并对消化系统和免疫系统有益。

②已注册生产某一品牌绿茶，品牌和创意都十分不错，品牌效应在省内初步形成。

③已经拥有一套完备的策划、宣传战略。

④已经初步形成了一系列较为顺畅的销售渠道，在全省某一知名连锁药房及其他大型超市、茶叶连锁店都有设点，销售状况良好。

⑤品牌的知名度还不够，但相信此品牌在未来几年内将会有非常广阔的市场前景。

⑥缺乏足够的资金，需要吸引资金，用于扩大生产规模，加大宣传力度。

⑦现有的品牌、生产资料、宣传策划、营销渠道等一系列有形资产和无形资产，估算价值1000万元人民币。

---

① 李雪梅，张弼. 国际商务谈判 [M]. 北京：北京交通大学出版社，2011，有改动.

（2）A方的谈判内容。
①要求B方的出资额度不低于50万元人民币。
②保证控股。
③对资产评估的1000万元人民币进行合理的解释（包含品牌、现有的茶叶及其制成品、生产资料、宣传策划、营销渠道等）。
④由A方负责进行生产、宣传以及销售。
⑤B方要求年收益达到20%以上，并且希望A方能够用具体的措施保证其能够实现。
⑥B方要求A方对获得资金后的使用情况进行解释。
⑦风险分担问题（提示：如可以购买保险，保险费用可计入成本）。
⑧利润分配问题。
（3）B方的背景资料。
①经营建材生意多年，积累了一定的资金。
②准备用闲置资金进行投资，由于近几年来绿茶的市场行情不错，故投资的初步意向为绿茶市场。
③投资预算在150万人民币以内。
④希望在一年内能够见到回报，并且年收益率在20%以上。
⑤对绿茶市场的行情不甚了解，对绿茶的情况也知之甚少，但A方对其产品提供了相应资料。
⑥据调查得知A方的绿茶产品已经初步形成了一系列较为畅通的销售渠道，在全省某一知名连锁药房的销售状况良好，但知名度还有待提高。
（4）B方的谈判内容。
①得知A方要求出资额度不低于50万元人民币。
②要求由A方负责进行生产、宣传以及销售。
③要求A方对资产评估的1000万元人民币进行合理的解释。
④如何保证资金的安全，对资金的投入是否得到回报的保障措施要求进行相应的解释。
⑤B方要求年收益达到20%以上，并且希望A方能够用具体的措施保证其能够实现。
⑥B方要求A方对获得资金后的使用情况进行解释。
⑦风险分担问题（如可以购买保险，保险费用可计入成本）。
⑧利润分配问题。
（5）谈判目标。
①解决双方合资（合作）前的疑难问题。
②达到合资（合作）目的

2. 实训目的

考查学生对本学习情境理论知识的理解，能够熟练运用国际商务谈判策略的实施技巧。

3. 实训要求

5～7人分成一组，两组为一个项目组，项目组由A组和B组构成，分别代表A方和

B方，模拟谈判的所有阶段。设计好谈判计划，正确地运用国际商务谈判策略及实施技巧。

4. 实训步骤

（1）制订谈判计划可以包括以下问题。
①如何对你的谈判小组进行人员分工？
②你的谈判目标是什么？
③如何确定谈判进程？
④如何确定谈判策略？
⑤需要做好哪些方面的资料准备？

（2）谈判方案要列出以下问题的答案。
①己方真正的目标是什么？
②己方最关心的问题或条款是什么？
③这些问题或条款是互相关联的吗？也就是说，己方在某一问题上的取舍会不会使自己在其他问题上具有一定的灵活性？
④针对某一问题或条款上的需要，己方在其他方面准备付出多少交换条件？
⑤是否有其他利于己方谈判目标的交易组合？
⑥谈判对象的真正目标是什么？
⑦谈判双方的共同基础和长远发展目标是什么？

（3）根据谈判进程，针对不同的谈判阶段制订完整的谈判计划，并且简明扼要地用文字表述出来，使谈判小组的所有成员牢记在心。谈判可以分为开局、报价、议价、让步、成交等阶段，并对每一阶段的策略实施技巧做简单分析。

学习情境 6

国际商务谈判中的语言与沟通

学习目标

谈判是人和人之间沟通的过程。国际商务谈判的整个过程就是各国谈判人员的语言交换过程。无论是语言的还是非语言的沟通过程，对达成谈判目标和解决冲突都至关重要。本学习情境详细地介绍了国际商务谈判中的语言沟通以及非语言沟通的重要性。通过学习，学习者应掌握语言沟通中提问、应答、回答以及倾听等方面的技巧，并且了解非语言沟通有哪些方面以及如何运用。

知识点

1. 了解国际商务谈判的语言运用。
2. 明确国际商务谈判语言的类型。

技能点

1. 掌握国际商务谈判中语言沟通的方式及其运用。
2. 掌握国际商务谈判中非语言沟通的方式及其运用。

任务一 国际商务谈判中的语言

案例导入

一个农夫在集市上卖玉米，因为他的玉米特别大，所以吸引了很多的买主，其中一个买主在挑选的过程中发现很多玉米上都有虫子，于是他故意大惊小怪地说："伙计，你的玉米倒是不小，只是虫子太多了，你想卖玉米虫呀？可谁爱吃这虫肉呀？你还是把玉米挑回家吧,我们到别的地方去买好了。"

买主一边说着,一边做着夸张而滑稽的动作,把众人都逗乐了,农夫见状,一把从他手中夺过玉米,面带微笑却又一本正经地说:"朋友,我说你是从来没有吃过玉米吧?我看你连玉米质量的好坏都分不清,玉米上有虫子,说明我在种植的过程中没有用农药啊,这是天然植物,连虫子都爱吃我种的玉米,可见你这人不识货!"

接着,他又转过脸对其他的买主说:"各位都是有见识的人,你们评评理,连虫子都不愿意吃的玉米就好吗?比我的玉米小的玉米就好吗?价钱比我这高的玉米就好吗?你们再仔细看看,我这些虫子都很懂道理的,它们只是在玉米上打了一个洞而已,玉米可还是好玉米啊!"他说完这番话后,又把嘴凑到那位挑剔的买主耳边,故作神秘地说:"这么大,又这么好吃的玉米,我还真舍不得这么便宜地卖给你呢!"

农夫的一席话,把他的玉米个大、好吃,虽然有虫但是售价低廉这些特点都表达了出来,大家被他的话说得心服口服,纷纷掏出钱来,不一会农夫的玉米销售一空。①

【思考讨论题】农夫的玉米为什么最后能销售一空呢?

一、国际商务谈判语言的作用

国际商务谈判的过程是谈判人员的语言交流过程。语言在国际商务谈判中犹如桥梁,具有重要的地位,它往往决定谈判的成败。因此,在国际商务谈判中如何恰如其分地运用语言技巧,谋求谈判的成功是国际商务谈判人员必须考虑的主要问题。

国际商务谈判语言既是一种艺术,又是一种工具,它是通向谈判成功的桥梁,是处理谈判中人际关系并表述己方观点的有效工具,是实施谈判策略的主要途径,在谈判中起着关键的作用。

二、国际商务谈判语言的类型

国际商务谈判的语言多种多样,从不同的角度或依照不同的标准,可以分成不同的类型。同时,每种类型的语言都有各自运用的条件,谈判人员在国际商务谈判中必须视情况而定。

(一)有声语言和无声语言

依据语言的表达方式不同,国际商务谈判语言可以分为有声语言和无声语言。

1. 有声语言

有声语言,是指通过人的发音器官来表达的语言,一般理解为口头语言。这种语言借助于人的听觉来交流思想、传递信息。

2. 无声语言

无声语言,是指通过人的形体、姿势等非发音器官来表达的语言,一般理解为行为语

---

① 农夫卖玉米,有改动。

言。这种语言借助于人的视觉来传递信息、表达态度。

在国际商务谈判的过程中，谈判人员巧妙地运用这两种语言，可以产生珠联璧合、相辅相成的效果。

(二) 专业语言、法律语言、外交语言、文学语言和军事语言

依据语言的表达特征不同，国际商务谈判语言可以分为专业语言、法律语言、外交语言、文学语言和军事语言等。

1. 专业语言

专业语言，是指有关国际商务谈判业务内容的一些术语，不同的谈判业务有不同的专业语言。如在产品购销谈判中有供求市场价格、品质、包装、装运、保险等专业术语；在工程建筑谈判中有造价、工期、开工、竣工、交付使用等专业术语，这些专业语言具有简单明了、针对性强等特征。

2. 法律语言

法律语言，是指与交易有关的技术专业、价格条件、运输、保险、税收、产权、企业法人与自然人、商检、经济和法律制裁等行业习惯用语和条例法规的提法。法律用语的特征是刻板性、通用性和严谨性。

法律用语是国际商务谈判的基础语言，由于经济利益多以商业语言和法律语言来表述，所以形成了其语言的刻板性、简单、明确、毋庸置疑。如果交易在不同的国家、民族之间进行，增加共同语言的有效办法是，将工商业的习惯用统一的定义和用词来表达，甚至其表达的形式也加以符号化、规格化，从而使其语言具有通用性。

3. 外交语言

外交语言，是指国际商务谈判中所有委婉、礼貌的表达方式的用语。外交语言的特征是模糊性、缓冲性和进退性。国际商务谈判人员虽然不是外交官，但外交官般的风度及训练有素的谈吐在谈判场合会给人以高雅之感。外交是人类文明的一个重要组成部分，它有其特殊的、令人瞩目的文化。涉外谈判领域向来与外交关系紧密相连。这样外交文化就必然对国际商务谈判有所影响，并在其中占有不可缺少的一席之地。

4. 文学语言

文学语言，是指在国际商务谈判中使用的优美动人的修辞。文学语言的特征是优雅、诙谐、生动、形象和富有感染力。鉴于人们受民族文化的熏陶及有自己的个性和爱好，文学语言自然而然地被谈判人员引入，具有很大的魅力。

文学语言具有制造良好的谈判气氛、化解紧张的谈判气氛、增强感染力的作用。谈判人员把带有经济利害关系的主题以文学语言来表达，自然会使其诙谐或是优雅，从而获得轻松而不生硬，舒服而不失原则的良好效果。由于谈判人员的民族、出生地、经历、文化修养不同，采用的民族文化、地域文化、民间文化的语言常常色彩鲜明、生动异常，其情其意十分容易感染人。

5. 军事语言

军事语言，是指在国际商务谈判中运用的军事术语，即简明、坚定的语言。在国际商务谈判中难免产生激烈对峙的局面,而且有的谈判对象"吃软不吃硬",从谈判的效果出发,军事语言就不可缺少。军事语言的特征是干脆、简明、坚定、自信。

 背景资料

国际商务谈判语言的运用

能否在国际商务谈判中取得主动权和胜利,与语言艺术有很大的关系。在国际商务谈判中,谈判人员正确地使用语言、提高说话水平,主要应该注意以下五个方面。
1. 说话要简洁、准确、明晰。
2. 发言要有的放矢。
3. 使用试探性发问。
4. 善于有效提问。
5. 语言风格要带有机智和风趣。

三、语言技巧在国际商务谈判中的地位和作用

国际商务谈判的过程是谈判双方运用各种语言进行洽谈的过程。在这个过程中,国际商务谈判对抗的基本特征,如行动导致反行动、双方策略的互含性等都通过谈判语言集中地反映出来。因此,语言技巧的效用往往决定谈判双方的关系状态,乃至谈判的成功,其地位和作用主要表现在以下三个方面。

(一) 语言技巧是国际商务谈判成功的必要条件

美国企业管理学家哈里·西蒙曾说,成功的人都是一位出色的语言表达者。同样,成功的国际商务谈判都是谈判双方出色运用语言技巧的结果。在国际商务谈判中,同样一个问题,恰当地运用语言技巧可以使谈判双方听起来饶有兴趣,而且乐于合作;否则可能让谈判对象觉得是陈词滥调,从而产生反感情绪,甚至导致谈判破裂。面对冷漠的或不合作的强硬对手,通过超群的语言及艺术处理,能使其转变态度,这无疑是国际商务谈判的成功迈出了关键一步。因此,成功的国际商务谈判有赖成功的语言技巧。

(二) 语言技巧是处理谈判双方人际关系的关键环节

国际商务谈判对抗的行动导致反行动这一特征,决定了谈判双方的语言对彼此的心理影响及其对这种影响所做出的反应。在国际商务谈判中,谈判双方人际关系的变化主要通过语言交流来体现,双方各自的语言都表现了自己的愿望、要求,当这些愿望和要求趋向一致时,就可以维持并发展双方良好的人际关系,进而达到皆大欢喜的结果;反之,可能解体这种人际关系,严重时导致双方关系的破裂,从而使谈判失败。因此,语言技巧决定谈判双方关系的建立、巩固、发展、改善和调整,从而决定谈判双方对待谈判的基本态度。

(三) 语言技巧是阐述己方观点的有效工具，也是实施谈判技巧的重要形式

在国际商务谈判的过程中，谈判双方要想把己方的判断、推理、论证的思维成果准确无误地表达出来，就必须出色地运用语言技巧这个工具，同样，谈判人员要想使自己实施的谈判策略获得成功，也要出色地运用语言技巧。

四、影响国际商务谈判语言运用的因素

各类谈判语言在谈判沟通的过程中具有不同的作用，因此，合理而又有效地运用谈判语言是谈判语言沟通中的一个重要问题。合理地运用谈判语言就是有效地组合各种谈判语言，使谈判语言系统的功能达到最大化。谈判语言的运用问题，是以对谈判语言运用的影响因素分析为前提的。影响谈判语言运用的因素有谈判内容、谈判对象、谈判过程、谈判气氛、双方的关系和时机。

（一）谈判内容

不同的谈判内容，也即谈判过程中不同的谈判主题，对谈判的语言要求差异较大。在谈判开局阶段的相互介绍中，谈判双方通常是使用交际语言和文学语言来相互交换信息的，以交际语言的礼节性和文学语言的生动及感染力渲染出良好的谈判开局氛围；在涉及谈判价格及谈判合同等谈判实质性主题时，谈判语言要起缓冲作用，一些军事语言可以用来作为支持力量；在涉及谈判分歧时，多以交际语言、文学语言的运用为主，插入适当的商业语言与法律语言。运用交际语言和文学语言是为了缓解谈判气氛，以交际语言的缓冲性和文学语言的优雅、诙谐性缓解谈判人员的心理压力，降低对立程度，适时地运用商业语言和法律语言以明确阐述己方的观点、立场和条件。在分歧面前，军事语言应谨慎运用，谈判人员适当地以有节制的军事语言对付谈判对象的出言不逊、傲慢无礼亦有必要。

（二）谈判对象

谈判对象对谈判语言运用的影响，与谈判对象的心理状态与行为状态以及其对所用语言的反应有关。即谈判对象的心理状态与行为状态、谈判对象对所用语言的反应是确定谈判语言运用的依据。因此，分析谈判对象对谈判语言运用的影响，就需要考虑谈判对象的特征、谈判双方的实力对比、与谈判对象的关系这三个涉及谈判对象的因素。

谈判对象的特征是谈判对象具有的社会的、文化的、心理的与个性的特征，如社会角色、价值取向、性格、态度、性别、年龄等特征。

谈判人员社会的、文化的、心理的与个性的特征是形成并引起谈判人员心理状态与行为状态变化的主要因素，这就要求谈判人员必须依据谈判对象的特征做出自己的语言选择。在谈判中，谈判双方的实力对比既影响双方在特定谈判氛围中呈现出的心理状态与行为状态，又制约着一方对另一方所用语言的反应。

（三）谈判过程

在谈判过程的不同阶段，语言运用的差异一般呈现为以下三个方面。

（1）在谈判开局阶段，以交际语言、文学语言为谈判语言的主体，旨在创造一个良好

的谈判氛围。在谈判进入磋商阶段后,谈判语言主体宜为商业语言与法律语言,穿插文学语言、军事语言。

(2)谈判磋商阶段涉及的是谈判实质性问题,谈判双方就谈判主题、交易条件等进行辩论或磋商,因此,谈判基础语言应为商业语言与法律语言。但在阐述己方的观点时,又可以用文学语言、军事语言,以求制造有利的谈判氛围。

(3)在谈判终结阶段,谈判的中心主题是签订协议,因此,谈判人员适宜运用军事语言表明己方的立场和态度,并辅以商业语言和法律语言确定交易条件。

(四)谈判气氛

谈判的结果从本质上来讲是没有输赢之分的。但是谈判双方都尽力地在谈判的过程中争取优势,即从各自的角度去区别地接受谈判的条件,不可避免地会产生谈判过程的顺利、比较顺利与不顺利的现象,从而也导致了不同的谈判气氛。谈判人员应该把握各种谈判气氛,正确地运用谈判语言以争取谈判过程中的主动。如果遇到谈判对象在价格问题上争执不休时,可以考虑运用幽默语言、劝诱性的语言;在谈判的开始与结束时用礼节性的交际语言等。

(五)双方的关系

谈判双方就关系来讲,如果是经常接触并已成功地进行过多次交易,那么双方不仅互相比较了解,而且在谈判中戒备、敌对心理比较少,这时除了一些必要的、礼节性的交际语言以外,则应该以专业型的交易语言为主,辅以幽默诙谐性的语言,使相互间的关系更加密切;而对于初次接触或很少接触,或虽有过谈判但未成功的双方来讲,应该以礼节性的交际语言贯穿始终,以使谈判对象感到可信,从而提高谈判兴趣,在谈判中间以专业性的交易语言来明确双方的权利、义务关系,用留有余地的弹性语言来维持与进一步地发展双方的关系,使谈判对象由不熟悉转变为熟悉进而向友好过渡。

(六)时机

谈判中语言的运用很讲究时机。时机是否选择得当会直接影响谈判语言的运用效果。如何把握好时机,这取决于谈判人员的经验。就一般情况而言,当遇到出乎己方意料之外,或者不能立即具体明确地予以回答的问题时,谈判人员应选择采用留有余地的弹性语言;当遇到某个己方占有优势,而双方又争执相持不下的问题时,可以选择采用劝诱性的语言;当谈判双方在某一问题上争执激烈,形成僵局或导致谈判破裂时,不妨运用幽默诙谐性的语言;当涉及规定谈判双方的权利、责任、义务关系的问题时,则应该选择专业性的交易语言。

五、正确运用谈判语言技巧的原则

(一)客观性原则

谈判语言的客观性,是指在国际商务谈判中,谈判人员在运用语言技巧表达思想、传递信息时,必须以客观事实为依据,并且运用恰当的语言,向谈判对象提供令人信服的依据。这是一条最基本的原则,是其他一切原则的基础。离开了客观性原则,不论谈判人员的语言技巧有多高，都只能成为无源之水、无木之本。

从供方来讲，谈判语言的客观性主要表现为：介绍本企业的情况要真实；介绍商品性能、质量要恰如其分，若能附带出示样品或进行演示，还可以客观介绍一下用户对该商品的评价；报价要恰当可行，既要努力谋取己方的利益，又不要损害谈判对象的利益；确定支付方式要充分考虑到双方都能接受、双方都比较满意的结果。

从需方来说，谈判语言的客观性主要表现为：介绍自己的购买力不要水分太大；评价谈判对象商品的质量、性能要中肯，不可信口雌黄、任意褒贬；还价要充满诚意，如果提出压价，其理由要有充分的根据。

如果谈判双方均能遵循客观性原则，就能给谈判对象以真实可信和以诚相待的印象，就可以缩小双方立场的差距，使谈判的可能性增加，并为今后长期的合作奠定良好的基础。

（二）针对性原则

谈判语言的针对性，是指根据谈判的不同对象、不同目的、不同阶段的不同要求使用不同的语言。简言之，就是谈判语言要有的放矢、对症下药。提高谈判语言的针对性，谈判人员要做到以下四个方面。

（1）根据不同的谈判对象，采取不同的谈判语言。不同的谈判对象，其身份、性格、态度、年龄、性别等均不同。在谈判时，必须反映这些差异。从谈判语言技巧的角度来看，这些差异透视得越细，洽谈效果就越好。

（2）根据不同的谈判话题，选择运用不同的语言。

（3）根据不同的谈判目的，采用不同的谈判语言。

（4）根据不同的谈判阶段，采用不同的谈判语言。如在谈判开始时，以交际语言、文学语言为主，有利于联络感情，创造良好的谈判氛围。在谈判进程中，谈判人员应多用商业语言和法律语言，并适当穿插文学语言和军事语言，以求柔中带刚，取得良好的效果。谈判后期，谈判人员应以军事语言为主，附带商业语言和法律语言，以定乾坤。

（三）逻辑性原则

谈判语言的逻辑性，是指国际商务谈判语言要概念明确、谈判内容恰当，推理符合逻辑规定，证据确凿、说服有力。

在国际商务谈判中，逻辑性原则反映在问题的陈述、提问、回答、辩论、说服等各个语言运用方面。谈判人员在陈述问题时，要注意术语概念的同一性，问题或事件及其前因后果的衔接性、全面性、本质性和具体性。提问时谈判人员要注意察言观色、有的放矢，要注意和谈判主题紧密结合在一起。回答时要切题，一般不要答非所问，说服谈判对象时要使语言、声调、表情等恰如其分地反映人的逻辑思维过程。同时，还要善于利用谈判对象在语言逻辑上的混乱和漏洞，及时驳倒对方，增强自身语言的说服力。

提高谈判语言的逻辑性，要求谈判人员必须具备一定的逻辑知识，包括形式逻辑和辩证逻辑，同时还要求在谈判前准备好丰富的材料，进行科学整理，然后在谈判中运用逻辑性强和论证严密的语言表述出来，以促使谈判工作顺利进行。

（四）规范性原则

谈判语言的规范性，是指谈判过程中的语言表述要文明、清晰、严谨、准确。

（1）谈判语言必须坚持文明礼貌的原则，必须符合国际商务谈判的特点和职业道德的要求。无论出现何种情况，谈判人员都不能使用粗鲁的语言、污秽的语言或攻击辱骂的语言。在国际商务谈判中，谈判人员要避免使用意识形态分歧大的语言，如"剥削者""霸权主义"等。

（2）谈判所用语言必须清晰易懂。谈判人员的口音应当标准化，不能用地方方言或俚语、俗语之类与人交谈。清晰、准确的发音，圆润动听的嗓音，有助于提高表达的效果。

（3）谈判语言应当注意抑扬顿挫、轻重缓急，避免吞吞吐吐、词不达意、嗓音微弱、大吼大叫或感情用事等。一般来说，如果谈判人员要强调谈话的某一个重点时，停顿是非常有效的。实践表明，谈判人员在说话时应当每隔 30 秒钟停顿一次，一是加深谈判对象的印象，二是给谈判对象机会，对提出的问题进行思考或加以评论。有时，谈判人员可以改变说话的声音，特别是若能恰到好处地抑扬顿挫，会使谈判对象消除枯躁无味的感觉，吸引谈判对象的兴趣。

（4）谈判语言应当准确、严谨，特别是在讨价还价等关键时刻，更要注意一言一语的准确性。在谈判过程中，由于一言不慎导致谈判走向歧途，甚至导致谈判失败的事例屡见不鲜。因此，谈判人员必须认真思索、谨慎发言，用严谨、精练的语言准确地表述己方的观点、意见。

上述正确运用谈判语言技巧的四个原则，都是谈判人员在国际商务谈判中必须遵守的，其目的都是为了提高语言技巧的说服力。在国际商务谈判的实践中，谈判人员不能将其绝对化，单纯强调一个原则或偏废其他原则，必须坚持上述四个原则的有机统一。只有这样，才能达到提高语言说服力的目的。

六、语言表达的技巧

说话总要表达某种内容、观点，传达一些信息。在这个前提下，说话技巧就是关键因素，小则可能影响谈判人员个人之间的人际关系，大则关系谈判的气氛及谈判的成功与否。语言表达是非常灵活、非常具有创造性的。因此，几乎没有特定的语言表达技巧适合所有的谈话内容。就国际商务谈判这一特定内容的交际活动来讲，语言表达应注意以下两个方面。

（一）准确、正确地应用语言

谈判就是协商合同条款，明确谈判双方各自的权利、义务，因此，谈判人员不要使用模棱两可或概念模糊的语言，要确保信息的准确性。如果谈判对象发现谈判人员提供的信息有误，会使谈判人员陷入误导之嫌，就会使谈判对象产生警觉，甚至可能产生相反的行动，使谈判人员变得被动，甚至陷入困境。当然，在某些时候，出于某种策略的需要则另当别论。在谈判中，运用准确的语言，还可以避免出现误会与不必要的纠纷，掌握的谈判主动权。

（二）不伤谈判对象的自尊

在多数情况下，伤自尊都是由于语言不慎造成的。最常出现的情况是由谈判双方对问题的分歧，发展到对谈判对象的成见，进而出现对个人的攻击与指责。在国际商务谈判中，维护自尊是一个极其敏感而又重要的问题。如果谈判的一方感到自尊受到威胁时，他就会全力防卫自己，对外界充满敌意，有的人会反击，有的人会回避，有的人则会变得十分冷淡。这时，沟通将变得十分困难。即使是最好的交易，也会留下不良后果。

> **问题探讨**
>
> 在一次和法国贸易公司进行的国际商务谈判中,中方某贸易公司的谈判人员不断使用一些行业俚语,致使翻译员不知道该如何翻译是好,此次谈判给法国谈判人员留下了非常不好的印象,最后导致谈判失败。
>
> 阅读以上资料,请思考在国际商务谈判中正确地运用谈判语言技巧的原则有哪些?

任务二 国际商务谈判中的语言沟通及其运用

案例导入

日本某公司派人到美国,与美国一家公司进行一项大宗贸易谈判。谈判一开始,美方公司的代表就滔滔不绝地说个没完,想迅速达成协议。但日方公司的代表却一言不发,只是专心地倾听和记录,然后提议休会,第一轮谈判即告结束。六周以后,日方公司另派了几个人赴美进行第二轮谈判,这几位日方公司的代表仿佛根本不知道第一轮谈判讨论了什么,谈判只好从头开始。美方公司的代表仍是滔滔不绝,日方公司的代表仍一言不发地倾听和记录。就这样先后谈了5次。正当美方公司的代表抱怨日方公司的代表没有诚意的时候,日方的决策代表突然抵美。日方公司的代表一反常态,在美方公司的代表毫无思想准备的情况下,根据美方公司的代表过去在谈判中许下的诺言,当场表态,做出决策,使美方公司的代表非常被动。①

【思考讨论题】美方公司的代表为什么会处于被动状态?

一、提问的技巧

提问是国际商务谈判中谈判人员经常运用的语言技巧,通过巧妙而适当的提问谈判人员可以摸清谈判对象的需要,把握谈判对象的心理状态,并能准确地表达己方的思想,其目的是了解情况、启开话题、以利沟通。如果在提问的过程中不讲究方式和方法,那不仅达不到预期的目的,恐怕还会引起谈判对象的反感,从而造成谈判僵局。所以,不同的目的,提出不同的问题;对同一问题,也可以用不同的方法,从不同的角度进行发问。

(一)提问的常见类型

在国际商务谈判中,常见的提问方式有以下九种。

---

① 王雅梅,谭晓钟. 论影响国际商务谈判的文化因素[J]. 中华文化论坛,有改动.

1. 封闭式提问

封闭式提问，是指在一定范围内引出肯定答复或否定答复的提问方式。如"您同意这个价格吗""条件就是这些，您决定了吗"等。

2. 开放式提问

开放式提问，是指在广泛的领域内引起的广泛答复的提问方式。通常这种提问无法以"是"或"否"等简单字句答复。如"您的意思是……""您对当前的市场销售状况有什么看法"等。

3. 证实式提问

证实式提问，是指针对对方的答复重新措辞，使对方确认或补充之前的陈述的提问方式。如"根据您刚才的陈述，我理解……是这样的吗"。

4. 引导式提问

引导式提问，是指通过询问回答者一些预先设计好的问题，引起回答者进行某种反思的提问方式。这种提问对答复具有强烈的暗示性，是反义疑问句的一种。它具有不可否认的引导性，几乎使回答者没有选择的余地，只能产生与发问者观念一致的反应。如"说到现在，我看这样……您一定会同意的，是吗""交货时，难道我们不考虑入境的问题"等。

5. 选择式提问

选择式提问，是指发问者将自己的意见摆明，让回答者在划定的范围内进行选择的一种提问方式。由于选择式提问一般都带有强迫性，因此在使用时要注意语调得体、措辞委婉，以免给人留下专横独断、强加于人的不好印象。如"只有今天可以，您说是上午还是下午""现在只是借贷方式还没定下来，您愿意空运还是陆运"等。

6. 借助式提问

借助式提问是一种借助第三者的意见来影响或改变对方意见的提问方式，它凭借权威的力量来影响谈判对象。被借助者应是谈判对象。了解并能对其产生积极影响的人或机构，否则就会影响效果，甚至适得其反。如"我们这种产品是国际首创，经过美国哈佛大学凯特等几位教授的共同鉴定，已达到国际先进水平。现在我们就来谈谈产品的价格吧"等。

7. 探索式提问

探索式提问，是指在针对双方所讨论的问题要求进一步引申或说明的提问方式。它不仅起到探测、发掘更多信息的作用，而且还显示出发问者对问题的重视。如"我们负责运输，贵方在价格上是否再考虑考虑?"

8. 委婉式提问

委婉式提问，是指在没有摸清对方虚实的情况下，发问者采用婉转的方式，在适当的场所或时机向对方提出问题的提问方式。这样发问者既可以避免被对方拒绝而出现的难堪，又可以自然地探出对方的虚实，从而达到自己的目的。如"这种产品的功能还不错吧！您能评价一下吗"。

9. 协商式提问

协商式提问，是指发问者为了使对方同意自己的观点，采用商量的口气向对方发出提问的提问方式。这种提问语气平和，对方容易接受，而且即使对方没有接受发问者的条件，谈判的气氛仍旧能保持融洽，双方仍有继续合作的可能。

（二）提问的要领

在国际商务谈判的过程中，提问技巧的应用，除了对提问类型和提问技巧进行选择以外，还要注意提问的要领。

1. 提问的时机

提问时要注意谈判对象的心境，应在谈判对象最适宜答复问题的时机提问，一般的提问时机有：在谈判对象发言结束后提问；在谈判对象发言的间隙提问；在自己的发言前后提问；在规定的辩论时间里提问。

2. 提问的速度

提问的速度不可太快，太急速的提问容易令谈判对象认为谈判人员不耐烦或抱有审问的态度；太缓慢的提问则会使谈判对象感到沉闷。

3. 提问的准备

谈判人员要注意事先对提问的主题、范围、可能的答复进行构思，不要漫无边际的提问，以免引起谈判对象的误解。

4. 提问的次序

提问的先后次序要有逻辑性，不要跳跃。有时变换一下问题的顺序，会有意想不到的效果。

5. 提问的主体

所有的提问都必须环绕一个中心主题。如果谈判人员事先考虑直接涉及中心主题会遭到抵制，可以由广至细，对有些问题不妨先打外围战，然后逐步缩小包围圈，这有助于缩短沟通的距离。

（三）提问时要注意的问题

1. 要预先准备好问题

谈判之前，谈判人员应当对预计要提出的问题进行充分的准备，最好能准备一些谈判对象不能迅速想出适当答案的问题，以期收到意想不到的效果。同时，预先进行准备，也可以预防谈判对象进行反问。有些有经验的谈判人员，往往是先提出一些看上去很一般并且比较容易回答的问题，而这些问题恰恰是随后所要提出的比较重要的问题的前奏。这时，如果谈判对象的思想比较松懈，突然面对所提出的较为重要的问题时往往会措手不及，从而收到出其不意的效果。因为谈判对象在回答无关紧要的问题时就已经暴露了他的思想，这时再让谈判对象回答重要的问题，谈判对象只好自圆其说，按照原来的思路来回答问题，而这个问题或许正是谈判人员所需要的。

2. 不要强行追问

如果谈判对象的答案不够完整，甚至回避不答，这时谈判人员不要强行追问，而是要有耐心和毅力等待时机的到来再进行提问，这样做表达了对谈判对象的尊重，同时再继续回答问题也是谈判对象的义务和责任，因为时机成熟，谈判对象自然不会推卸。

此外，如果有必要的话，谈判人员还可以在适当的时候将一个已经发生的、并且答案也是己方所知道的问题提出来，以此来验证一下谈判对象的诚实程度及其处理问题的态度。同时，这样做也可以给谈判对象一个暗示，即己方对整个交易的行情是了解的，有关的信息己方也是充分掌握的，进而帮助己方考虑下一步的打算及决策。

3. 避免提出那些可能会阻碍谈判对象让步的问题

国际商务谈判中所提问的问题应时刻围绕着谈判主题，以及谈判的顺利进行来展开。提问时，谈判人员不仅要考虑自己的退路，同时也要考虑谈判对象的退路，要把握好时机和火候，切忌不要提出那些可能会阻碍谈判对象让步的问题，否则就会影响谈判的效果，对谈判的顺利进行产生不利的影响。

4. 提出问题后应闭口不言，等待谈判对象回答

在国际商务谈判中，作为一个理智而冷静的谈判人员，应该针对谈判桌上出现的难题，采取对症下药的谋略。当谈判人员提出问题以后，通常应闭口不言，这样无形中给谈判对象施加了一种压力。由于己方提出了问题，谈判对象就必须以回答问题的方式来打破沉默，或者说打破沉默的责任应当由谈判对象来承担。只有保持镇静，耐心听谈判对象的回应内容，找出破绽和突破口，才能为后续的应答作准备。

5. 态度要诚恳，言辞应简短

当谈判人员直接提出某个问题而谈判对象不感兴趣，或是不愿进行回答时，己方可以换一个角度并且用十分诚恳的态度来向谈判对象发问，以此来激发谈判对象回答问题的兴趣。通常，这样做可以使谈判对象乐于回答，也有利于双方感情上的交流以及谈判的顺利进行。另外，在国际商务谈判的过程中，所提出的问题句式越简短越好，而由问题引出的回答则是越长越好。因此，谈判人员应尽量用简短的句式来向谈判对象进行提问。

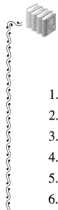 背景资料

妨碍有效提问的原因

1. 羞怯心理或面子观念。
2. 表现欲。
3. 缺乏准备。
4. 无目的性。
5. 外行或未理解问题的实质。
6. 以专家自居。

二、应答的技巧

在国际商务谈判中,需要巧问,更需要巧答。谈判由一系列的问答所构成,巧妙而得体的回答与善于提问同样重要。掌握应答的基本技巧与原则,是谈判人员语言运用的具体内容。

如有一次在记者招待会上,一位西方记者问周总理:"中国人民银行有多少资金?"这个问题涉及国家机密,周总理说:"中国人民银行发行面额为10元、5元、2元、1元、5角、2角、1角、5分、2分、1分的十种主辅币人民币,合计为18元8角8分。"周总理的回答,既未泄密,又极风趣地回答了问题,赢得了听众的热烈掌声。

(一) 应答的原则

在国际商务谈判的整个问答过程中,往往会使谈判双方或多或少地感到非及时答复不可的压力。在这种压力之下,谈判人员应该针对问题快速反应,做出有意义、有说服力的应答。应答的技巧不在于回答谈判对象的"对"或"错",而在于应该说什么、不应该说什么和如何说,这样才能产生最佳效应,具体应遵循的原则如下。

1. 不要彻底回答

当谈判人员全部回答谈判对象的问话会对己方不利时,可以缩小谈判对象的问话范围;或者只回答其中的一部分问题,避开谈判对象问话的主题;或者做非正面的间接回答。

2. 不要马上回答

对于未完全了解谈判对象意图的问题,谈判人员千万不要马上回答。有些问题可能会暴露己方的观点、目的,回答时更要谨慎。对于此类问题,谈判人员可以以资料不全或不记得为借口,暂时拖延;也可以顾左右而言他,答非所问;或回避话题,提出反问;或把有重要意义的问题淡化,以掩盖问题的重要性等,这样既避开了发问者的锋芒,又给自己留下了一定的思考时间。

3. 不要确切回答

在国际商务谈判中,谈判人员有时会遇到一些很难答复或者不便于答复的问题。对于此类提问,谈判人员并不一定都要回答,要知道有些问题并不值得回答,而且针对问题的回答并不一定就是最好的回答。回答问题的要诀在于该如何回答,而不是回答得正确与否。所以,有时谈判人员使用含糊其词、模棱两可的回答,或使用富有弹性的回答,其效果更理想。

4. 降低谈判对象追问的兴致

面对谈判对象连珠炮似的提问,谈判人员要想方法使谈判对象降低乃至失去追问的兴趣。如鼓励己方做不相关的交谈;倘若有人打岔,就姑且让他打扰一下;讨论某个含糊不清而不重要的程序。

5. 婉言回答

在国际商务谈判中,当谈判人员不同意谈判对象的观点时,不要直接选用"不"这个词，它具有强烈的对抗色彩，而应适当运用"转折"技巧，巧用"但是"，先予以肯定、宽慰，再委婉地表示否定来阐明己方不可动摇的立场，这样既表示了对谈判对象的认同，又赢得了谈判对象的理解。

(二) 回答的技巧

1. 针对发问者的真实心理答复

谈判人员提问的动机往往是多种多样的，或者说有着不同的目的。有时，发问者为了获取更多的信息，便有意识地含糊其词，使所提问的问题模棱两可，让回答者判断失误。如果谈判人员在没有弄清谈判对象的动机和目的之前，就贸然进行回答，结果往往是效果不佳，甚至会出现漏洞，使谈判人员有机可乘。谈判人员只有周密思考，准确地判断谈判人员的意图，才可能做出高水平的回答。如果谈判对象在谈判中提的问题是："请您谈谈在产品价格方面你们是如何考虑的？"谈判人员应首先弄清谈判对象要了解价格的哪一个方面的问题再酌情回答，是谈判对象觉得价格太高，还是对不同规格产品的价格进行探询。如果谈判对象是因为己方所报价格太高，那么就可以依据谈判对象这一的心理，回答价格为什么并不算高。可是如果谈判人员想当然地告诉谈判对象价格的计算方法、成本的高低，就可能落入谈判对象的陷阱，给对方压价提供理论依据。

2. 避正答偏

有时，对于谈判对象提出的问题可能谈判人员很难直接从正面进行回答，但又不能以拒绝的方式来逃避问题。这时，经验丰富的谈判人员往往用"答偏"的办法来回答，即在回答这类问题时，故意避开问题的实质，而将话题引向歧路，借以破解谈判对象的进攻。如谈判人员可以跟谈判对象讲一些与所提问题既有关系而又没有实际关系的问题，说了一大堆话，看上去似乎回答了问题，其实并没有回答。经验丰富的谈判人员往往在谈判中运用这一方法。如甲、乙双方进行新技术买卖的谈判。买方询问这种新技术投入使用的费用是多少。卖方知道这种新技术一旦投入，一期费用必然很高，而如果正面如实回答，买方可能会被前期高额的费用吓跑，从而导致谈判破裂，于是卖方说："请让我来说明一下这种新技术的特殊功能及开发远景好吗？听完我的介绍后，您对这种新技术带来的远期收益会非常满意的，我相信您对这种新技术转让的价格也一定会满意的。"

3. 以问代答

以问代答是谈判人员用来应付那些一时难以回答或不想回答的问题时可以采用的方法，即把谈判对象踢过来的球再踢回去，提出完全不相干的新问题，摆脱困境，使谈判对象同样感受到该问题难以回答，因而会更多一分体谅。这种方式并不是回避问题，只是指针对问题本身的迂回方式。如在谈判的进展不是很顺利的情况下，谈判的一方问道："您对合作的前景怎么看？"，谈判对象可以采用以问代答的方式回答："那么，您对合作的前景又是怎么看呢？""至于谈判的……那就取决于您的看法如何了。"这时谈判双方自然会认真加以思考，这对打破窘境会起到很好的作用。在国际商务谈判中，运用以问代答的方法回答问题有时是非常有效的。它往往使得谈判中的棘手问题被迫得以明朗化，并可以缓解谈判双方的关系。

> **经典小故事**
>
> 在一次记者招待会上，记者问里根是否相信这样的说法：由于苏联人认为他会再次连任美国总统，所以想和他会晤。记者表面上以苏联人想会晤里根的原因来提问，实际上涉及他是否想连任美国总统的敏感问题。对此，里根回答说："究竟是什么原因使他们想和我会晤，你得问他们。"这就把同一问题转手扔回给对方，做出的是个无效回答。显然，无效回答是说了等于没说，但是它在各种类型的谈判中，对于回避棘手的难题起着独特的作用，同时也展现出人们语言表达的风采与智慧。①

4. 将提问的范围缩小后进行不彻底的回答

即将所提出问题的范围有意缩小后回答或者不做正面答复，或对答复的前提加以修饰和说明。如谈判对象询问谈判人员其产品质量如何，谈判人员不必介绍产品所有的质量指标，只需回答其中的几个主要指标，从而造成质量很好的印象即可。又如，谈判对象询问谈判人员某种产品的价格，如果己方的价格本来就较高，直接回答可能招致被动。所以，谈判人员应先避开谈判对象的注意力，可以先介绍能够支持价格的有利因素（如服务方式、质量特性等），"我相信产品的价格会令你们满意的，请允许我先把这种产品的几种性能做一个说明，我相信你们会对这种产品感兴趣的……"。

5. 将提问的范围扩大后再进行回答

在国际商务谈判的过程中，如果对谈判对象提出的问题如照实回答会有损己方的形象、泄露商业机密或是涉及无聊的话题，谈判人员就可以将问题提升到一个新的高度后再进行回答，这样就可以回避难以回答的问题。如谈判对象询问技术费是多少，谈判人员就可以回答整个合同的价格如何适当、技术费所占的比重如何合理等。

6. 可以采取模糊回应的方法或不确切地回答

有时候面对己方毫无准备的问题，谈判人员往往不知所措，或者即使能够回答，但由于某种原因而不愿回答。在这种情况下，谈判人员可以这样回答："对这个问题，我虽没有调查过，但曾经听说过……"或"贵方的问题提得很好，我曾经在某份资料上看到过有关这一问题的记载，大概是……"这样对那些为了满足虚荣心及自己也不明确提问目的的发问者常能收到较好的效果。另外，对于某些问题，谈判人员也可以模棱两可、富有弹性地进行回答，不把话说死，如"对于类似的问题，我们过去是这样处理的……""对于这个问题，那要看……而定"。

7. "重申"和"打岔"

对于一些棘手的问题，谈判人员可以要求谈判对象再次阐明其所提问的问题，实际上是为己方争取思考问题时间的好方法。在谈判对象再次阐述时，谈判人员可以根本不去

---

① 赵凡禹. 老狐狸说话心经大全集［M］. 北京：企业管理出版社，2010，有改动.

听，而只是考虑如何做出回答。当然，这种心理不应让谈判对象察觉到，以防其加大进攻的力度。有经验的谈判人员常先安排某人在谈判的节骨眼上打岔，以便为己方赢得思考的时间，如"有紧急文件需要××先生出来签字"或"外面有××先生的电话"。

8. 找借口拖延答复

在国际商务谈判中，当谈判对象提出问题而谈判人员尚未考虑出满意的答案并且谈判对象又一直追问的时候，谈判人员可以利用资料不全或需要请示等理由来拖延答复。如"对于您所提问的问题，我没有第一手资料来做答复，我想您是希望我们为您做详尽而圆满的答复的，但这需要时间，您说对吗？"不过延迟答复并不是拒绝答复，因此，谈判人员还需进一步思考如何来回答问题。

9. 礼貌地拒绝不值得回答的问题或干脆保持沉默

对于某些不值得回答的问题，谈判人员可以礼貌地加以拒绝。如在国际商务谈判中，谈判对象可能会提一些与谈判主题无关或基本无关的问题，回答这种问题不仅会浪费时间，而且会扰乱谈判人员的思路，甚至有时谈判对象有意提一些容易激怒谈判人员的问题，其用意在于使谈判人员失去自制力。回答这样的问题，只会损害自己的利益，所以谈判人员可以一笑了之。对于那些不方便回答的问题，谈判人员还可以采取沉默的方式，同样可以得到奇妙的效果。因为谈判人员的沉默，往往会给对方一种无形的压力，使谈判对象感到不安。为了打破沉默，谈判对象只好中止自己的要求，或是提出新的方案，或是自己转移话题。当然，使用沉默这种方式一定要十分慎重，因为，有时这样做就会显得不太礼貌或者让人觉得软弱可欺，甚至可能意味着放弃发言权。

三、倾听的技巧

倾听是人们交往活动的一项重要内容。据调查，人在醒着的时候，至少有 1/3 的时间是花在听上；而在特定条件下，倾听所占据的时间会更多。谈判就是需要更多倾听的交际活动。"多听少说"是一个谈判人员应该具备的素质和修养。通过听，谈判人员可以发掘材料，获得信息，了解谈判对象的动机、意图并预测谈判对象的行动意向。从某种意义上来讲，"听"比"说"的重要性更大。

所谓"听"，不只是指"听"的动作本身，更重要的是指"听"的效果。听到、听清楚、听明白这三者的含义是不同的。

听到，是指外界的声音传入听话者的耳朵里，被听话者所感觉到。听清楚，是指外界的声音准确无误地被传入到听话者的耳朵，没有含糊不清的感觉。听明白，是指听话者对听到的内容能予以正确的理解。

国际商务谈判中的有效倾听就是指要能够完整、准确、正确、及时地理解谈判对象讲话的内容和含义。

（一）倾听的作用

1. 倾听是捕捉信息价值的手段

在国际商务谈判中，谈判人员彼此频繁地进行着微妙又复杂的信息交流，这其中有许多的信息是谈判人员正想得到的，或是可以从中分析出有价值内容的。如果谈判人员不能认真地听，就可能由于精力不集中而失去一个再也不能得到的信息。因为，真正有价值或保密的信息往往是由于谈判对象不小心而泄露出来的。

2. 倾听可以发掘谈判对象的真实需求

需求是谈判的动力，但谈判对象基于策略上的考虑，往往要掩藏自己的真实需求。谈判人员要想在谈判中占据主动，就应当对谈判对象的真实动机、目的和想法有充分的了解。这就需要谈判人员在彼此的语言交流过程中用心分析谈判对象传递出的信息，对这些信息进行分析、挖掘，听出谈判对象的"弦外音"。倾听是挖掘谈判对象真实心理的最直接途径。

3. 倾听有益于谈判气氛

倾听是对谈判对象谈话的肯定，认真倾听谈判对象的发言，也就是等于向谈判对象表示出谈判人员对其的重视和好感，进而促进谈判形成和谐友好的气氛，有利于相互妥协，最终达成共识。

经典小故事

有一家美国汽车公司想要选用一种布料装饰汽车内部，有3家公司提供样品，供该汽车公司选用。公司董事会经过研究后，请他们每一家来公司做最后的说明，然后决定与谁签约。三家厂商中，有一家业务代表患了严重的喉炎，无法流利地讲话，只能由汽车公司的董事长代为说明。董事长按产品介绍讲了产品的优点和特点，各部门有关人员及董事会人员纷纷表达了意见，董事长代替布料公司的业务员作了回答。而布料公司的业务员则以微笑、点头或各种动作来表达谢意。结果，他博得了大家的好感。会谈结束后，这位不能说话的业务代表竟获得了50万码布的订单，总金额相当于160万美元。这是他有生以来获得的最大的一笔成交额。事后，他总结说如果他当时没有生病，嗓子还可以说话的话，他很可能得不到这笔大数目的订单。因为他过去都是按照自己的一套办法去做生意，并不觉得让对方表达意见、自己倾听要比自己头头是道地解说更有效果。[①]

（二）倾听的规则

1. 要搞清自己听的习惯

如在听谈判人员讲话方面有哪些不好的习惯？谈判人员是否对谈判对象的话匆忙做出判断？谈判人员是否经常打断谈判对象的话？谈判人员是否经常制造交往的障碍？谈判人员了解自己听的习惯是正确地运用倾听技巧的前提。

2. 全身心地注意

谈判人员要面向谈判对象，同他保持目光接触。在倾听的过程中，谈判人员要善于通

---

① 汤秀莲. 国际商务谈判 [M]. 北京，清华大学出版社，2009，有改动.

过自己的姿势和语言证明自己在倾听。如适当地点头或说"嗯""噢"等，表示自己确实在听和鼓励谈判对象继续说下去。无论谈判人员是站着还是坐着，都要与谈判对象保持最适宜的距离。谈判人员一般都愿意与认真听讲、举止活泼的人交往。

3. 要努力表达出理解

谈判人员在与谈判对象交谈时，要利用有反射地听的做法，努力弄明白谈判对象的感觉如何、他到底说什么，努力理解谈判对象的感情。如果谈判人员能全神贯注地听谈判对象讲话，不仅表明谈判人员对谈判对象持称赞态度，理解他的情感，而且有助于谈判人员更准确地了解谈判对象的信息。

4. 要倾听自己的讲话

倾听自己的讲话对培养倾听他人的讲话的能力是特别重要的。倾听自己的讲话可以使谈判人员了解自己，因为一个不了解自己的人是很难真正地了解别人的。倾听自己对别人讲些什么是谈判人员了解自己、改变和改善自己听的习惯与态度的有效方法。

（三）倾听的注意事项

1. 要专心致志、集中精力地听

谈判人员在倾听谈判对象讲话时应做到聚精会神，同时还要以积极的态度去倾听。精力集中地听，是倾听最基本、最重要的问题。一般人的说话速度为每分钟120～200个字，而听话及思维的速度则大约要比说话的速度快4倍左右。因此，往往说话者的话还没说完，听话者就大部分能够理解了。这样，听话者常常会"开小差"。也许恰在这时，说话者讲话的内容与听话者理解的内容出现了偏差，或是传递了一个重要的信息。因此，谈判人员应当时刻集中精力并用积极的态度去倾听，可以主动与谈判对象进行目光接触，并做出相应的表情以鼓励谈判对象，如可以赞同地点点头或是否定地摇摇头，也可以不解地皱皱眉头等，这些动作的配合可以帮助谈判人员集中精力，从而起到良好的收听效果。作为一名国际商务谈判人员，应该养成有耐心地倾听谈判对象讲话的习惯，这是其良好个人修养的一个标志。

倾听不仅是一种获取信息、了解谈判对象需要的方式，而且也是尊重他人的表现。在国际商务谈判中，谈判人员必须注意谈判对象的眼睛，保持警觉，坐得挺直，靠近谈判对象，仔细地去倾听谈判对象讲话，给谈判对象以备受尊重的心理满足感。

2. 要通过记笔记来集中精力

绝大多数人瞬间记忆并保持的能力是有限的，为了弥补这一不足，谈判人员应当在养成倾听别人讲话时做笔记的习惯。一方面，笔记可以帮助谈判人员进行记忆和回忆，而且也有助于在谈判对象讲完话以后就这些问题向其提出质询，同时，还可以帮助自己作充分的分析，理解谈判对象讲话的确切含义与精神实质；另一方面，通过记笔记可以给谈判对象一个重视其讲话内容的印象，当谈判人员停笔抬头看着谈判对象时，又会对其产生一种鼓励的作用。对于国际商务谈判来说，一般情况下，信息量都很大，所以谈判人员一定要动笔作记录，而不能仅凭自己的记忆力。因为在谈判的过程中，人的思维高速运转，大脑接收和处理大量的信息，加上谈判现场的气氛又很紧张，每个主题都必须认真对待，所以只靠记忆是办不到的。实践证明，谈判人员即使记忆力再好，也只能记住一个大概，有的干脆忘得干干净净，因此，记笔记是必不可少的，这也是比较容易做到的用来清除倾听障碍的一个很好的方法。

3. 要有鉴别地倾听谈判对象发言

通常，人们说话时是边说边想，来不及整理，有时表达一个意思要绕着弯子讲许多内容，也根本谈不上什么重点突出。谈判人员尤其要注意谈判对象"类语言"的运用。一类是笑声，它是通过主体出声的笑来传递信息。在国际商务谈判中，笑声既可以传递正面的信息，又可以传递负面的信息。如仰头大笑，可能表示"高兴""赞同"，也可能表示"不怀好意"。还有一类是咳嗽。交谈时，咳嗽常有许多的含义，有时是焦躁不安的表现，有时是稳定情绪的缓冲，有时是掩饰说谎的方式，有时是对说话者的态度过于自信或自夸表示怀疑或惊讶，也可以用假装清清喉咙表示不信任。因此，谈判人员就需要在用心倾听的基础上，鉴别传递过来的信息的真伪，去粗取精，去伪存真，这样才能抓住重点，收到良好的倾听效果。

4. 要克服先入为主的倾听做法

谈判人员先入为主地倾听，往往会扭曲谈判对象的本意，忽视或拒绝与自己心愿不符的意见。这种倾听的方法不是从说话者的立场去分析谈判对象的讲话内容，而是按照自己的主观框架来听取谈判对象的讲话。其结果往往是所听到的信息变形地反映到自己的头脑中，从而导致自己所接收的信息不准确、判断失误，最终造成选择性的错误。所以，在国际商务谈判中，谈判人员必须克服先入为主的倾听做法，将谈判对象的意思听全、听透。

5. 不要因轻视谈判对象而抢话、急于反驳而放弃倾听

如果谈判人员轻视谈判对象，常常会不自觉地表现在行为上，比如对谈判对象的谈话充耳不闻，甚至抢话的现象也时有发生。抢话不仅会打乱对方的思路，也会耽误自己倾听谈判对象的全部讲话内容。另外，谈判人员有时也会在没有听完讲话的时候就急于反驳谈判对象的某些观点，这样势必会影响倾听的结果。事实上，如果谈判人员把谈判对象的讲话听得越详细、越全面，反驳谈判对象时就越准确、越有力。相反，如果谈判人员对谈判对象谈话的全部内容和动机尚未全面了解时就急于进行反驳，不仅会显得自己浅薄，而且常常还会使自己陷于被动，对己方十分不利。

6. 不要为了急于判断问题而耽误倾听

在国际商务谈判中，听了谈判对象的有关内容以后，谈判人员不要急于判断其正误，因为这样会分散谈判人员的精力而耽误其倾听下文。虽然人的思维速度快于说话的速度，但是如果谈判对象还没讲完谈判人员就去判断它的正误，无疑会削弱己方听话的能力和质量，从而影响倾听的效果。因此，谈判人员切不可因为急于判断问题而耽误了倾听。

7. 不要回避难以应付的话题

有时谈判的话题往往会涉及一些诸如政治、经济、技术以及人际关系等方面的问题，可能会令谈判人员一时回答不上来。但在这个时候，谈判人员切记不可持充耳不闻的态

度。因为这样回避谈判对象,恰恰是暴露了己方的弱点。在遇到这种情况时,谈判人员要有信心、有勇气去面对谈判对象提出的每一个问题。只有用心去领会谈判对象提出的每个问题的真实用意,谈判人员才能找到摆脱难题的真实答案。另外,为了培养急中生智、举一反三的能力,谈判人员应多加训练和思考,以便自己在遇到问题时不慌不乱。其实,作为一个听话者,不管在什么情况下,如果谈判人员不明白谈判对象说出的话是什么意思,就应该用各种方法使谈判对象知道不明白的地方。谈判人员可以向谈判对象提出问题加以核实,或者积极地表达出自己听到了什么,或者让谈判对象纠正自己听错之处。

(四)倾听的障碍

倾听可以使谈判人员更多地了解谈判对象,隐蔽自己。倾听还可以使谈判人员做出更好的决策,掌握谈判的主动权。但是,许多谈判人员只注意怎样在谈判中更好地表露自己的立场、劝说谈判对象,斟字酌句地精心策划发言提纲,常常陶醉在自我表达的良好感情之中,却不肯用一点时间考虑一下怎样去倾听以及从谈判对象的谈话中获取什么、接受什么。那么,是什么影响了谈判人员更好地倾听呢?归纳起来有以下十一个方面。

(1) 谈判人员急于发表自己的意见,常常打断谈判对象的讲话,好像不尽早反对,就表示了自己的妥协。

(2) 当谈论的不是谈判人员所感兴趣的事时就不注意去倾听。

(3) 谈判人员的心中有先入为主的印象。

(4) 谈判人员有意避免听取自己认为难以理解的话。

(5) 一般人听人说话及思考的速度大约要比说话的速度快4倍左右,所以在听谈判对象讲话时,谈判人员常常会分心思考别的事情。

(6) 谈判人员容易受外界的干扰而不能仔细地去倾听。

(7) 谈判人员根据一个人的外表和说话的技巧来判断是否听其讲话。

(8) 谈判人员急于记住每件事情,反而忽略了重要的内容。

(9) 当谈判对象讲出几句谈判人员所不乐意听的话,谈判人员拒绝再听下去。

(10) 有的谈判人员喜欢定式思维,不论谈判对象说什么,他都用自己的经验去联系,用自己的方式去理解。这种方式使谈判人员难以接收新的信息,不善于认真倾听谈判对象说什么,而喜欢告诉谈判对象自己的想法。

(11) 当谈判人员听谈判对象讲话时,总是在思考如何回答,而不太注意听对方后面所说的话。

同时,在国际商务谈判中,倾听还应注意以下事项:明白"听和讲不能同时进行"的道理;不说话不等于不倾听;只要有可能,尽量为谈判双方创造有利于倾听的环境;倾听时谈判人员要全神贯注,避免分心;即使谈判对象说话冗长或枯燥无味,都要认真听下去。

四、叙述的技巧

叙述是国际商务谈判的重要组成部分,是一种不受谈判对象所提问题的方向、范围制约,带有主动性的阐述,是传递信息、沟通情感的方式之一。因此,谈判人员能否正确、有效地运用叙述功能，把握叙述的要领，将会直接影响谈判的效果。

（一）简洁通俗，客观真实

首先，谈判中说出来的话要尽可能简洁、通俗易懂，谈判人员切忌在叙述己方的观点时，使用隐喻或专业性过强的词汇和语句。因为叙述的目的在于让谈判对象听了立即就能理解，以便谈判对象准确、完整地理解己方的观点和意图。在叙述阶段，谈判人员只阐述自己的立场，不管谈判对象的观点如何，也不涉及谈判对象的问题。

其次，谈判人员在叙述基本事实时，应本着客观、真实的态度进行叙述，不要夸大事实的真相，也不要缩小本来的实情。这样谈判对象就比较容易相信己方。否则，一旦谈判人员对事实真相加以修饰的行为被谈判对象发现，哪怕是一点破绽，也会大大降低己方的信誉，从而使己方的谈判实力大为削弱。

（二）主次分明，生动具体

为了方便谈判对象进行记忆和理解，谈判人员在叙述时应尽量分清主次，切忌语无伦次、东拉西扯，没有主次、层次混乱，让人听后不知所云。为了能让谈判对象方便记忆和倾听，应在叙述时符合谈判对象的习惯，便于其接受。尤其要注意说话条理清晰、循循善诱、环环相扣，这样才能给人以稳重之感，使谈判对象心情愉快轻松地倾听己方的叙述，这样的叙述效果才会比较理想。另外，为了使谈判对象获得最佳的倾听效果，谈判人员在叙述时应注意生动而具体，要避免令人乏味的平铺直叙和抽象的说教，要特别注意运用生动、活灵活现的生活用语，具体而形象地说明问题。有时谈判人员还可以运用一些演讲者的艺术手法，声调抑扬顿挫，以此吸引谈判对象的注意，使谈判对象全神贯注地倾听己方的发言。因此，谈判人员要提前做好充分的准备，了解谈判对象的语言表达特点，列出谈判内容的提纲，进行默诵、试讲。谈判人员对谈判阐述的内容越熟悉，表达就越清晰。除此之外，谈判人员只有勤学苦练，通过实践，才能培养说话逻辑缜密、条理清楚的能力，尤其当外在谈判环境突然发生变化时，仍然能够做到不慌不乱。

（三）措辞得当，富有弹性

谈判人员在叙述时应力求准确无误，前后逻辑清晰，但也要留有观点回旋的空间，力戒含糊不清、前后不一致。这样会给谈判对象留有缺口，为其寻找破绽打下基础。有时候，在谈判的过程中难免会发生尖锐、激烈的争论。在这种情况下，谈判人员要尽量用缓和的语言表达己方的观点，不仅语调要柔和，而且措辞要得体，适合谈判的需要；应当避免使用某些极端的语言，以免刺伤谈判对象的自尊心、引起谈判对象的反感，否则，很可能带来尴尬的场面，进而影响谈判的进展。

（四）发现错误要及时纠正

谈判人员在叙述的过程中，有时候会由于种种原因而出现叙述上的错误，此时谈判人员应及时加以纠正，以防造成不应有的损失。有些谈判人员发现自己的叙述中有错误时，碍于面子，就会采取顺水推舟、将错就错的做法，这是应当坚决避免的。因为这样做往往会使谈判对象产生误解，从而影响谈判的顺利进行。还有的谈判人员发现自己的叙述中有错误时，便采取事后自圆其说、文过饰非的做法，结果不但没能"饰非"，反而愈描愈黑，对己方的信誉和形象都有损无益，更严重的是可能会失去合作伙伴。

学习情境6 国际商务谈判中的语言与沟通

> **问题探讨**
>
> 在国际商务谈判中,有些谈判人员为了显示自己的资料收集齐全、准备充分,更为了先声夺人,经常会在谈判过程中打断谈判对象的话语,给谈判对象留下不好的印象,甚至导致谈判失败。
>
> 阅读以上资料,请思考在国际商务谈判中,倾听的技巧有哪些?

(五)重复叙述有时很有必要

在谈判叙述的过程中,谈判人员时常会遇到谈判对象不理解、没听清楚或有疑问等情况。这时,谈判对象可能会用有声语言或动作语言来向谈判人员传递没有理解或没有听清楚的信息。这就要求谈判人员在叙述的同时注意观察谈判对象的眼神、表情等,如果察觉谈判对象有疑问或不解的信息传出时,就应放慢速度或重复叙述。如果谈判对象执笔记录己方所述内容时,叙述的速度就更要掌握好,必要时关键之处要适当重复叙述。如果经过复述谈判对象还不理解,谈判人员就要耐心地加以解释;即使谈判对象误解己方的原意,也不要烦躁,要耐心地进行引导和解释。

任务三 国际商务谈判中的非语言沟通及其运用

案例导入

日本人雅子濑户与美国人鲍勃·琼斯从未见过面,对对方国家的文化背景了解甚少。这次两人都是第一次到新加坡参加商务会议。两人约好开会前在大厅先会晤交谈,双方都佩戴胸牌。9点,他们准时到达。雅子濑户很快注意到琼斯比自己年长,而且身穿高质量西装,他准备以日本最礼貌的方式问候琼斯。雅子濑户在离琼斯两步之遥时,突然停住,双手扶膝,在琼斯的正前方鞠躬90°。与此同时,美国人琼斯伸出的表示问候的手却刺着了他的眼睛。对此,琼斯深感不安,不停地道歉,忙上前扶住了雅子濑户的肩膀。这在日本是从未有过的。为了不丢面子,挽回第一次失误,雅子濑户摆脱了琼斯的手,又一次站在琼斯的正前方,更加深深鞠了一躬。见状,琼斯还以为雅子濑户因刚才的疼痛要跌倒,这次急忙抓住了雅子濑户的双肩,并扶他坐在邻近的椅子上,然后自己也坐下,并又一次伸出了手。这次雅子濑户干脆拒绝与琼斯握手。他感到自己在公众场合丢了脸,受到了侮辱,因为竟有人抓住他的双肩。琼斯也很沮丧,一是他的手碰到了雅子濑户的眼睛,二是这位日本人不接受他表示友好的握手。[①]

[①] 潘丹. 东西方文化差异对商务谈判的影响 [J]. 天津职业院校联合学报,2007(4),有改动.

【思考讨论题】 试想这样的第一次会晤对以后的业务开展会有什么影响呢？为什么他们会有这样的误解？

从案例导入我们可以看出，在国际商务谈判中，非语言沟通同样起着非常重要的作用。国际商务谈判是人与人之间的对抗，为了促使谈判成功，谈判人员除了注重语言沟通以外，仔细观察、收集谈判对象做出的非语言沟通也是十分重要的。世界著名非语言传播专家伯德维斯泰尔指出，两个人之间一次普通的交谈，语言传播部分还不到35%，而非语言成分则传递了65%以上的信息。

国际商务谈判中非语言沟通可以作为口头语言的补充，起到辅助表达、增强力量、加强语气的作用。在适当的场合，非语言沟通可以代替语言表达的意图或情绪。非语言沟通可以表达语言难以表达的思想感情、意图、要求、条件，传递出与口头语言一致或相反的信息。

一、眼睛动作的"语言"

"眼睛是心灵的窗户"这句话道出了眼睛具有反映人的深层次内心世界的功能。眼睛的动作最能够明确地表达人的情感世界。人的一切情绪、情感和态度的变化都可以从眼睛中显示出来。人可以对自己的某些外显行为做到随意控制，可以在某些情境中做到言行不一致，却无法对自己的目光做到有效控制。

一般情况下，人们越喜欢接近的人，就越爱用眼睛与其进行"交谈"，在国际商务谈判中也同样如此。

（1）在国际商务谈判中，谈判对象的视线经常停留在谈判人员的脸上或与谈判人员对视，说明谈判对象对谈判内容很感兴趣，想急于了解谈判人员的态度和诚意，谈判成功的希望程度较高。

（2）谈判涉及关键内容（如价格时），谈判对象时时躲避与谈判人员的视线相交，说明谈判对象把卖价抬得偏高或把买价压得很低。

（3）谈判对象的视线时时脱离谈判人员，眼神闪烁不定，说明对谈判人员所谈的内容不感兴趣但又不好打断，产生了焦躁情绪。

（4）谈判对象眨眼的时间明显地长于自然眨眼的瞬间时（正常情况下，一般人每次眨眼不超过一秒钟），说明谈判对象对谈判人员谈的内容或对谈判人员本人已产生了厌倦情绪，或表明谈判对象感觉有优越感，对谈判人员不屑一顾。

（5）倾听谈判对象谈话时几乎不看对方的脸，那是试图掩饰什么的表现。

（6）眼神闪烁不定，常被认为是掩饰的一种手段或不诚实的表现。

（7）眼睛瞳孔放大而且有神，表示此人处于兴奋的状态；瞳孔缩小无神，神情呆滞，表示此人处于消极、戒备或愤怒的状态。

（8）谈判人员瞪大眼睛看着谈判对象是对对方有很大兴趣的表示。

（9）谈判对象的视线在说话和倾听时一直他顾，偶尔撇一下谈判人员的脸便迅速移开，通常意味着其诚意不足或只想占大便宜。

（10）下巴内收，视线上扬注视谈判人员，表明谈判对象有求于谈判人员，成交的希望比较高，让步幅度较大；下巴上扬，视线向下注视谈判人员，表明谈判对象认为比谈判人员有优势，成交的欲望不强，让步幅度较小。

二、眉毛动作的"语言"

眉毛和眼睛的配合是密不可分的，两者的动作往往共同表达一个含义，但单凭眉毛也能反映出人的许多情绪变化。

人们处于惊喜或惊恐状态时，眉毛上耸，有"喜上眉梢"之说；处于愤怒或气恼状态时，眉角下拉或倒竖，人们常说"剑眉倒竖"即形容这种愤怒的状态；眉毛迅速地上下运动，表示亲切、同意或愉快；紧皱眉头，表示人们处于困窘、不愉快、不赞成的状态；眉毛高挑，表示询问或疑问；眉宇舒展，表示心情舒畅；双眉下垂，表示难过和沮丧。

上述有关眉毛传达的非语言沟通是不容忽视的，在国际商务谈判中，对于这方面非语言沟通的了解，可以让谈判人员更好地明白谈判对象的意图。

三、嘴巴动作的"语言"

人的嘴巴除了说话、吃喝和呼吸以外，还可以有许多的动作，借以反映人的心理状态。嘴巴张开，嘴角上翘，常表示开心和喜悦；撅起嘴，常表示生气和赌气，是不满意和准备攻击谈判对象的表现；撇嘴，常表示讨厌或轻蔑；咂咂嘴，常表示赞叹或惋惜；努努嘴，常表示暗示或怂恿；嘴角稍稍向后拉或向上拉，表示听话者是比较注意倾听的；嘴角向下拉，是不满和固执的表现；紧紧地抿住嘴，往往表现出意志坚决；遭受失败时，人们往往咬住嘴唇，这是一种自我惩罚的动作，有时也可以解释为自我嘲解和内疚的心情。

四、上肢动作的"语言"

（一）手势

手势是说话者运用手掌、手指、拳头和手臂的动作变化来表达思想感情的一种体态语言。手势是谈判人员在国际商务谈判中使用得最多也最灵活方便的行为语言，有极强的吸引力和表现力。借助手势或与谈判对象手与手的接触，可以帮助谈判人员判断谈判对象的心理活动或心理状态，同时也可以帮助谈判人员将某种信息传递给谈判对象。

（1）手掌：掌心向上的手势，常表示谦虚、诚实，不带有威胁性；掌心向下的手势，常表示控制、压抑、压制，带有强制性；伸出并敞开双掌，常表示对此次谈判抱有诚恳、言行一致的态度。

（2）手指：食指伸出，其余的手指紧握，呈指点状，常表示教训、指责；把拇指指向谈判对象，常表示污蔑、藐视、嘲弄；双手相握或不断地玩弄手指，常表示犹豫、为难、缺乏信心；把手指蒙在嘴前，常表示紧张、担心、束手无策。

（3）拳头：稍握拳头，置于胸前，手指曲动，常表示犹豫、疑虑、忐忑不安；紧握双拳，手心出汗，置于椅背或腿部，常表示愤怒、烦躁、急于攻击。

（4）手臂：双臂紧紧交叉于胸前，身体稍前倾，往往表示防备、怀疑；两臂交叉于胸前并握拳，往往是怀有敌意的意思；两臂置于脑后，十指交叉，抱住后脑，身体稍后仰，往往表示权威、优势和信心。

（5）谈判人员用手指或手中的笔敲打桌面，或在纸上乱涂乱画，往往表示对谈判对象的话题不感兴趣、不同意或不耐烦的意思。这样做，一方面可以打发和消磨时间，另一方面也起到暗示或提醒谈判对象注意的作用。

（6）谈判人员不时用手敲脑袋或用手摸头顶，表示正在思考。

（7）谈判人员一手托腮，手掌撑住下巴，身体微倾向前，头稍往后仰，眼皮半闭垂下，表示正在做决断性的思考。

（二）握手的"语言"

握手的动作来自原始时代的生活。原始人在狩猎或战争时，手中常持有石块或棍棒等武器。如果是没有任何恶意的两个陌生人相遇，常常是放下手中的所有东西，并伸出手掌心，让对方摸一摸自己的掌心，以此来表示手中未持有武器。久而久之，这种习惯逐渐演变为今天的握手动作。原始意义上的握手不仅表示问候，而且也表示一种信赖、契约和下保证的含义。标准的握手姿势是：用手指稍稍用力握住谈判对象的手掌，谈判对象也用同样的姿势用手指稍稍用力回握，用力握手的时间约在1～3秒钟。

如果谈判对象用力回握，出现了与标准姿势不相符的情况时，便有除了问候、礼貌以外的附加意义，主要包括以下五种情况。

（1）如果感觉谈判对象的手掌出汗，表示谈判对象处于兴奋、紧张或情绪不稳定的心理状态。

（2）如果谈判对象用力握手，则表明此人具有好动、热情的性格，这类人往往做事喜欢主动。美国人大都喜欢采用这种握手方式，这主要与他们好动的性格是分不开的。如果感觉谈判对象的握手力度不大，一方面可能是此人个性懦弱、缺乏气魄，另一方面可能是此人傲慢矜持、爱摆架子。

（3）握手前先凝视谈判对象片刻，再伸手相握，在某种程度上，这类人是想在心理上先战胜谈判人员，将对方置于心理上的劣势地位；先注视对方片刻，意味着对谈判人员的一个审视，观察谈判人员是否值得自己去同其握手。

（4）如果谈判对象的掌心向上伸出与谈判人员握手，往往表示其性格软弱，处于被动、劣势或受人支配的状态；如果是掌心向下伸出与谈判人员握手，则表示想取得主动、优势或支配地位，另外也有居高临下的意思。

（5）谈判对象用双手紧握谈判人员的一只手，并上下摆手，往往是表示热烈欢迎谈判人员的到来，也表示真诚感谢，或有求于人，或肯定契约关系等含义。

五、腿部动作的"语言"

架起腿，即把一只脚架在另一条腿的膝盖或大腿上，谈判对象与谈判人员初次打交道时就采取这个姿势并仰靠在沙发靠背上，通常带有倨傲、戒备、怀疑、不愿合作等意思。

若上身前倾同时又滔滔不绝地说话，则意味着谈判对象是个热情、对谈判内容感兴趣的人。如果谈判对象频繁变换架腿姿势，则表示其情绪不稳定、焦躁不安或不耐烦。

并腿，交谈中始终或经常保持这一姿势并上身直立或前倾的谈判对象，意味着谦恭、尊敬，表明谈判对象有求于谈判人员，自觉交易地位低下，成交期望值很高。而时常并腿后仰的谈判对象大多小心谨慎，思虑细致全面，但缺乏自信心和魄力。

分腿，双膝分开、上身后仰的谈判对象，表明其是充满自信、愿意合作、自觉交易地位优越的人，但要指望此类谈判对象做出较大让步是相当困难的。

摇动足部，或用足尖拍打地板，或抖动腿部，都表示焦躁不安、无可奈何、不耐烦或欲摆脱某种紧张情绪。通常，在候车室等车的旅客常常伴有此动作，谈判中这种动作也是常见的。

六、腰部、腹部动作的"语言"

腰部在身体上起着承上启下的作用，腰部位置的"高"或"低"与一个人的心理状态和精神状态是密切相关的。同样，腹部位于人体的中央部位，它的动作带有极丰富的含义。

谈判对象鞠躬、弯腰，表示谦逊或尊敬之意。再者，谈判对象心理上自觉不如谈判人员，甚至惧怕对方时，就会不自觉地采取弯腰的姿势。

谈判对象腰板挺直，颈部和背部保持直线状态，则说明其情绪高昂，充满信心，自制力较强。相反，谈判对象的双肩无力地下垂，凹胸凸背，腰部下塌，则反映出其疲倦、忧郁、消极、被动或失望的情绪。

谈判对象双手横叉腰间，表示胸有成竹，对自己面临的境况已做好精神上或行动上的准备，同时也表现出以势压人的优势感或支配欲。

七、其他姿势的"语言"

交谈中，谈判对象的头部保持中正，时而微微点头，说明其对谈判人员的讲话既不厌烦，也非大感兴趣；若谈判对象将头侧向一边，尤其是倾向谈判人员的一边，则说明其对所讲的事很感兴趣；若谈判对象把头垂下，甚至合眼似睡，则说明其对谈判人员所讲的事兴趣索然。

讲话时，谈判对象不断地变换站、坐等体位，身体不断地摇晃，常表示其焦躁和情绪不稳；不时用一种单调的节奏轻敲桌面，则表示其极度不安，并极具警戒心。

交谈时，谈判对象在说到关键的问题上时，会下意识地拿水杯喝水，用手遮住嘴巴，或做出触摸鼻子的动作，或做出拉拽衣领等动作。而这些细小的动作反映了谈判对象紧张、焦虑的心理状态。谈判对象如果把头部高高昂起，同时下巴向外突出，那表示的是强势、无畏或者傲慢的态度。

洽谈时，若谈判对象将眼镜摘下或拿起放在桌上的眼镜靠在嘴边，两眼平视，表示其想用点时间稍加思考；若摘下眼镜，轻揉眼睛或轻擦镜片，常表示其对争论不休的问题感到厌倦或是喘口气准备再战；若其猛推一下眼镜，上身前倾，常表示因某事而气愤，可能进行反攻。

若谈判对象看一眼室内的挂钟或手腕上的手表，收起笔，合上笔记本，抬眼看着谈判人员的眼睛，似乎在问："可以结束了吗？"这种表现足以说明"别谈了"的意思；若谈判对象给助手使个眼神或做个手势（也可能小声说话），不收拾桌上的东西，起身离开会议室或在外面散散步，也表明对所言无望，可以结束谈判了。

问题探讨

小王刚参加工作不久，性格比较内向，平时话语也不多，在一次和英国某贸易公司的国际商务谈判中，小王始终不敢和谈判对象进行眼神接触，闪躲的眼神令英国谈判对象非常困惑。

阅读以上资料，请思考在国际商务谈判中，非语言沟通的眼睛动作"语言"中，谈判双方应读懂哪些内容？

本部分重点内容网络图

国际商务谈判中的语言与沟通
- 国际商务谈判中的语言
  - 国际商务谈判语言的作用
  - 国际商务谈判语言的类型
  - 语言技巧在国际商务谈判中的地位和作用
  - 影响国际商务谈判语言运用的因素
  - 正确运用谈判语言技巧的原则
  - 语言表达的技巧
- 国际商务谈判中的语言沟通及其运用
  - 提问的技巧
  - 应答的技巧
  - 倾听的技巧
  - 叙述的技巧
  - 沉默的技巧
- 国际商务谈判中的非语言沟通及其运用
  - 眼睛动作的"语言"
  - 眉毛动作的"语言"
  - 嘴巴动作的"语言"
  - 上肢动作的"语言"
  - 腿部动作的"语言"
  - 腰部、腹部动作的"语言"
  - 其他姿势的"语言"

复习思考题

一、简答题

1. 国际商务谈判语言的类型有哪几种？
2. 影响国际商务谈判语言运用的因素有哪些？
3. 国际商务谈判中提问的技巧有哪些？
4. 国际商务谈判中非语言沟通有哪些方面？

二、案例分析

日美曾经进行过一次经贸洽谈。日本驻美国大使馆受托订购美国的一批机器。他们邀请了两家美国公司各派一名代表去日本大使馆面议。其中一位代表显得精明强干、能说会道，一开始便口若悬河，大肆宣传其公司产品的优越性，而且还表示出他对日本是十分了解和友好的。另一名代表却沉默寡言，只会频频点头称是。前者几乎完全掌握了主动，为了表示诚意，他说："我爱你们的国家，正迫不及待地想再踏上这块土地。"这时，日本人彬彬有礼地问他何时到过日本，他不假思索地回答："1945 年。"此时，一直保持沉默的另一位代表深知这笔交易已是非己莫属了，因为前者无意中透露了自己曾是占领日本的一位美军士兵，而就凭这一点日本人就不会选择与他成交。结果证实了他的推测。此时，他才介绍自己公司的产品情况，并具体商谈有关内容，最后达成协议，并签订了书面合同。①

【分析】有时沉默并不一定是坏事，谈判人员的沉默也许可以为其带来更多观察他人的机会。

【思考】沉默寡言的谈判人员是靠什么取得了最后的胜利？

实践与训练

1. 实训内容：模拟谈判

（1）主题：汽车零部件出口。

（2）谈判方：A 组代表四川某汽车零部件进出口公司的销售代表，B 组代表德国某进口商。

（3）背景：四川某汽车零部件进出口公司同这家德国进口商在经过近一年半的谈判后，仍未能取得实质性的进展。这次谈判开始前，德国人的耐心基本已经枯竭。

---

① 刘宏，白桦. 国际商务谈判 [M]. 2 版. 大连：东北财经大学出版社，2011，有改动.

2. 实训目的

重点考查学生对本学习情境理论知识的理解和运用。

3. 实训要求

各组成员做好分工,模拟一次谈判,设计好谈判过程,正确地运用国际商务谈判中语言的运用技巧,并掌握好非语言沟通技巧。

4. 实训步骤

5~7人分成一组,两组为一个项目组,项目组由A组和B组构成,项目组就以上主题和情形进行模拟谈判。

学习情境 7

国际商务谈判中的文化差异与谈判风格

学习目标

国际商务谈判是一种跨文化商务谈判,而各国文化间存在着明显的差别,使得谈判活动常常表现出显著的文化差异与强烈的文化冲突。因此,通过本学习情境的学习,学习者可以理解文化差异对国际商务谈判行为的影响,了解并掌握不同国家和地区的谈判人员从事国际商务谈判的基本风格,从而可以掌握对待不同国家谈判人员所采取的有效对策和技巧。

知识点

1. 理解文化差异对国际商务谈判行为的影响。
2. 比较个人谈判和集体谈判的风格差异。
3. 了解并掌握世界主要国家谈判人员的谈判风格。

技能点

能够根据不同文化的谈判人员采取不同的谈判风格。

任务一 文化差异对国际商务谈判行为的影响

案例导入

德国戴姆勒-奔驰公司并购了美国三大汽车公司之一的克莱斯勒公司,被全球舆论界誉为"天堂里的婚姻"。戴姆勒-奔驰公司是德国实力最强的企业,是扬名世界的"梅赛德斯"品牌的所有者;克莱斯勒公司则是美国三大汽车制造商中营利能力最强、效率最高的公司。人们认为,这宗跨越大西洋的强强联合定会造就一个驰骋世界汽车市场、所向无敌的巨无霸。然而谁会想到,这桩"婚姻"似乎并不美满。并购后并没有实现戴姆勒-奔驰公司预期的目标,公司的亏损额达到20亿美元,股价也一路下滑,并且裁减员工,公司的发展一直都很艰难。业内人士认为,大西洋两岸不同文化差异的冲突是这场婚姻危机的根本原因。戴姆勒-奔驰公司当时的CEO施伦普一开始没有意识到两家企业无论是在组织结构、薪酬制度,还是在企业文化上都相差非常大,他却采取德国的完全控制方式把克莱斯勒公司当成一个部门来看待,在公司管理制度上,董事会结构成员都是以德国人为主。但是,他却在媒体上说:"这是一次平等的合并。"这使克莱斯勒公司的美国员工无所适从。再加上施伦普在企业合并不久就解雇了作为并购整合经理的克莱斯勒总裁,导致克莱斯勒公司的员工产生敌对情绪,许多优秀的美国设计师、高级管理人员纷纷离职投奔了福特、通用汽车等竞争对手。这样,也就不难理解为什么这次开始被称为"天堂里的婚姻"最后如此失败。①

【思考讨论题】 是什么导致看似完美的"天堂里的婚姻"最后以失败告终?

文化是人类社会各种活动的综合产物,它包括诸如信仰、知识、艺术、习俗、道德等社会生活的各个方面,以及某区域内人们的价值观、特性或行为方式等内容。由于人们居住的地域、所属的民族、使用的语言,以及在气质、性格等心理因素上的差别,使得在不同国家、民族间,体现在价值观、传统文化、宗教信仰、语言、思维方式、行为准则、习惯等方面的文化差异客观存在。对于谈判行为的参与者来说,一种谈判风格在另一种文化中可能到处碰壁,原因就在于忽视了文化间的差异。

一、文化差异对谈判沟通过程的影响

在国际商务谈判中,谈判人员来自不同的国家或地区,谈判人员之间的沟通是跨文化的沟通,即不同文化背景下的人与人之间的沟通。

文化差异对谈判沟通过程的影响,首先表现在谈判的语言沟通过程中。受文化因素的影响,谈判人员语言的取向性,即对同一语句的理解是不同的。如在秘鲁,关于过去和将来的概念与中国汉语的含义正好相反。这种基于语言习惯而产生的语言取向性差异,给谈判人员之间的沟通过程制造了障碍。同样,受文化因素的影响,导致了语言的非对应性,即一种语言难以在另一种语言中找到准确的对应用语,或一种语言转换为另一种语言时存在歧义的多种解释。语言的这种非对应性对谈判的语言沟通过程影响非常大,有时甚至会导致谈判失败。

文化差异对谈判沟通过程的影响不仅表现在语言沟通过程中,而且还表现在非语言沟通过程中。文化差异导致不同国家或地区的谈判人员在表达过程中,其在形体语言、动作语言的运用上有着巨大的差异,甚至同样的动作语言传达着截然相反的信息。谈判人员对于不同的形体语言、动作语言的运用和双方认知的差异,同样给谈判中的沟通制造了障碍。

文化差异也会导致谈判人员在沟通方式上的差异。国际商务谈判中的谈判双方经常属

---

① http://finance.sina.com.cn/Changjing/b/20070515/02313591212.shtml,有改动.

于不同的文化圈，有各自习惯和偏好的特定沟通方式。习惯于不同沟通方式的谈判双方要进行较为深入的沟通，往往就会产生各种各样的问题。有的国家的谈判人员的表达较为委婉、间接，有的国家的谈判人员可能就直截了当地表达自己的意见。

 背景资料

文化差异导致谈判双方语言沟通和非语言沟通上的差异

在语言沟通中，由于不同的文化背景，谈判双方的讲话风格也有不同。如日本商人采用礼貌的谈判风格，较少采用威胁、命令和警告性言论，不常使用"不""你"字和面部凝视。巴西商人使用"不"和"你"字的频率较高，不时地凝视对方并碰触对方。而法国商人在谈判中就显得就更加咄咄逼人，很频繁地使用插话、面部凝视以及"不"和"你"字。

在非语言沟通中，文化差异会导致不同国家和地区的谈判人员在表达过程中运用肢体语言时有着巨大的差异，甚至同样的动作传递着截然相反的信息。竖起大拇指这个动作在北美以及许多别的国家非常普遍，常被用来无声地表示支持和赞同"干得好！""OK"或者"棒极了！"以及其他十几种表达用语。然而，在某些地区，这个手势具有完全不同的意义。如在尼日利亚等地，这个手势却被认为非常粗鲁，因此，必须避免这么做。在日本和德国，竖起的大拇指用来计数，而在日本大拇指表示"5"，但在德国则表示"L"。①

二、文化差异对法律制度的影响

基于不同的社会哲学以及不同的社会发展的历史沿革等，不同国家的法律制度往往存在着很大的差异。谈判双方要想保证谈判活动的正常进行，保证谈判协议能够得以顺利实施，正确地认识法律制度的差异是不可忽视的。与此同时，一个值得注意的现象是，不仅不同国家的法律制度存在着明显差异，而且不同国家的法律制度得以遵照执行的程度也有很大的不同。在国际商务谈判中，谈判人员要遵守那些自己并不熟悉的法律制度，同时，还必须充分并深入地理解有关的法律制度，了解其执行情况，否则就很难使自身的利益得到切实的保护。

三、文化差异对合作双方关系的影响

在国际商务谈判中，语言、习惯、价值等文化差异与冲突，使国际经营文化环境更加复杂，假如谈判双方不能正确地面对文化差异，不能找出问题的根源所在，必然影响相互之间的沟通，难以形成统一的谈判目标，最终可能会导致国际经营活动和商业合作的失

---

① 刘园. 国际商务谈判［M］. 3版. 北京：中国人民大学出版社，2015，有改动.

败。如在案例导入中，戴姆勒-奔驰公司和克莱斯勒公司之间存在巨大的文化差异，公司从高层管理人员直至普通员工沟通上的严重障碍大大制约了总公司的整体运作。弥合两种文化的差异实在不是件容易的事。

问题探讨

美国千年通信公司的长途通信主管查德·约翰逊与某通信公司张先生就购买电子转换调节器展开谈判。而张先生所在的公司一直想就商品了解更多的细节。约翰逊认为几周后就会听到消息。一个月过去了，什么消息也没有，当他给张先生打电话时，张先生很有礼貌地说："我们一直在研究您所提出的方案，有些事需要解释一下，您能过来一下吗？"约翰逊问是否可以通过传真解决问题以提高速度，张先生执意要再见一次面。于是约翰逊又来到了中国。后来，美国人又换了一种方式，他们认为这种方式对于张先生来说将会进展顺利并节省协商时间。张先生所在的公司的回答是："我们会讨论讨论。"又过了将近6个月，张先生所在的公司仍没有消息。约翰逊再打电话，张先生又要求他到中国协商某些问题。结果可想而知，交易终止了。[①]

阅读以上资料，请思考谈判双方哪些方面的文化差异影响了谈判结果？

四、文化差异对谈判决策权限大小的影响

国际商务谈判的重要准则之一是要和拥有相当决策权限的人进行谈判，至少也必须是与能够积极影响有关决策的人员谈判。这就需要谈判人员了解对方企业的决策结构与决策权限，了解能够对对方决策产生影响的各种因素。谈判人员的决策权限及其对谈判的影响力取决于文化中的意识形态、政治制度、法律制度和社会规范。

五、文化差异对谈判风格的影响

谈判风格，是指谈判人员在谈判中所表现出的策略运用方式和作风，主要表现在谈判人员在谈判过程中的行为、举止和控制谈判进程的方法、策略、方式上。谈判风格深受文化的影响，文化中的价值观念因素决定了谈判人员的伦理道德，也影响了谈判人员的思维方式和个性行为，从而使不同文化背景的谈判人员形成风格迥异的谈判风格。如中西方谈判人员由于文化传统和文化观念的不同，在谈判过程中对问题的看法往往容易产生对立或误解。在中国，人与人的交往遵循"礼多人不怪"的相处原则，但是这种过分谦虚客气的习惯对外国人来讲并不适宜，西方人做事讲话一向客观，把人和事区分开来，这些都会造成中西方谈判人员形成不同的谈判风格。如果在进行国际商务谈判时，中方的谈判人员过

---

① 刘长明. 中外企业文化案例[M]. 北京：经济管理出版社，2000，有改动.

分礼让或者不能正确理解西方谈判人员的态度,都会导致谈判不能顺利进行。很显然,只有正确地认识并妥善地把握中西方存在的民族个性的差异,才能有效地帮助谈判人员及时地纠正自己的缺点,强化自身的优势,利用对方的缺点,瓦解对方的优势。又如,法国是一个工业发达的资本主义国家,在社会科学、文学、科技等方面有着卓越的成就。法国人对本民族的灿烂文化和悠久历史感到骄傲和自豪。由于重视历史的习惯,使法国谈判人员注意调查过去的谈判情况。在国际商务谈判中,法国谈判人员往往要求谈判对象接受以法语为谈判语言。他们很有人情味,重视与谈判对象的人际关系,并且每个法国谈判人员所担任的工作范围很广,因此在谈判中个人权限极大,其谈判效率也比较高。以上这些都是因为各国谈判人员所具有的不同文化背景而形成的不同的谈判风格。

任务二 个人谈判的谈判风格与集体谈判的谈判风格

案例导入

上海某一报业集团准备向德国一家印刷设备公司订购一套迄今为止最先进的印刷流水线。该报业集团派出的谈判代表分别是报业集团的副董事长、印刷车间的车间长及技工、采编部的资深记者、财务部的会计。报业集团这次是铁定要买下这套设备的,因为只有这样,他们才能够在竞争中脱颖而出。但根据他们事先获知的消息,这套设备由于是最先进的,所以对方的要价非常高,但也不是没有讨价还价的余地。①

【思考讨论题】请根据该谈判小组的构成、该报业集团想要达到的目标以及对方的情况提出可行的谈判策略,并讨论该谈判小组成员可以采取的合作方式。

一、个人谈判风格

个人谈判风格,是指谈判人员在国际商务谈判中通过言行举止表现出来的,建立在其文化沉淀基础之上的,关于谈判思想、谈判策略和行为方式等的特点。从微观讲,个人谈判风格是谈判人员的工作作风、气度、品格。

(一) 社交型谈判风格

社交型谈判风格是很多发展中国家的谈判人员经常采用的,而且被认为是比较有效的一种谈判风格。采用这种谈判风格的谈判人员非常强调社交因素,因为在这些法律不够完善的发展中国家,商业合同法并不完善,所以社交活动就成为评估和巩固谈判双方的贸易关系的途径。在这种情况下,谈判双方间的私人关系高于合同关系。谈判人员通过各种方

---

① 根据高宝公司官网相关案例改编。

式来使谈判对象信服:"我们已经充分考虑了你们的最佳利益,让我们先做朋友,再成为商业合伙人。"社交型谈判风格经常采用的方式有以下几种:召开豪华的招待会,丰盛的鸡尾酒会,举行家庭或节日活动,邀请谈判对象参加。通过这些方式,谈判双方建立了较为良好的关系,以减少谈判过程中可能出现的阻碍。

社交型谈判风格还有另外一种功能,就是让已经疲惫的谈判对象在各种活动中更多地消耗精力,或把谈判对象的注意力从谈判中岔开,从而使他们放松警惕,以透露信息或形成内部意见分歧。

(二) 技术型谈判风格

与社交型谈判风格不同,采用技术型谈判风格的谈判人员往往更加严谨而且一丝不苟。来自西欧国家的很多谈判人员就擅长采用这种谈判风格。

采用技术型谈判风格的谈判人员首先必须对所谈产品或服务有详细的了解,包括对各种数据要熟记于心。在正式的谈判场合中,谈判人员通过向谈判对象提供大量的技术细节和相关的数据,使谈判对象感觉到自己缺乏相关的知识而无法决定市场的价值,从而招架无力。同时,谈判小组还可以根据具体情况,吸收一名精通技术并在一线工作的成员。该名成员不但可以回答谈判对象偶尔提出的技术问题,还能阻止谈判对象压低(或抬高)该产品或服务技术价值的企图。

(三) 法律型谈判风格

与技术型谈判风格相比,采用法律型谈判风格的谈判人员也必须具备一定的专业知识。一般来说,几乎所有的国际商务谈判都会牵涉法律问题。谈判人员采用法律型谈判风格就是为了提醒所有参与谈判的人应在地方法律和国际法的约束下考虑他们的责任和潜在的利益。如果谈判小组或单个的谈判人员对法律知识知之甚少,就绝对会处于劣势。而谈判一方如果采用了这种方式,对方一定要迅速以同样的方式做出反应。

法律型谈判风格在不同的国家有不同的效果。在大部分发达国家,由于法律的严密性和其商业文化特性,谈判人员采用法律型谈判风格,一般能够比较顺利地达到己方的目的。

因此,在国际商务谈判中,如果对方来自另一个不同的商业文化环境的话,那就十分需要对东道主国家的法律体系及可使用的国际法有基本了解。

(四) 被动型谈判风格

被动就意味着不采取主动姿态。但是,采用被动型谈判风格的谈判人员并不总是处于被动地位,而他们采取被动的姿态也是为了下一步能主动做好准备。如果谈判对象误把被动当作赞同,那就有可能为此付出非常高昂的代价。

采用被动型谈判风格的谈判人员在谈判初期往往会表现出一切问题都可以商量的姿态,使得谈判对象毫无顾忌地把所有的底牌都亮在谈判桌上。被动的一方除了点头什么都没做,而对方却认为他们同意了一切。但是,这种点头方式仅仅表示理解。而当谈判对象的一切都被放到谈判桌上以后,采用被动型谈判风格的谈判人员就开始变得主动了。由于谈判对象基本上把所有的条件、问题、计划等都告知了己方,因此,采用被动型谈判风格的谈判人员能够很容易地找出其中的不足之处或是抓住其中的关键提出条件。这个时候,真正被动的人是谈判的另一方。

所以，在国际商务谈判中谈判人员必须记住一点：莫被谈判对象的假象迷惑住，永远在手中留一张王牌。

（五）进攻型谈判风格

在谈判桌上，并不是所有的谈判人员都采取一开始就被动的姿态，有些谈判人员从谈判开始就会主动进攻。

所谓进攻型谈判风格，就是谈判人员在谈判过程中气势汹汹逼人，藐视对方，决不宽恕，决不妥协，步步为营的谈判风格类型。采用进攻型谈判风格的谈判人员会使谈判对象产生很强烈的敌对情绪，因此如果滥用这种谈判风格的话，会导致谈判的失败甚至失利。而且，与日常生活一样，进攻必然意味着付出更大的代价，而且在进攻者盲目地急于一举战胜谈判对象时，常常被那些更有耐心的谈判对象以更隐蔽、更巧妙的方式击败。因此，谈判人员采用进攻型谈判风格只能是权宜之计，不能作为一个总的策略。

（六）顺从型谈判风格

采用进攻型谈判风格的谈判人员的最大敌人就是采用顺从型谈判风格的谈判人员。采用进攻型谈判风格的谈判人员在谈判一开始就咄咄逼人，而采用顺从型谈判风格的谈判人员则就势表现出欣然接受的意思，从而使谈判对象误以为他们的对手已经被自己的气势吓住。在整个谈判的初期，采用顺从型谈判风格的谈判人员一边避重就轻，一边摸清谈判对象此时此刻的态度，当他们基本上确认谈判对象已经觉得自己成功在即的时候，便开始反攻。这种时候往往是开始讨论重要问题的阶段。采用进攻型谈判风格的谈判人员在盲目攻击自以为快要取得胜利的当口忽然遭到谈判对象的反击，未免有点措手不及。采用顺从型谈判风格的谈判人员此时便可以开始加大谈判攻势的力度，并对先前的让步实施"报复"。采用进攻型谈判风格的谈判人员此时已经陷入困境，只能逃避代价相当高昂的谈判。要利用好顺从型谈判风格，谈判人员必须严格控制议事日程，并有足够的判断力来识别反攻的时机。

> **问题探讨**
>
> 采用顺从型谈判风格的谈判人员一直认为除非自己的意图暴露否则谈判对象不可能察觉自己的真实意图。有人认为可以通过谈判主题的变更或者对所有的重要事项同时进行讨论的方法打破采用此类型谈判风格的谈判人员的安排，直击谈判对象的意图。
>
> 阅读以上资料，请思考应对采用顺从型谈判风格的谈判人员的谈判方式。

二、集体谈判风格

在绝大多数情况下，谈判双方总是以小组的形式出现的。小组是一个团队，是一个集体，因此小组谈判也可以称为集体谈判，集体谈判风格的运用是谈判能否成功的关键。而集体谈判风格的选择又有与个人谈判风格的选择具有差异性。谈判小组是由不同的谈判人员组成的，集体中的各成员都具有独特的智力结构、文化背景及性格类型。因此，在确定集体谈判所采用的谈判风格时，首先应确定谈判人员，让他们来决定集体最终的谈判风格。

（一）意见一致型谈判风格

所谓意见一致型谈判风格，是指只有当谈判小组各成员的意见基本上一致了以后才能最后做出决定的谈判风格类型。

1. 意见一致型谈判风格的特征

采用意见一致谈判风格的谈判小组的每个成员都享有权力和责任；任何决定无论大小都由小组成员共同决定；发言人并不是唯一的，可以根据不同的讨论事项而随时更换；首席谈判代表只扮演协调员的角色，而且不能暴露身份。

2. 意见一致型谈判风格的优点

由于谈判小组的成员都有参与权和发言权，因此能够调动每个成员的积极性；对于那些并不是非常成熟的谈判人员，可以为他们提供足够的锻炼机会；每个小组成员的参与能够拾缺补漏，集思广益，能够多方面、多角度地考虑问题；由于每个决定都必须由全部的小组成员讨论决定，因此谈判对象不容易找到突破口，有"无机可乘"的感觉。

3. 意见一致型谈判风格的缺点

由于每个决定无论大小都要由谈判小组的全体成员讨论决定，因此进程缓慢，容易让谈判对象感到不耐烦甚至终止谈判；在谈判过程中，可能会有许多预期之外的情况发生，也需要进行讨论。这也就意味着谈判小组有可能无法在预定的期限内结束谈判。快到事先约定的期限了，谈判小组可能还有很多问题没有解决，这个时候谈判小组的成员就会手忙脚乱，反而会造成不必要的损失。

4. 采用意见一致型谈判风格的谈判小组需要注意的问题

在确定谈判小组的成员时，应挑选那些具备客观、冷静态度的人，切不可挑选那些容易情绪化的人员。因为一旦谈判小组的内部产生分歧，这些成员就有可能分不清重点，使得小组内的讨论无法继续下去；成员都应具备良好的沟通能力，并愿意做出合理的让步；成员应该来自同一种文化，并愿意接受团队的领导；成员除了应具备必要的专业知识以外，还应该对企业的大局有所了解；事先要做好充分的准备，确定小组讨论和做决定的方式以及基本协定的时间，不能让讨论漫无目地地一直继续下去。另外，要做好应对突发情况的预案；在谈判过程中，成员只需要认真聆听谈判对象阐述的观点并将其搞清楚，没有必要发表意见。

（二）平行组型谈判风格

与意见一致型谈判风格相似，采用这种谈判风格的谈判小组也对权力和责任进行分配。不同之处在于，采用平行组型谈判风格的谈判小组，其首席谈判代表会将整个团队分成若干个相对独立的平行小组，由每个小组分别就合同的一项或几项进行谈判。

1. 平行组型谈判风格的特征

每个谈判小组相对独立平行，而且有权力单独做决定，并对做出的决定负责；首席谈判代表宏观协调各个谈判小组的职能分配。

2. 平行组型谈判风格的优点

每个谈判小组能够根据自身的目的做成交易，而无须过多考虑企业其他部门的谈判结果；容易给谈判对象造成压力，本来只需与一方进行谈判，但实际情况是与各方进行斡旋，很可能会应接不暇。

3. 平行组型谈判风格的缺点

若谈判小组内部相互间出现任何问题或各平行组之间产生分歧，则会对谈判的全局效果产生不良影响。

4. 采用平行组型谈判风格的谈判小组需要注意的问题

谈判人员必须对谈判小组的立场充分理解和灵活运用。在做决定时，谈判人员应考虑整个团队的立场，事先必须有精心的组织安排。往往在这种谈判过程中会发生谈判职责划分不当的问题，因此必须有充分的准备才行；另外，拥有能够对各个小组的相互关系统筹管理的领导者是采用这种谈判风格成功的关键；要让谈判对象感到在与各个独立的小组进行谈判是这种方式的关键。而事实上各个小组的谈判却是一个统一的整体。

（三）牛仔型谈判风格

所谓牛仔型谈判风格，是指谈判小组中的成员在必要的情况下可以单独出马与谈判对象进行谈判。我们平常所谓的"牛仔"指的就是那些能够独立行事，同时也在为着集体的目标努力的人。

1. 牛仔型谈判风格的特征

这种谈判风格往往在涉及大量投资的国际商务谈判中使用，这种谈判不能仅由一次双方全体人员参加的大型谈判就能解决，往往需要安排一些专门的会议，如工程、营销、技术等方面的会议。在这种情况下，谈判就需要团队的个别成员或部分成员参加；采用牛仔型谈判风格的谈判小组成员不仅仅是行业专家，还应精通综合管理，并且明白整个团队要达到的一致目标。

2. 牛仔型谈判风格的优点

牛仔型谈判风格是谈判小组中的各个谈判人员分散作业，充分发挥各自的技能，以保证国际商务谈判的顺利进行。另外，这也对谈判小组中的谈判人员提出更高的要求，因为职能分配更加灵活，谈判人员的适应性更强。

3. 牛仔型谈判风格的缺点

牛仔型谈判风格的特点是经常一个人或少部分人单独行动，因此有时会因缺乏团队监督受到谈判对象的离间，从而影响整个谈判小组最终的决策。

4. 采用牛仔型谈判风格的谈判小组需要注意的问题

采用牛仔型谈判风格的谈判小组，首先要求谈判人员必须有足够的进取心和独自做决策的能力，这对于前面讲到的采用意见一致型谈判风格的成员可能会不太适应。其次，在正式谈判之外的谈判场合做出的决定往往会影响整个谈判的成败；谈判小组成员之间必须经常联系，保持信息的畅通，以确保实现团队的计划目标，并及时传达最新消息。虽然每位成员负责一部分工作，但谈判小组的整体工作是一盘棋；必须要保证谈判小组成员的忠诚，要认识到自身利益与独立行事的区别。然后就是采用这种谈判风格的谈判小组需要强有力的领导者，不仅要能够制定出明确的团队目标，还必须具有激发成员并有效控制局势的能力。

即使在同一个国家,谈判情形瞬息万变,谈判对象的类型也千差万别。如果想在日趋扩大的国际市场上立于不败,每一个团队以及团队的每一个谈判人员都必须掌握尽可能多的谈判风格类型。只善于使用一种谈判风格会在很大程度上限制谈判小组和谈判人员的活动范围。谈判人员只有尽可能多地熟练掌握更多的谈判风格或谈判风格的组合,才能运筹帷幄、谈判成功。

任务三 世界主要国家谈判人员的谈判风格

案例导入

日本一家公司要购买美国某公司的技术设备,方案确定后,他们先派了一个谈判小组到美国去,该谈判小组成员只是提问,边听美方公司谈判代表的解释边做记录,然后还是提问。美方公司的谈判代表对此项交易很有信心,也作了极认真的准备,整个谈判中,一直是美方公司的谈判代表滔滔不绝地介绍,日方公司的谈判代表则认真地倾听和记录。当美方公司的谈判代表讲完后,征求日方公司的谈判代表的意见时,日方公司的谈判代表却迷惘地表示"听不明白",要求"回去研究一下"。数星期后,第一个谈判小组回国了,日方公司的谈判代表又派出第二个谈判小组,又是提问、做记录,美方公司的谈判代表照讲不误,结果还是没有得到明确的消息。然后日方公司又派出第三个谈判小组,还是故伎重演,美方公司的谈判代表已经讲得不耐烦了,但也搞不清楚日方公司在耍什么花招。等到美国公司几乎对达成协议不抱什么希望时,日方公司又派出前几个小组联合组成的谈判代表团来同美国公司进行谈判,弄得美方公司不知所措。最后,日本公司大获全胜,在最不利的交易条件下争取到了最大的利益。①

【思考讨论题】1. 为什么美国公司在这次谈判中处于劣势?2. 通过案例分析日本人和美国人的谈判风格。

国际商务谈判要面对的谈判对象来自不同国家或地区。由于世界各国的政治制度和经济制度不同,各民族间有着迥然不同的历史、文化传统,所以各国谈判人员的文化背景和价值观念也存在明显差异。因此,他们在国际商务谈判中的风格也各有不同。在国际商务谈判中,如果谈判人员不了解这些不同的谈判风格,就可能闹出笑话,产生误解,既失礼于人,又可能因此而失去许多谈判成功的契机。谈判双方如果想在国际商务谈判中稳操胜券,就必须熟悉世界各国谈判人员不同的谈判风格,采取灵活的谈判方式。

---

① 白远. 国际商务谈判——理论案例分析与实践 [M]. 3版. 北京:中国人民大学出版社,2012,有改动.

一、美洲主要国家谈判人员的谈判风格

(一) 美国谈判人员的谈判风格

从总体上讲,美国谈判人员有着与生俱来的自信和优越感,他们总是十分自信地步入谈判会场,不断地发表自己的意见和提出自己的权益要求,往往在气势上显得咄咄逼人,而且语言表达直率,喜欢开玩笑。他们的这种坦率外露,善于直接向谈判对象表露出真实、热忱的感情的情绪也容易感染别人,对此应加以充分利用,以创造良好的谈判气氛,并以相应的态度予以回应,从而创造成功机会。

1. 谈判关系的建立

在国际商务谈判的过程中,美国谈判人员通常比较直接,不太重视谈判人员个人之间关系的建立。如果在业务关系建立之前竭力与美国谈判人员建立私人关系,可能引起他们的猜疑,使他们在谈判过程中特别警惕和挑剔,结果是过分"热情"的谈判人员倍感委屈,甚至蒙受损失。美国谈判人员喜欢公事公办,个人交往和商业交往是明确分开的。他们认为,良好的商业关系带来彼此友谊,而非个人之间的关系带来良好的商业关系。

2. 决策程序

受美国文化的深层影响,美国谈判人员对角色的等级和协调的要求比较低,往往尊重个人的作用和个人在实际工作中的表现。在企业的决策上,常常是以个人或少数人为特点自上而下地进行,在决策中强调个人责任。他们的自我表现欲望很强,乐意扮演"牛仔硬汉"或"英雄"的形象,在谈判中表现出大权在握的自信模样。在美国企业的谈判队伍中,代表团的人数一般不会超过7人,很少见到大规模的代表团。即使是有小组成员在场,谈判的关键决策者通常也只有一二人,遇到问题时他们往往有权做出决定,"先斩后奏"之事时常发生。但是,美国谈判人员在谈判前往往非常认真、充分、详细而规范地作资料准备,以便在谈判过程中能灵活地决策。

3. 时间观念

美国人的时间观念很强,办事要提前预约,并且准时。美国谈判人员总是努力节约时间,他们不喜欢繁文缛节,希望能直接切入正题。他们强调谈判应尽可能有效率地进行,迅速决策不拖沓。在美国人的价值观念中,时间是线性的而且是有限的,必须珍惜和有效地利用。美国人认为,最成功的谈判人员是能熟练地把一切事物用最简洁、最令人信服的语言迅速表达出来的人,因而美国谈判人员为自己规定的最后谈判期限往往较短。在整个谈判过程,他们总有个进度安排,精打细算地规划谈判时间的利用,希望每一个阶段逐项进行,并完成阶段性的谈判任务。他们一个事实接一个事实,一个问题接一个问题地讨论,直至最后完成整个协定的逐项议价方式被称为美式谈判。他们重视时间成本和谈判效率,常用最后期限策略来增加对方的压力,迫使谈判对象让步。如果一旦突破其最后期限,谈判很可能破裂。除非特殊需要,同美国谈判人员进行谈判的时间不宜过长。因为大多美国企业每月或每季度都必须向董事会报告经营利润的情况,如果谈判时间过长,就会对美国谈判人员失去吸引力。所以,只要谈判对象的报价基本合适,就可以考虑抓住时机拍板成交。

4. 沟通方式

根据文化人类学家霍尔对文化的分类，美国文化属于低内涵文化。在低内涵文化模式中，沟通比较容易和直接。美国谈判人员坦诚直率、干脆利落、头脑灵活，不断发表自己的意见和看法。他们注重实际，对"是"与"非"有明确理性的定义。当他们无法接受谈判对象提出的条件时，就明白地告诉对方自己不能接受，而且从不含糊其词，使对方心存希望。无论是介绍还是提出建议，美国谈判人员都乐于简明扼要，在谈判中尽量提供准确的数据。对于任何非直接、模棱两可的回答会被美国谈判人员视为缺乏能力与自信，不真诚甚至虚伪的表现。美国人推崇人人平等，交往中不强调等级差别。对于谈判，美国谈判人员认为是谈判双方公平自由的协商，应该有"双赢"的结果，所以希望彼此尽量坦诚地陈述观点和意见。美国的企业十分欣赏能积极反应、立足事实、大方地讨价还价，为取得经济利益而精于施展策略的人。每当这时他们有种"棋逢对手"的兴奋；相反，过分谦虚、立场不鲜明，只会给美国谈判人员造成不良印象，还容易产生纠纷。

5. 对合同的态度

美国谈判人员重视契约。他们认为，双方谈判的结果一定要达成书面的法律文件，明确彼此的权利和义务，达成书面协议是谈判成功的关键一步。美国谈判人员总是认真仔细地订立合同，力求完美。合同的条款从产品特色、运送环节、质量标准、支付计划、责任分配到违约处罚、法律适用等无一不细致精确，以致显得冗长而烦琐。但他们认为正是包含了各方面的标准，合同才提供了约束力，带来安全感。合同一旦签订，他们会认真履约，不会轻易变更或放弃。

 背景资料

美国谈判人员的谈判礼仪与谈判禁忌

1. 交谈时，彼此站立间距约0.9米，每隔2～3秒有视线接触。
2. 多数美国谈判人员都随身带有名片，但是，他们的名片通常是在认为有必要以后再联系时才交换，因为他们在接受别人的名片时往往并不回馈。
3. 不要在周末和公定假日（如元旦、退伍军人节、感恩节、哥伦布日等）找美国的企业进行国际商务谈判。
4. 美国谈判人员进入谈判时总是充满信心，只简单寒暄几句就进入正题，答复明确且肯定。谈判对象过于低估自己的能力或缺乏自信，会令美国谈判人员瞧不起。

（二）拉美国家谈判人员的谈判风格

1. 谈判关系的建立

拉美国家的贸易伙伴不是很注重物质利益，而比较注重感情，因此，若谈判人员想与拉美国家的企业建立贸易往来，最好先与他们成为朋友，这样他们会优先考虑与对方合作。另外，和拉美国家的企业进行国际商务谈判，要表现出对其文化风俗的理解与尊重，以争取信任。拉美的一些国家对进口证审查很严，对进出口和外汇管制都有不同程度的限制。所以，在进行贸易谈判前，谈判人员必须深入了解其贸易保护政策和具体执行情况。值得注意的是，拉美地区国家较多，谈判特点不都相同。如阿根廷谈判人员会在谈判中不厌其烦地与谈判对象反复握手；巴西谈判人员酷爱娱乐，不会让谈判妨碍其享受闲暇的乐趣；智利、巴拉圭和哥伦比亚谈判人员相对比较保守，特别欣赏彬彬有礼的谈判对象等。总之，适应这些国家谈判人员的谈判节奏，建立良好的个人关系，才能保证谈判成功。

2. 决策程序

拉美国家的谈判小组中的等级性较强，决策多来自于参与国际商务谈判的企业高层。与拉美国家的谈判人员进行谈判时，要注意真正的决策者在谈判过程中可能参与的并不多，但是他们作为决策者会在关键时刻根据谈判阶段和实际情况提出意见，下达命令和做出决定。

3. 时间观念

拉美国家谈判人员的时间观念和商业意识都较弱。他们一天工作的时间较短，假期又多，如秘鲁的劳动法规定，工作一年就可以有一个月的带薪假期。因此，常常在谈判的关键时刻，谈判人员要去休假，谈判活动只好等休假后再继续。在谈判中，他们也常常会慢半拍，当谈判对象觉得谈判已到了实质阶段，他们却认为这仅仅是准备阶段。因此，谈判进程是比较慢的，而且决策时间也会拖长。

4. 沟通方式

拉美国家的人最突出的性格特点是固执、个人人格至上和富于男子气概。因此，固执不妥协的特点也体现在与拉美国家谈判人员的国际商务谈判中，他们对自己意见的正确性坚信不疑，往往要求谈判对象全盘接受，很少主动做出让步，如果他们对别人的某种请求感到不能接受，一般也很难让他们转变。个人人格至上的特点使得拉美国家谈判人员特别注意的是谈判对象本人而不是其所属的企业或团体，一旦他们认定对方是有较强工作能力和丰富工作经验并且是企业或团体中的重要人物便会对其肃然起敬，以后的谈判就会比较顺利。

5. 对合同的态度

拉美商人不重视合同，常常在签约之后又要求修改，合同履约率不高，特别是不能如期付款。由于拉美国家经济发展不平衡，国内时常出现高通货膨胀率，所以在对其出口交易中，要力争用美元支付。

二、欧洲主要国家谈判人员的谈判风格

（一）英国谈判人员的谈判风格

1. 谈判关系的建立

言行慎重的英国人不轻易与对方建立个人关系。英国谈判人员在谈判初期，尤其是初次接触时，通常与谈判对象保持一定的距离，让人感到他们高傲、保守。随着时间的推移，他们才与谈判对象慢慢接近、熟悉起来，并且会长期信任对方。与美国谈判人员相似，他们习惯于将商业活动和自己的个人生活严格分开，有一套关于商业活动交往的行为礼仪的

明确准则。个人关系往往以完成某项工作、达成某个谈判为前提,是滞后于商业关系的。

2. 决策程序

英国谈判人员比较看重秩序、纪律和责任,组织中的权力自上而下流动,等级性很强,决策多来自于上层。他们比较重视个人能力,不喜欢分权和集体负责。在国际商务谈判中,英国人的等级观念使他们比较注重谈判对象的身份、经历、业绩、背景,而不像美国谈判人员那样更看重谈判对象在谈判中的表现。所以,在必要的情况下,指派较有身份和地位的人参加与英国谈判人员的谈判会有一定的积极作用。

3. 时间观念

英国谈判人员对时间的看法非常严谨。他们崇尚准时和守时,有按日程或计划办事的习惯和传统。在国际商务谈判活动中,英国谈判人员讲究效率,谈判大多进行得较紧凑,不拖沓。

4. 沟通方式

英国人素以绅士风度闻名世界,常常处变不惊、谈话轻描淡写。英国谈判人员谈判稳健,在开场陈述时十分坦率,常常也考虑谈判对象的立场和行动,对于建设性意见的反应积极。他们的自信心强,还特别表现在讨价还价阶段,如果出现分歧,他们往往固执己见,不肯轻易让步,以显示其大国风范,让人觉得他们持有一种非此即彼、不允许讨价还价的谈判态度。崇尚绅士风度的英国谈判人员在谈判时不易动怒,也不易放下架子,喜欢有很强的程序型的谈判,一招一式恪守规定。无论谈判场内外,英国谈判人员都很注重个人修养,尊重谈判对象,不会没有分寸地追逼对方。因此,如果谈判对象能在谈判中显示出良好的教养和风度,就会很快赢得英国谈判人员的尊重,为谈判成功打下良好的基础。

5. 对合同的态度

英国谈判人员很重视合同的签订,喜欢仔细推敲合同的所有细节。谈判条件既定后他们不愿改动,注意钻研理论并注重逻辑性。一旦认为某个细节不妥,他们便拒绝签字,除非谈判对象耐心说服,并提供有力的证明材料。英国谈判人员一般比较守信用,履约率比较高。他们一般比较守信用,履约率比较高。但国际上对英国谈判人员比较一致的抱怨是他们有不大关心交货日期的习惯,出口产品时经常不能按期交货。所以,在与英国谈判人员签订的协议中万万不可忘记写进延迟发货的惩罚性条款以便加以约束。

 背景资料

英国谈判人员的谈判礼仪与谈判禁忌

1. 忌讳系有纹的领带(因为带纹的领带可能被认为是军队或学生校服领带的仿制品)。

2. 忌讳以皇室的家事为谈话的笑料。

3. 忌讳把英国人笼统地称呼为"英国人",应该具体地称呼为苏格兰人、英格兰人或爱尔兰人。

4. 忌讳社交场合高声说话或举止过于随便。

5. 较少在夏季和圣诞节至元旦期间进行国际商务谈判。

(二)法国谈判人员的谈判风格

1. 谈判关系的建立

法国人乐观、开朗、热情、幽默,注重生活情趣,富有浓郁的人情味、爱国热情和浪漫情怀,非常重视相互信任的朋友关系,并以此影响与他人的合作关系。在国际商务谈判中,法国谈判人员往往凭借着信任和人际关系进行,在未成为朋友之前,他们不会同谈判对象进行大宗交易,而且他们习惯于先用小生意进行试探,待建立信誉和友谊之后,大生意便接踵而至。热情的法国谈判人员将家庭宴会作为最隆重的款待,但决不能将家庭宴会上的交往视为交易谈判的延伸。一旦将谈判桌上的话题带到餐桌上来,法国谈判人员会极为不满。

2. 决策程序

法国的家族企业多,讲究产品特色,不轻易做出超越自己财力范围的投资。一般情况下,法国企业的组织结构单纯,自上而下的层次不多,比较重视个人力量,很少进行集体决策,从事谈判也大多由个人承担责任,决策迅速。法国谈判人员大多专业性强,熟悉产品,知识面广。所以,即使是专业性很强的专业谈判,他们也能一个人独当几面。

3. 时间观念

对别人要求严格,对自己要求比较随便是法国谈判人员时间观的一大特点。在与他们的交往中,如果谈判对象迟到,不论出于什么原因都会受到冷淡的接待;但如果法国谈判人员迟到,他们总会找到一些理由。在法国有个非正式的习俗,即在正式场合,主宾的身份越高,到得越迟。

4. 沟通方式

法国谈判人员大多十分健谈,富有感情,话题广泛,而且口若悬河、出口成章。在谈判开始时,他们喜欢聊一些社会新闻及文化方面的话题,以创造一种轻松友好的气氛,否则将被视为"枯燥无味的谈判者"。法国谈判人员会在边聊边谈中慢慢转入正题,在最后做决定阶段,才一丝不苟地进行谈判。他们在谈判方式上偏爱横向式谈判,即先为协议勾画出一个轮廓,然后达成原则协议,最后再确认谈判协议各方面的具体内容。法国谈判人员非常尊重自己的传统文化和语言,在国际商务谈判中多使用法语,所以,要与法国人长期进行商务往来,谈判人员最好学些法语,或是在谈判时选择一名好的法语翻译人员。

5. 对合同的态度

法国谈判人员比较注重信用,一旦签约,会比较好地执行协议。在合同条款中,他们非常重视交货期和质量条款。在合同的文字方面,他们往往坚持使用法语,以示其爱国热情。为此,与法国谈判人员签订协议不得不使用两种文字,并且要商定使用两种文字的合同具有同等的法律效力。在谈判中,主要问题谈妥后,他们便急于签约。他们认为具体问题可以以后再商量或是日后发现问题时再修改。所以,与他们合作时经常出现昨天签的协议明天就要修改的情况。法国谈判人员不喜欢为谈判制定严格的日程安排,但喜欢看到成果,所以在各个谈判阶段都有"备忘录""协议书"之类的文件,以便为后面的正式签约奠定基础。

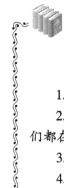 **背景资料**

法国谈判人员的谈判礼仪与谈判禁忌

1. 商业款待多数在饭店举行,在餐桌上一般要避免讨论业务。
2. 尽量避免在7月底至9月初期间与法国谈判人员进行国际商务谈判,因为他们都在度假。
3. 他们偏向横向式谈判,坚持在谈判中说法语。
4. 谈判中不喜欢聊私人话题,初次会晤,忌讳送礼。

(三)德国谈判人员的谈判风格

1. 谈判关系的建立

德国谈判人员沉稳、自信、好强、勤奋、严谨,对发展个人关系和商业关系都很严肃,不大重视在建立商务往来之前先融洽个人关系。要想得到德国谈判人员的尊重和信任,谈判对象的着装必须严肃得体。在与德国谈判人员最初的几次会面中,他们显得拘谨、含蓄甚至生硬。一旦彼此熟悉,建立商务关系且赢得他们的信任后,便能有希望长期保持。德国谈判人员不喜欢"一锤子"买卖,求稳心理强。在谈判前,他们会想方设法掌握翔实的第一手资料,不仅要调查研究谈判对象要购买或要销售的产品,还要仔细研究对方的企业,以确定对方能否成为可靠的商业伙伴。只有在对谈判的主题、日程、标的物的品质和价格,以及对方企业的经验、资信情况和谈判中可能出现的问题以及对应策略作了详尽研究、周密的安排之后,他们才会坐到谈判桌前。

2. 决策程序

在国际商务谈判中,德国谈判小组强调个人才能。个人意见和个人行动对商业活动有着重大影响。各企业纪律严明,秩序性强,决策大多自上而下做出,不习惯分权或集体负责。

3. 时间观念

无论是公事还是私事,德国谈判人员都非常守时。他们在商业谈判和一般社会交往中忌讳迟到。对于迟到的谈判对象,德国谈判人员会毫不掩饰他们的不信任和厌恶,令对方处于尴尬的境地。另外,德国谈判人员的上班时间最长,早上8点以前上班,有时要晚上8点才下班。

4. 沟通方式

尽管德国人比较保守,但他们办事雷厉风行,考虑事情周到细致,注重细枝末节,力争任何事都完美无缺。在谈判前,德国谈判人员会收集详细的资料,准备十分周密。他们从不打没有准备的仗,充分的准备使他们在谈判一开始便占据主动。他们的谈判思维极具系统性、逻辑性,在谈判桌上表现果断,极注重计划性和节奏紧凑,一开始就一本正经地进入正题。在谈判中,德国谈判人员喜欢直接表明所希望达成的交易,准确确定交易方式,详细列出谈判主题,提出内容详细的报价表,清楚、坚决地陈述问题;德国谈判人员谈判时语气严肃,都是以一种清晰、有序和有权威的方式加以表述。但是,德国谈判人员在谈判中常常固执己见，有时也缺乏灵活性。

5. 对合同的态度

德国贸易伙伴素有"契约之民"的雅称，他们非常重视和尊重契约。在国际商务谈判中，德国谈判人员将涉及合同条款的每个细节都认真推敲，明确双方的权利以及义务后才签字。这种百分之百的谈判作风，使得德国人的履约率在欧洲最高。他们会一丝不苟地按照合同办事，诚实可信。同时，他们也严格要求对方，除非有特殊情况，绝不理会其贸易伙伴在交货和支付的方式及日期等方面提出的宽限请求或事后解释。他们重视商权，在德国的法律条文中有严格而明确的商权规定，如如果要取消代理契约，必须支付5年期间平均交易额的所得利润，否则不能取消代理契约等。

背景资料

德国谈判人员的谈判礼仪与谈判禁忌

1. 尽量使用德语与德国谈判人员进行国际商务谈判，或者为谈判小组配备高水平的德语翻译。

2. 德国谈判人员在价格上让步的幅度一般在20%以内。

3. 在德国，谈判时间不宜定在晚上，除非谈判特别重要。

（四）俄罗斯谈判人员的谈判风格

1. 谈判关系的建立

俄罗斯是礼仪之邦。俄罗斯贸易伙伴热情好客，注重个人之间的关系，愿意与熟人进行商务谈判。他们的商业关系是建立在个人关系基础之上的。只有建立了个人关系，相互信任和相互忠诚，才会发展成为商业关系。在与俄罗斯谈判人员进行交往时，必须注重礼节，尊重其民族习惯，对当地的文化艺术表示出兴趣等。只有这样，在谈判中才会赢得他们的好感、诚意与信任。

2. 决策程序

俄罗斯谈判人员往往以谈判小组的形式出现在国际商务谈判中，其等级地位观念重，责任常常不太明确具体，容易减慢谈判节奏。在决策过程中，他们推崇集体成员的一致决策和决策过程的等级化。俄罗斯谈判人员喜欢按计划办事，一旦谈判对象的让步与其原定目标有差距，则难以达成协议。由于俄罗斯谈判人员在谈判中经常要向领导者汇报情况，因而谈判中决策与反馈的时间较长，他们还喜欢带上各种专家，这也延长了谈判时间。

3. 时间观念

俄罗斯有一句古老的谚语："如果你打算出门旅行一天，最好带上一周的面包。"因为在俄罗斯，难以预料和不确定的因素太多。他们认为，时间是非线性的，没有必要把它分成一段一段地加以规划。在进行国际商务谈判时，俄罗斯谈判人员不爱提出讨论提纲和详细过程安排，谈判节奏松弛、缓慢，办事效率较低。

4. 沟通方式

俄罗斯谈判人员继承了古老的以少换多的交易之道,在谈判桌前表现得非常精明。他们很看重价格,不论谈判对象的报价多么低,他们都不会接受对方的首轮报价。他们的压价手法多种多样,如他们会"降价求名",以日后源源不断的新订单希望谈判对象降价,一旦对方降低了价格,他们就会永远将价钱压在低水平上。另外,他们会"欲擒故纵",告诉谈判对象:"你的开价实在太高,你的竞争者们的报价都相当低,如果跟他们做生意,现在都快达成协议了。"再不然,他们就采用"虚张声势"的强硬招数,大声喊叫:"太不公平了"或是敲桌子以示不满,甚至拂袖而去。这时,谈判对象较为灵活的做法是,事先为他们准备好一份标准报价表,所有的价格都有适当的溢价,为以后的洽谈降价留下后路,以迎合俄罗斯谈判人员的心理。

5. 对合同的态度

俄罗斯谈判人员重视合同,一旦达成谈判协议,他们会按照协议的字面意义严格执行,同时,他们也很少接受谈判对象变更合同条款的要求。在谈判中,他们对每个条款,尤其是技术细节和索赔条款十分重视,常在谈判中索要各种技术资料,如详细的车间设计图纸、零件清单、设备装配图纸、原材料证明书、化学药品和各种试剂、各种产品的技术说明、维修指南等,并在合同中精确表示索赔条款。

 背景资料

俄罗斯谈判人员的谈判礼仪与谈判禁忌

1. 俄罗斯谈判人员对研究过俄罗斯文化艺术的外国商人特别尊重。
2. 谈判时间应定在上午10时至下午5点之间,最好是在下午1点至3点。
3. 俄罗斯谈判人员忌讳以左手接触别人或以左手递送物品。
4. 不要谈论战争、政治或是宗教等话题。俄罗斯谈判人员对于有关国家丧失超级强权地位的话题十分敏感。
5. 首次会面的时候,进行陈述介绍的时候切忌不要以玩笑的口吻开始。

问题探讨

美国一家公司与日本一家公司进行一次比较重要的贸易谈判,美国公司派出了自认为最优秀的谈判小组,大多是30岁左右的年轻人,还有1名女性。但到日本后,他们却受到了冷遇,不仅日本公司的总经理不肯出面,就连分部的负责人也不肯出面接待。在日本公司看来,年轻人是不适宜参与如此重要的会谈的。结果,美方公司不得不撤换了这几位谈判人员,日方公司才肯出面洽谈。

阅读以上资料,针对以上情况,请思考美国企业和日本企业在组建谈判小组时的差异。

三、亚洲主要国家谈判人员的谈判风格

（一）日本谈判人员的谈判风格

1. 谈判关系的建立

日本谈判人员的谈判方式独特，被认为是"很难对付的谈判对象"。日本谈判人员十分重视人际关系，相信良好的人际关系会促进业务的往来和发展，人际关系的建立及其信任程度决定了与日本企业建立商务关系的状况。日本企业相信一定形式的介绍有助于双方尽快建立业务关系。因此，谈判之初，日本谈判人员会想方设法找一位与他们共事的人或有业务往来的企业作为谈判初始的介绍人。与日本企业的商务合作往往通过私人接触建立联系，或通过政府部门、文化机构以及有关的组织安排活动来建立联系。与日本谈判人员进行第一次洽谈，首先应进行拜访，让本企业地位较高的负责人拜访对方具有同等地位的负责人，以引起对方的重视，在拜访中，一般不要谈重要的事项，也不要涉及具体的、实质性问题。谈判双方可以通过一番寒暄，用迂回的方式称赞对方；或是谈谈中国的历史、哲学，特别是儒家文化等，若谈判对象在这方面有所研究会令日本谈判人员肃然起敬，有利于接下来的正式谈判。

2. 决策程序

在日本的企业中，决策往往不是由最高领导层武断地做出的，而是要在企业内部反复磋商，凡有关人员都有发言权。企业高层领导通常派某人专门整理所需决策的情况，集中各方面的意见，然后再做出决策。日本企业参与谈判的决策程序或步骤往往令谈判小组的每个成员感觉到自身参与的重要作用，表现为两大特点：一是自下而上，上级批准。即先由下级或部属对某个方案进行讨论认同，然后再由上级领导决定。这一特点由于建立在充分讨论的基础上，因而容易执行。但决策时间过长，效率不高。二是认同在先，集体决策。在谈判过程中，日本谈判人员总是分成几个小组，任何个人都不能对谈判的全过程负责，决策必须征求全组人员的意见。任何决策只有在全组人员均认可后才能付诸实施。

3. 时间观念

由于认同在先、集体决策，因此日本谈判人员的决策过程较慢，并受到许多外国谈判人员的批评。因此，在与日本谈判人员的谈判过程中，谈判对象想急于求成是不太现实的。日本谈判人员对截止日期、时间等不理不睬。在谈判对象的各种压力之下，他们仍然心平气和、沉着冷静。

4. 沟通方式

日本谈判人员往往采用委婉、间接的谈判风格。他们在谈判中会显得殷勤谦恭，对长者或对某方面强于自己的人充满崇敬之情。实际上他们固执坚毅，常在说说笑笑中讨价还价，这反映了"礼貌在先，慢慢协商"的态度，使谈判在友好的氛围中进行，同时也使谈判对象逐渐放松警惕，便于杀价。欧美一些国家的谈判人员称日本谈判人员的彬彬有礼是

"带刀的礼貌",所以与日本谈判人员进行国际商务谈判时必须牢记:其谦恭的外表之下隐藏着誓不屈服和不妥协的决心。另外,日本谈判人员十分通晓"吃小亏占大便宜"和"放长线钓大鱼"的谈判哲理。无论是在谈判桌前还是在会场外,他们都善于用各种方式去软化谈判对象的谈判立场,从而获取更大利益。如他们常用折扣手法来奉迎买方的心理,其实在他们主动提出打折之前早已抬高了价格,留足了余地。许多的日本谈判人员在谈判战略上都能灵活地处理眼前利益与长远利益的关系,如在整台机械设备上让利以达成交易,从而取得以后的专用零配件的供应权。因此,与日本企业进行国际商务谈判时,要对交易利益等进行通盘考虑。

5. 对合同的态度

日本谈判人员有一套自己的标准和原则。他们认为,相互之间的信任在业务往来中最重要,不必明白无误地签订详细的合同。因此,即使是书面形式的合同,合同的内容也非常简短。他们大量依赖于口头协议。书面协议仅仅在纠纷产生时作为参考文件。

背景资料

日本谈判人员的谈判礼仪与谈判禁忌

1. 日本谈判人员忌讳在谈判过程中偷偷增加人数,他们愿意自己一方人多,一个原因是心理上让对方感到紧张,另一个原因是谈判小组在做决定时需要各个部门、各个层次的雇员参加。

2. 日本谈判人员忌讳在谈判小组中用律师、会计师和其他职业顾问,他们在谈判中不会包括这些人,因为对其抱有怀疑态度。

3. 谈判对象不要当面和公开地批评日本人。

(二) 韩国谈判人员的谈判风格

1. 谈判关系的建立

韩国谈判人员相信"知己知彼,百战不殆"。他们非常重视国际商务谈判的准备工作。谈判前,他们会千方百计对谈判对象的情况进行咨询了解,一般是通过有关的咨询机构了解对方的情况,如经营项目、生产规模、企业资金、经营作风以及有关商品的市场行情等。了解、掌握有关信息是他们坐到谈判桌前的前提条件。与韩国谈判人员进行谈判时,谈判对象最好找一个中间人作介绍。韩国是一个组织严密的社会,所有有影响的人物大家都熟悉,如果由其出面介绍谈判对象与一家韩国企业进行接触,而不要贸然前去;也可以请谈判双方都尊重的第三方出面介绍。

2. 决策程序

决策结构和关系一样,人的因素始终是决定性的。从某种程度上说,韩国企业的决策系统比较复杂,组织结构类型多,组织管理层次成高耸型,决策信息传递慢。企业的高层领导往往是谈判的决策者。争取他们的参与,有利于明确彼此需承担的义务,便于执行谈判协议。

3. 时间观念

韩国谈判人员逻辑性强，做事有条理。在国际商务谈判中，对时机的判断会直接影响交易行为。他们信奉欲速则不达，防止拔苗助长、急躁妄为。如果时机不成熟，他们宁可按兵不动，也不会草率行事。在进行国际商务谈判时，韩国谈判人员更乐于开门见山、直奔主题，远比日本谈判人员爽快，因此工作效率也比较高。

4. 沟通方式

韩国谈判人员在长期的国际贸易实践中积累了丰富的经验，他们善于在不利的贸易谈判条件中寻找突破口，从而占据有利地位，让谈判对象甘拜下风。因此，西方发达国家称他们为"谈判的强手"。谈判时，他们往往先将主要议题提出讨论。按谈判阶段的不同，主要议题一般分五个方面，即阐明各自的意图、报价、讨价还价、协商、签订合同。韩国谈判人员常用的谈判方法有两种，即横向式谈判与纵向式谈判。前者是进入实质性谈判后，先列出重要或特别条款，然后逐条逐项进行磋商。后者即对共同提出的条款逐条进行协商，取得一致后，再转向下一条的讨论。有时他们也会两种方法兼而用之。在谈判过程中，韩国谈判人员会针对不同的谈判对象，使用"声东击西""疲劳战术""先苦后甜"等谈判策略，不断地讨价还价。有些韩国谈判人员直到最后一刻仍会提出"价格再降一点"的要求。他们也有让步的时候，但目的是在不利形势下，以退为进来战胜谈判对象。这充分反映了韩国谈判人员在谈判中的顽强精神。

5. 对合同的态度

在签订合同之前，韩国谈判人员通常格外谨慎，会认真地审查全部细节；在订立合同之后，他们一般较重视合同的履行，履约率较高。在签约时，韩国谈判人员喜欢用三种具有同等法律效力的文字作为合同的使用文字，即谈判对象所在国家的语言、韩语和英语。

 背景资料

韩国谈判人员的谈判礼仪与禁忌

1. 由于发音与"死"相同的缘故，韩国商人对"4"这一数字十分厌恶。

2. 与韩国谈判人员进行谈判时，发音与"死"相似的"私""师""事"等几个词最好不要使用。

3. 与韩国谈判人员用餐时，不能随便出声说话，若不遵守这一进餐礼节，会引起反感。

4. 韩国人很爱面子。在谈判中，不能当面出言指责他们的不足；不能使用"不"字来拒绝韩国谈判人员。

5. 与韩国人的谈判交往中，晚上的娱乐活动起着重要作用。他们认为，让贸易伙伴在异国他乡孤独地待在饭店里，这是失礼的。所以，不要拒绝韩国谈判人员安排的娱乐活动。

本部分重点内容网络图

国际商务谈判中的文化差异及谈判风格
- 文化差异对国际商务谈判行为的影响
  - 文化差异对谈判沟通过程的影响
  - 文化差异对法律制度的影响
  - 文化差异对合作双方关系的影响
  - 文化差异对谈判决策权限大小的影响
  - 文化差异对谈判风格的影响
- 个人谈判风格和集体谈判风格
  - 个人谈判风格
  - 集体谈判风格
- 世界主要国家谈判人员的谈判风格
  - 美洲主要国家谈判人员的谈判风格
  - 欧洲主要国家谈判人员的谈判风格
  - 亚洲主要国家谈判人员的谈判风格

复习思考题

一、简答题

1. 文化差异对国际商务谈判会产生哪些重要影响？
2. 个人谈判和群体谈判的谈判风格的差异和共性分别有哪些？
3. 日本谈判人员具有哪些谈判风格？
4. 美国谈判人员具有哪些谈判风格？
5. 英国谈判人员具有哪些谈判风格？
6. 法国谈判人员具有哪些谈判风格？
7. 德国谈判人员具有哪些谈判风格？
8. 俄罗斯谈判人员具有哪些谈判风格？
9. 韩国谈判人员具有哪些谈判风格？

二、案例分析

某日本商社邀请你们到东京商谈订购农产品事宜。当抵达羽田机场时，该商社的社长率手下的公关部A科长已在迎候你们。在送你们前往饭店的途中，该社长交代A科长为你们安排回程机票的订位事宜，并热情地建议你们将机票交给A科长，一切由他代为办理。在这种情况下你们会选择以下哪种方式？

（1）多谢该社长的一番盛情，将机票交出，并将回程的各项细节交代给A科长，请他代为办理。

（2）多谢该社长的一番盛情，告诉对方机票没有划定回程座位，而且你们才刚刚抵达东京，还有很多的时间，因此不急于考虑回程机票的订位事宜。[①]

---

① 陈文汉. 商务谈判实务 [M]. 北京：机械工业出版社, 2013, 有改动.

【分析】不同文化背景的商务人士对于商务交往活动的认识也不同，日方和中方的商务谈判人员具有各自的谈判风格，依据自身的特点，在商务交往中会表现出不同的态度。

【思考】你作为中方公司的谈判人员，针对以上情况的选择方式是基于什么原因？

实践与训练

实训一：请运用所学知识，在课堂讨论以下问题

1. 实训内容

中国 A 公司要向德国 B 公司出售绝缘手套，B 公司也同意签订合同，但是在签订合同之前，B 公司的谈判代表告知 A 公司的谈判代表价格必须削减 10%，否则不能签约。请结合德国谈判人员的谈判风格讨论中方公司的谈判代表应该怎样做？

2. 实训目的

熟知德国谈判人员的谈判风格，熟练掌握跟德国谈判人员进行国际商务谈判时的谈判技巧和注意事项。

3. 实训要求

结合德国谈判人员的谈判风格，讨论面对合同签订之前 B 公司谈判代表的议价要求，A 公司的谈判代表应该采取的应对措施。

4. 实训步骤

第一，回顾、温习德国谈判人员的谈判风格。

第二，阅读实训内容，讨论 A 公司的谈判代表应该如何应对。

第三，结合实训案例，明确在与德国谈判人员的国际商务谈判中，中方谈判人员在决策程序和合同签订环节应注意的事项，以避免德国谈判人员临时议价，从而造成不必要的损失。

实训二：模拟实训

1. 实训内容

以 4 人为单位组成谈判小组，每组代表不同国家的谈判人员就某项贸易往来进行国际商务谈判，并表现出各国谈判人员的谈判风格和谈判特点，模拟整个谈判流程。

2. 实训目的

熟知谈判小组的人员构成和职责分配，了解各国谈判人员的谈判风格，熟悉从谈判关系的建立到最后合同的签订整个国际商务谈判的流程。

3. 实训要求

组成 4 人谈判小组，代表不同国家的谈判人员为自己所在的公司与谈判对象进行国际商务谈判。

4. 实训步骤

第一,以 4 人为单位组成代表不同国家的谈判小组,并确定小组内谈判人员的职责分配。

第二,每个谈判小组选择一个代表其他国家的谈判小组,就某项贸易往来进行国际商务谈判,模拟整个国际商务谈判的流程。

第三,总结跟不同国家的谈判人员进行国际商务谈判时需要注意的问题和应对方案。

学习情境 8
国际商务谈判礼仪

学习目标

谈判双方人员具备良好的礼仪是国际商务谈判中不可缺少的素质，也是国际商务谈判取得成功的基本保证。谈判人员掌握良好的个人礼仪和主场、客场谈判礼仪会给谈判对象留下良好的印象，形成和谐的谈判氛围，使谈判在互相尊重和理解的气氛中进行。本学习情境详细地介绍了国际商务谈判礼仪的注意事项。通过学习，学习者应掌握国际商务谈判礼仪的惯例，了解谈判人员的仪容仪表应如何保持，以及熟悉国际商务谈判中主场、客场谈判的礼仪事项。

知识点

1. 掌握国际商务谈判的礼仪。
2. 了解国际商务谈判礼仪惯例。
3. 了解谈判人员的仪表与修饰。

技能点

1. 熟悉国际商务谈判的主场、客场谈判礼仪。
2. 领会谈判过程中的礼仪。

任务一　国际商务谈判礼仪惯例

案例导入

中国某企业与德国一家公司洽谈割草机出口事宜。按礼节，该企业的谈判人员提前 5 分钟到达公司会议室。客人到后，谈判人员全体起立，鼓掌欢迎。不料，德方谈判人员的脸上不但没有出现期待的笑容，反而均显示出一丝不快的表情。更令人不解的是，按计划一上午的谈判日程，半个小时便草草结束，德方谈判人员匆匆离去。

事后该企业了解到：德方谈判人员之所以提前离开，是因为该企业谈判人员的穿着。德方谈判人员中男士个个西装革履，女士个个都穿职业装，而该企业的谈判人员呢？除了经理和翻译穿西装以外，其他人有穿夹克衫的，有穿牛仔服的，有一位工程师甚至穿着工作服。[1]

【思考讨论题】该企业的谈判人员在此次谈判中存在什么问题？又有哪些方面做得很恰当？

一、礼仪的概念

从案例导入中，我们可以发现，在国际商务谈判中，礼仪和礼节是谈判人员自身素质的标志，它们在一定程度上反映了一个国家、民族和个人的文明程度和道德水准。由于国际商务谈判通常在不同国家和地区的谈判人员之间进行，因此，在国际商务谈判中，常见的交往惯例是谈判人员所应该熟悉并掌握的。

礼仪，是礼和仪的总称。礼，就是一种道德规范，是尊重；仪，就是恰到好处地向别人表示尊重的具体形式。所以，礼仪是人类社会文明发展的产物，是人们在社会交往的风俗习惯和文化传统等中长期形成的行为规范与行为准则。

礼仪是一门综合性较强的行为科学，是指在人际交往中，自始至终地以一定的、约定俗成的程序、方式来表现的律己、敬人的完整行为。[2]

礼仪的核心是尊重为本。尊重又分为自尊与他尊。所谓自尊，是指个人渴求力量、成就、自强、自信和自主等。自尊需要的满足会使人相信自己的力量与价值，使人在生活中变得更有能力，更富有创造性；相反，缺乏自尊会使人感到自卑，没有足够的信心去处理面临的问题。所谓他尊，是指个人希望别人尊重自己，希望自己的工作和才能得到别人的承认、赏识、重视和高度评价，也即希望获得威信、实力、地位等。他尊需要的满足会使人相信自己的潜能与价值，从而进一步产生自我实现的需要；反之，缺乏他尊会使人丧失自信心，怀疑自己的能力和潜力，不可能产生更高层次需求，即自我实现的需要。尊重他人可以分为五个层次来理解：尊重上级是一种天职；尊重下级是一种美德；尊重客户是一种常识；尊重同事是一种本分；尊重所有人是一种教养。

荀子说："人无礼则不生，事无礼则不成，国无礼则不宁。"因此，没有良好的礼仪，其余的一切成就都会被人看成骄傲、自负、无用和愚蠢。

礼仪所包含的内容十分广泛，具体表现为礼貌、礼节、仪表、仪式等。一般情况下，礼仪会随着场所、环境、事件及对象的不同而变化。

礼貌，是指人们在日常交往中，相互表示敬重和友好的品质和行为。礼貌体现了时代的风尚和道德规范，体现了人们的文化层次和文明修养。礼貌总是在一个人接人待物的过程中，通过仪表、仪容、仪态及言谈举止来体现的。礼貌是文明行为的基本要求，是维护

---

[1] 刘白玉. 国际商务谈判礼仪中的文化差异研究 [J]. 集团经济研究，2006，有改动.
[2] 金正昆讲礼仪.

社会生活正常秩序的客观条件。在日常社会生活中，人们总是难免发生这样或那样的矛盾，如果能够讲究礼貌、相互尊重、相互谅解，矛盾就容易得到化解，生活就会充满友好和温馨。在不同的国家、不同的民族，处于不同的时代和不同的行为环境中，表达礼貌的形式会有所不同，但在相互尊重、友好相处这一点上却是相同的，在诚恳、谦恭、和善、适度的要求上也是一致的。如果一个人衣冠不整、出言不逊、冷漠自负、动作粗俗，就是对他人的不尊重，那么他肯定是没有礼貌的。礼貌应当是一个人良好道德品质的真实体现，对人的尊重必须是发自内心的，表面虚伪的客套不是礼貌。讲礼貌应当做到彬彬有礼、落落大方，热情过度、过分殷勤、低声下气并不是礼貌。

礼节，是人们在相互交往中相互表示问候、致意、祝愿等惯用的规则和形式。礼节是表示对他人尊重与友好的外在行为规范，是礼貌在语言、行为、仪态等方面的具体体现。与礼貌相比，礼节处在表层，总是表现为一定的动作、行为。但这并不是说，礼节仅仅是一种表面形式，而是说尊重他人的内在品质总是通过一定的形式才能表现出来。如尊重师长，可以通过问安行礼的礼节来体现；欢迎他人的到来，可以通过起立、握手等礼节来表示；得到别人的帮助，可以说声"谢谢"来表示自己感激的心情。借助这些礼节，对他人尊重与友好的礼貌就得到了适当的表达。不懂得礼节，在与别人交往时，心中虽有对别人尊重的愿望却无法表达。因此，礼节不单纯是表面上的动作，而是一个人尊重他人的内在品质的外化。

仪表，是指人的容貌，是一个人精神面貌的外观体现。一个人的卫生习惯、服饰与形成和保持端庄、大方的仪表有着密切的关系。

仪式，是指在特定场合举行的，具有专门程度、规范化的活动，如发奖仪式、签约仪式、开幕仪式等。

二、礼仪的作用

在人际交往中，礼仪的作用是显而易见的，主要表现在以下四个方面。

（一）促进沟通，促进人们相互尊重

在人际交往中，自觉地执行礼仪规范，可以使交往双方的感情得到沟通，在向对方表示尊重、敬意的过程中，获得对方的理解和尊重。人们在交往时以礼相待，有助于加强人们之间互相尊重，建立友好合作的关系，缓和或者避免不必要的矛盾和冲突。

（二）规范、约束人们的行为

在社会生活中，礼仪约束人们的态度和动机，规范人们的行为方式，协调人与人之间的关系，维护社会的正常秩序，在社会交往中发挥着巨大的作用。

（三）倡导、教育人们遵守道德习俗

礼仪以一种道德习俗的方式对全社会的每一个人发挥维护社会正常秩序的教育作用。人们通过对礼仪的学习和应用，建立新型的人际关系，从而在交往中严于律己、宽以待人、互尊互敬、互谦互让、讲文明、懂礼貌、和睦相处，形成良好的社会风尚。

（四）凝聚、协调

在现代生活中，人们的相互关系错综复杂，有时会突然发生冲突，甚至会采取极端行

为。礼仪有利于促使冲突各方保持冷静，缓解已经激化的矛盾，使人与人之间的感情得以沟通，建立相互尊重、彼此信任、友好合作的关系，进而有利于各项事业的发展。

三、国际商务谈判礼仪

国际商务谈判礼仪，是指在国际商务谈判中，参与谈判的各方通过某种媒介，针对谈判中的不同场合、对象、内容要求，借助语言、表情、动作等形式，向对方表示重视、尊敬，塑造自身良好的形象，进而达到建立和发展诚挚、友好、和谐的谈判关系的交往过程中所遵循的行为准则和交往规则。国际商务谈判礼仪具有内强素质、外塑形象和增进交往三大作用。

国际商务谈判作为一项特殊的商务活动，对谈判人员的礼仪有特殊的要求，懂得并掌握这些必要的礼仪与礼节是国际商务谈判人员必须具备的基本素质。

任务二　谈判人员的仪表与修饰

案例导入

东华公司办公室的小沈能讲一口流利的法语，小陈很喜欢打扮。公司明天要与法国某公司进行谈判，古总经理叮嘱担任翻译的小沈和做会议记录兼会议服务的小陈要好好准备。小沈和小陈除了在文本、资料等方面作了准备，还花了一番功夫进行了打扮。

正式会谈这天，只见坐在古总经理一旁的小沈衣着鲜艳，金耳环、大颗宝石戒指闪闪发光，使得古总经理身上的那套价值万元的名牌西服也黯然失色。

古总经理与法国客商在接待室内寒暄时，小陈拿来了拖盘准备茶水，只见她花枝招展，一对大耳环晃来晃去，五颜六色的手镯碰着桌子发出声响，高跟鞋叮叮作响。看着古总经理和客商是如此"关注"自己，小陈心里颇有几分得意。她从茶叶筒中拈了一撮茶叶放入杯中……这一切引起了古总经理和客商的不同反应。客商面带不悦之色，把自己的茶杯推得远远的，古总经理也觉得尴尬。谈判中讨价还价时，古总经理一时兴起，双方争执起来，小沈站在古总经理一边，指责客商，客商拂袖而去。古总经理望着远去的客商背影，冲着小沈说："托你的福，好端端的一笔生意，让你给毁掉了！"

小沈并不知道自己有什么过错，为自己辩解："我，我怎么啦？客商是你自己得罪的，与我有什么关系？"[1]

【思考讨论题】在此次谈判中，小沈和小陈有哪些方面做得不恰当？

---

[1] 姚伟，等. 现代商务礼仪 [M]. 北京：人民邮电出版社，2011，有改动.

一、会面礼仪

会面是国际商务谈判活动的初始阶段,谈判双方的实质接触首先源于会面,会面中谈判人员的着装打扮、言行举止会极大地影响谈判人员的相互交流与进一步沟通。

(一) 问候与寒暄

1. 问候

在国际商务谈判中,问候语言的运用既表示尊重、显示亲切,又充分表明了说话者良好的风度和教养。如果谈判人员初次和谈判对象见面,问候语言与寒暄语言没有区别。在国际商务谈判中经常使用的"您好"既可以用作问候语言,也可用作寒暄语言。

问候时要注意的顺序问题:位低者先行问候位高者;男士先问候女士;下级先问候上级;主人先问候客人。

2. 寒暄

寒暄是谈判双方顺利洽商的前提之一。寒暄时,谈判人员要积极认真,争取主动,迅速调动自己的情绪,表现出与谈判对象交往的愿望和真诚的态度;要善于选择话题,互致问候;要注意场合,讲究方式。

寒暄的主要方式有以下三种。

(1) 问候式寒暄。

问候式寒暄即谈判双方可以根据不同的环境、场合、对象进行问候。

(2) 赞扬式寒暄。

赞扬式寒暄即谈判人员可以根据谈判对象的容貌、衣着、发式和精神状态等进行适当的赞扬。

(3) 言他式寒暄。

言他式寒暄常见于陌生的谈判人员之间,谈判人员彼此难以找到话题,可以谈谈天气、交通、体育赛事等,这样可以打破尴尬的局面,引出话题。

谈判双方在寒暄时要注意:不能心不在焉,一心二用;匆忙应对,词不达意;不能急于接触实质性问题;不能引出易于产生争议的话题;不能提出谈判双方回避的话题;不能有违反谈判对象特定的风俗习惯的内容。

(二) 称呼

称呼也叫称谓,是对他人的称呼。它是人际交往的开端,称呼的运用表明了交往对象之间的态度。

称呼用语是随着谈判双方相互关系的性质而变化的,因此,谈判人员应根据具体情况和国内外的习惯灵活运用,但是称呼的基本规范是使用尊称,表示敬意。在国际商务谈判中,一般对男子称"先生",对女子称"夫人""女士",这些称呼均可以冠以姓名、职称、职务等。对英国人不能单独称"先生",而应该称"××先生"。美国人较容易亲近,很快就可以直呼其名。对于不了解婚姻情况的女子可以称其为"女士"。

称呼顺序的基本原则是先长后幼、先上后下、先疏后亲、先内后外,这样做比较礼貌、得体和周到。

在国际商务谈判中，有四类称呼是禁止使用的，即无称呼、称兄道弟、代替性称呼或简称、不适当的地方性称呼。

（三）介绍

1. 谈判人员自我介绍

自我介绍是在谈判双方互不相识，又没有中间人介绍的情况下所采用的一种介绍方式。谈判人员在进行自我介绍时要说明自己的姓名、身份、单位等，并表达出愿意和对方结识的意愿。谈判人员在介绍自己时要不卑不亢，面带微笑，陈述要简洁、清楚，语速稍慢且流畅，不要带有炫耀的语气。

2. 谈判人员介绍别人

在国际商务谈判中，在很多情况下都是由谈判负责人来充当介绍人。介绍人在介绍他人时要注意以下问题。

（1）为他人作介绍时，要将被介绍者的姓名、身份、单位、国家等情况简要做说明，更详细的内容待被介绍者根据其意愿去介绍。

（2）正式介绍的国际惯例一般是遵从"尊者居后"的原则，即首先把位低者介绍给位高者，把年轻者介绍给年长者，把主人介绍给客人，把男士介绍给女士，把个人介绍给团体，把迟到者介绍给早到者。

（3）当两位客人在交谈时，切勿只将其中一人介绍给第三者。这一规矩在国际商务谈判中很重要。

（4）对于远道而来的，又是首次洽谈的客人，介绍人应该准确无误地把客人介绍给主人。

（5）介绍谈判双方认识时，应避免刻意强调一方，否则会引起另一方的反感。

3. 谈判人员被他人介绍

介绍人的站姿应该标准，不能用手指指人，应手掌五指并拢，掌心朝上，拇指微微张开，指向被介绍者，眼神也要随手势看向被介绍者。

谈判人员被介绍时，除了女士和年长者以外，一般应起立面向对方，但在谈判桌上可不必起立，谈判人员只要微笑点头，距离较近者可以握手，距离远者可以举右手致意。

（四）握手

握手是国际商务谈判的一个重要部分。握手的力量、姿势与时间的长短往往能表现出谈判的一方对另一方的态度，显示出自己的个性，给谈判对象留下不同的印象；谈判人员也可以通过握手了解谈判对象的个性，从而赢得国际商务谈判的主动。

1. 握手的基本要求

握手时，谈判人员应距谈判对象约一步远，两脚立正。脚并拢或脚尖展开站成八字步，上身稍微前倾，肘关节微曲抬至腰部，目视谈判对象伸出右手，四指并拢、拇指张开与对方相握或者微动一下即可，礼毕后松开。谈判人员与谈判对象的间距要适度，不要太远或太近，否则都不雅观，尤其是不能将谈判对象的手拉至自己的身体区域。握手时，只可上下摆动，而不能左右摆动。

2. 握手的注意事项

（1）握手的次序取决于谈判双方的年龄、地位、性别等因素。在国际商务谈判场合，通常握手的次序为：主人先伸手，客人随之；年长者先伸手，年轻者随之；位高者先伸手，位低者随之；女士先伸手，男士随之。

（2）握手时间通常以3～5秒为佳，尤其是第一次见面时。如果谈判人员握住谈判对象的手持续时间过长，会被认为热情过度，不懂礼貌。一般握一下即可，如果谈判双方比较熟悉，时间可以稍长些。男女之间不管熟悉与否，都不宜用力握手，只握一下女士的手指部分即可，女士若不握手，男士只能点头或鞠躬致意。

（3）在国际商务谈判中，女士可以戴手套握手（尤其是在戴晚礼服手套时），但男士必须摘下手套，不能戴手套握手。

（4）人比较多时，握手应该按照次序进行，不能交叉握手，而应等待对方与他人握手后再伸手。在国际商务谈判中，既可以站着握手，又可以坐着握手。

（5）在任何时候，拒绝对方主动握手都是失礼的行为。但当对方手上有水或不清洁时应谢绝握手，并说明理由。

（6）握手要注意面部表情。面部表情是配合握手举止的一种辅助动作，对加深谈判双方的情感和印象有重要的作用。握手时，谈判人员应双目注视谈判对象，要面带笑容真诚地与其握手，不要用冷淡呆板的表情与其握手。

 背景资料

不同的国家、不同的民族，有着不同会面礼仪。在东南亚信仰佛教的国家里，人们在见面时行双手合十礼。在日本，人们不习惯于身体接触而行鞠躬90°角，韩国人鞠躬45°角；巴西人在社交场合通常都以拥抱或者亲吻作为见面礼节；法国人的亲吻礼仪比较复杂：先亲吻对方的右侧脸颊，亲吻的次数会因为不同的地区而有所差异，有些地区只吻一下，而在法国北部的大部分地区见面需要亲吻五下。在印度、巴基斯坦、孟加拉国、尼泊尔、斯里兰卡等国家，谈判初次会面时，往往彬彬有礼地摇头。他们的习俗是：向左摇头则表示赞同、尊重或认可；点头则表示不同意。这恰恰与中国的"摇头不算点头算"相反。

（五）交换名片

在日常交往中，名片作为介绍身份的一种方式已成为普遍的现象。名片一般为90cm×54cm的白色或有色卡片，在社交中以白色名片为佳。名片是个人的符号，它在国际商务谈判活动中是必不可少的，因为名片能反映出一个人的基本信息，也便于对方记忆。

1. 名片的递送

在国际商务谈判，递送名片是谈判人员进行自我介绍的一种简便的方式。交换名片的顺序一般是：客先主后；身份低者先，身份高者后。与多人交换名片时，应依照职位高低的顺序，或是由近及远，依次进行，切勿跳跃式地进行，以免对方有厚此薄彼的感觉。如果是圆桌，应按顺时针的顺序递送名片。递送名片时，谈判人员应用双手拇指和食指持名片的两角，让文字正面朝向谈判对象，然后双手递上；眼睛应注意谈判对象，面带微笑，大方地说："这是我的名片，请多多关照。"参加谈判时，谈判对象应该在谈判开始前或开始后交换名片，不要在会议中间擅自与别人交换名片。另外，不要递送修改过的、不清洁的名片。

2. 接受名片

接受名片时，谈判人员应起身，面带微笑注视谈判对象，接过名片时应说"谢谢"，接着微笑阅读名片，阅读时可以将谈判对象的姓名和职务念出声来，并抬头看看对方的脸，令对方产生一种受重视的满足感。然后，谈判人员应回敬一张自己的名片，若身上未带名片，应向谈判对象表示歉意。如果接下来与谈判对象谈话，不要将名片收起来，应该放在桌子上，并保证不被其他的东西压住，这会使谈判对象感觉受到了重视。

3. 名片的存放

谈判人员接过谈判对象的名片后切不可随意摆弄或扔在桌子上，也不要随便塞在口袋里或丢在包里，应该放在西服左胸的内侧口袋；若是女士接过名片可将其放在名片夹里，以示尊重。

这里需要强调的是，外国人是不轻易交换名片的。因此，在国外，若非必要，一般不要像发传单那样发放名片。

二、仪表与修饰

（一）男士的仪容仪表

从事国际商务谈判的男士需要从以下四个方面注意自己的仪容仪表。

1. 发型发式

男士的发型发式要干净整洁，并且经常修饰、修理。头发不应该过长，男士前部的头发不要遮住自己的眉毛，侧部的头发不要盖住自己的耳朵，同时不要留过厚和过长的鬓角，后部的头发不要长过自己西装衬衫领子的上部。

2. 面部修饰

男士在进行面部修饰的时候要注意两个方面的问题：一是每天要修理胡须，以保持面部的清洁；二是男士在国际商务谈判中经常会接触到烟酒这类带刺激性气味的物品，所以要注意保持口气的清新。

3. 着装修饰

在国际商务谈判中，男士总的着装要求是穿西装、打领带，衬衫的搭配要适宜，杜绝穿夹克衫，也不允许西装和高领衫、T恤衫或毛衣进行搭配。男士着装的具体要求包括以下四个方面。

（1）男士的西装一般以深色调为主，避免穿有花格子或者颜色非常艳丽的西服。男士的西服一般分为单排扣和双排扣两种。在穿着单排扣西服的时候，如果是两粒扣子的西服，只系上面的一粒；如果是三粒扣子的西服，只系上面的两粒。穿着双排扣西服的时候，应该系好所有的纽扣。

（2）衬衫的颜色和西服整体的颜色要协调，衬衫不宜过薄或过透。男士穿着浅色衬衫的时候，在衬衫的里面不要穿深色的内衣或者是保暖防寒服，也不要将里面的内衣露出领口。打领带的时候，衬衫上的所有纽扣（包括领口、袖口的纽扣）都应该系好。

（3）领带的颜色和衬衫、西服的颜色相互配合，整体颜色要协调，系领带的时候要注意长短的位置，领带的适宜长度应该是正好抵达腰带的上方或者有一两厘米的距离。

（4）皮鞋及袜子的选择要适当。在国际商务谈判中，男士的着装要配合皮鞋，不允许穿运动鞋、凉鞋或者布鞋，皮鞋要保持每天光亮整洁。袜子的质地、透气性要良好，同时袜子的颜色必须与西服的整体颜色相协调。如果穿着深色的皮鞋，袜子的颜色也应该以深色为主，避免出现比较复杂的图案。

4. 必备物品

与西装进行搭配的时候，要注意以下修饰物的搭配。

（1）企业的徽标。

男士需要佩戴企业的徽标时，佩戴位置应该是西装的左胸上方。

（2）钢笔。

国际商务谈判中要经常使用钢笔，钢笔正确的携带位置应该是男士西装内侧的口袋里，而不应该在男士西装的外侧口袋中。

（3）纸巾。

男士在着装的时候，应该随身携带纸巾或者是一块手绢，这样可以随时清洁自己面部的污垢，避免一些尴尬场面的出现。

（4）公文包。

一般男士在选择公文包的时候，其样式、大小应该和自己的整体着装风格保持一致。男士在穿着西装的时候，应该尽量避免在口袋中携带很多的物品，否则会使衣服显得很臃肿。一般情况下，男士的一些物品（如手机、笔记本等）可以放在自己的公文包中。

（二）女士的仪容仪表标准

从事国际商务谈判的女士的仪容仪表标准分为发型发式、面部修饰、着装修饰、丝袜与皮鞋的配合，以及携带的必备物品等。有些内容与男士的着装标准相同，其中仪容仪表方面需要注意以下细节。

1. 发型发式

女士的发型发式应该美观大方，需要特别注意的是，女士在选择发卡、发带的时候，样式应该庄重大方。

2. 面部修饰

符合谈判氛围的妆容是对谈判对象的尊重，也能体现出谈判人员的职业态度，从而赢得谈判对象的好感。在国际商务谈判中，女士的面部修饰应该以淡妆为主，不要浓妆艳抹，但也不能不化妆。

3. 着装修饰

在国际商务谈判中，女士着装总的要求是干净整洁。同时，要严格区分职业套装、晚礼服及休闲服。在穿着正式的职业套装的时候，应该避免穿无领、无袖或者领口开得太低、太紧身的衣服，同时衣服的款式要尽量合身，以便活动。

4. 丝袜与皮鞋的配合

女士在选择丝袜及皮鞋的时候，需要注意丝袜的长度一定要高于裙子的下摆，同时在选择皮鞋时应尽量避免鞋跟过高、过细。

5. 必备物品

国际商务谈判的目的是为了体现出对他人的尊重，女士在选择佩戴物品的时候，修饰物应尽量避免过于奢华。女士必备物品的携带标准和男士的携带标准基本相同。

三、商务仪态

在国际商务谈判中，对谈判人员的站姿、行姿、坐姿和蹲姿也有一定的要求。

（一）站姿——站如松

1. 男士的基本站姿

在国际商务谈判中，男士的基本站姿为：头正、肩平、两肩放松，下颌微收，双目平视，双肩自然下垂，双手放于两侧或相握放于身前或交叉于身后，挺胸收腹。男士的双腿可以分开，双脚间的距离最多与肩同宽。

2. 女士的基本站姿

在国际商务谈判中，女士的基本站姿为：身体立直，抬头、挺胸、收腹，下颌微收，双目平视，两脚成V字形，膝和脚后跟尽量靠拢，双手交叉搭在腹前。

（二）行姿——行如风

在国际商务谈判中，谈判人员的行姿要做到：头正、肩平、挺胸收腹、重心前倾；两脚合拢、手自然弯曲、目光平视前方、表情自然，手臂伸直放松，前后自然摆动；走直线，脚后跟先着地；步幅适度，以一脚长度为宜；步速平稳，勿忽快忽慢。

（三）坐姿——坐如钟

1. 男士的基本坐姿

在国际商务谈判中，男士的基本坐姿为：上体挺直、胸部挺起，两肩放松、脖子挺直，下颌微收，双目平视，两脚分开、不超肩宽、两脚平行，两手分别放在双膝上或椅子扶手上。

2. 女士的基本坐姿

在国际商务谈判中，女士可以两脚并拢，两脚同时向左放或向右放，两手相叠后放在左腿或右腿上；也可以两腿并拢，两脚交叉，置于一侧，脚尖朝向地面。

(四) 蹲姿——交叉式蹲姿

在国际商务谈判中，谈判人员下蹲时，右脚在前，左脚在后，右小腿垂直于地面，全脚着地。左膝由后面伸向右侧，左脚跟抬起，脚掌着地。两腿靠紧，合力支撑身体。臀部向下，上身稍前倾。

> **问题探讨**
>
> 小张是个体型高大的小伙子，平时办事风风火火的，经常看到他忙得满头大汗。在一次国际商务谈判前，小张为了布置谈判会场又忙得满头大汗，谈判开始前也没来得及擦擦汗。谈判对象到达后，双方互相介绍，一一握手问好，小张看自己的手心有点脏，还有点手汗，就在衣服上擦了擦，然后热情地伸出手要和谈判对象握手，不料，谈判对象对此情景非常反感。
>
> 阅读以上资料，请思考在国际商务谈判中，握手有哪些注意事项？

任务三　主场、客场谈判礼仪

案例导入

日本 A 财团副总裁率代表团来中国考察合资办药厂的环境和商洽有关事宜，国内 B 药厂出面来接待安排，其中食宿都安排在某四星级宾馆。为了迎合代表团成员的不同口味要求，工作午餐采用自助餐的形式，让宾客们各取所需。自助餐开始后，A 财团的几位领导者情绪激动地离开了餐厅，并声称取消此次谈判。经了解，原来是酒店没有为他们安排专门的就餐区。

【思考讨论题】日本 A 财团的几位领导者为什么情绪激动地离开了餐厅？

主场谈判和客场谈判在礼仪习惯上称为主座谈判和客座谈判。主场谈判因在己方所在地进行，为了确保谈判顺利进行，己方通常需做一系列的准备工作和接待工作；客场谈判因到谈判对象所在地进行，因此客方则需要入乡随俗、入境问禁。

一、主场谈判礼仪

（一）主场谈判的接待准备

在进行主场谈判时，东道主一方需出面安排各项谈判事宜，一定要在迎送、款待、场地布置、座次安排等方面做精心、周密的准备，尽量做到主随客便、主应客求，以获得客方的理解、信赖和尊重。

1. 成立接待小组

接待小组的成员由后勤保障（食宿方面）、交通、通信、医疗等各环节的负责人员组成，另外还应备有翻译。

2. 了解客方的基本情况，收集有关信息

东道主一方可以向客方索要谈判代表团成员的名单，了解其性别、职务、级别及一行人数，以此作为食宿安排的依据。

东道主一方还要了解客方谈判的目的要求、食宿标准、参观访问、观光游览的愿望；掌握客方抵达和离开的具体时间、地点、交通方式，以便安排迎送的车辆和人员及预订返程的车票、船票或飞机票。

3. 拟订接待方案

根据客方的意图、情况和东道主一方的实际情况，拟订出接待计划和日程安排表。另外，还要将其他的活动内容、项目及具体时间一一拟出，如迎送、会见、宴请、游览观光、娱乐等，而且最好其间能穿插谈判，以利于调节谈判人员的心态。

日程安排表要注意时间上的紧凑。日程安排表拟出后，可以传真给客方征询意见，待客方确定无异议以后，即可打印。

在国际商务谈判中，日程安排表还要翻译成客方的文字，以便于谈判双方进行沟通。日程安排表可以在客方抵达后交由客方副领队分发，亦可将其放在客方成员住房的桌上。

根据接待计划，东道主一方还要具体安排落实客方的食、宿、行等方面的事项。在食宿安排中，应充分注意到对方的文化、风俗和特殊习惯，特别是对一些有特殊禁忌的谈判人员要十分尊重。

在主场谈判时，东道主一方可以根据实际情况举行接风、送行、庆祝签约的宴会或招待会，客方的谈判人员在谈判期间的费用通常都是由其自理的。当然，如果东道主一方主动邀请并事先说明承担费用的，则是例外。

东道主一方还要根据实际情况安排好礼品、纪念品的准备工作。

（二）主场谈判迎送工作

如果客方是远道而来的，东道主一方要在其到达前15分钟赶到。接站时，为了方便双方进行确认，最好举个接站牌，牌子上可以写上如"××公司欢迎你们"的字样。

对于客方身份特殊或尊贵的领导人，还可以安排献花。献花必须用鲜花，可以扎成花束、编成花环，或送一两枝名贵的兰花、玫瑰花，但不要用黄色的菊花。献花通常由年轻的女职员在参加迎送的主要领导人与客方的主要领导人握手后将鲜花献上。

此外，在国际商务谈判中，接待人员还要考虑客方所在国对服饰颜色上的接受习惯，选择颜色合适的服装去参加接待活动。如欧美大部分国家都将黑色视为丧葬的象征，接待人员穿着黑色套裙或连衣裙去接待就会引起不快；在中国人的眼里喜庆的红色，在泰国人看来却是不吉利的；日本人忌讳绿色的衣服，摩洛哥人忌穿白色的衣服，比利时人则忌穿黄色的衣服等。

东道主一方的接待人员可以按身份职位的高低顺序列队迎接，并由领导人先将前来迎接的人员介绍给客方人员，再由客方的领导人介绍其随行人员，双方人员互相握手致意、问候寒暄。

客方抵达或离开时，东道主一方应有迎送人员陪同乘车，照顾好客方人员和行李的安全。

二、客场谈判礼仪

在进行客场谈判时，谈判人员需要谨记"入乡随俗、客随主便"，主动配合谈判对象的接待，对一些非原则性问题采取宽容的态度，以保证谈判的顺利进行。

谈判期间，谈判人员对谈判对象安排的各项活动要准时参加，通常应该比约定的时间提早5分钟到达约定地点；到谈判对象所在的企业做公务拜访或私人访问时，要事先预约，不要做不速之客。对谈判对象方的接待，谈判人员要在适当的时间以适当的方式表示感谢。

问题探讨

华风贸易公司经过不断的努力，终于成功地邀请到美国布朗公司的谈判人员来中国对电子器械的价格进行最终谈判，可是令华风贸易公司总经理感到头疼的是，作为主场谈判，华风贸易公司没有这方面的经验，应该如何准备，总经理一头雾水。

阅读以上资料，请思考在国际商务谈判中，主场谈判需做哪些方面的准备？

任务四 谈判过程礼仪

案例导入

大学毕业后小王在南方某家公司工作。由于小王踏实肯干、业务成绩突出，即将被提升为业务经理。最近，小王主持同美国的一家跨国公司谈妥了一笔大生意，双方在达成意向之后，决定正式为此举行一次签约仪式。眼看成功在望，小王就派工作人员准备签约仪式。工作人员准备了签字桌、双方的国旗等，并按照中国"以左为上"的做法把美国的国旗放在签字桌的左侧，将中国的国旗摆到签字桌的右侧。当美方代表团来到签约场地时，看到这样的场景，立即拂袖而去，一场即将达成的生意临场就这样失败了。总经理很生气，小王的升职计划也被搁浅。①

【思考讨论题】为什么美方代表团拂袖而去？

---

① 窦然. 国际商务谈判与沟通技巧 [M]. 上海：复旦大学出版社，2009，有改动.

谈判双方见面后，谈判进入了开局、交锋、磋商和终结阶段，掌握谈判过程的礼仪是必不可少的。

一、座次安排

座次安排的基本要求是"以右为上"。谈判人员中身份、地位高者坐在右边，身份、地位低者坐在左边。在双边谈判中，大多使用长方形的桌子。通常宾主相对而坐，各占一边。谈判桌一般对着入口时，来宾对门而坐，东道主背门而坐（如图8-1所示）。谈判双方的主谈人是谈判中的主宾和主人。主宾和主人居中相对而坐，其余人员按职务高低分坐左右，原则上"以右为上"（如图8-2所示）。主谈人右手第一人为第二位置，左手第一人为第三位置，右手第二人为第四位置，左手第二人为第五位置，以此类推；记录员一般位于来宾的后侧，翻译人员位于主谈人右侧。

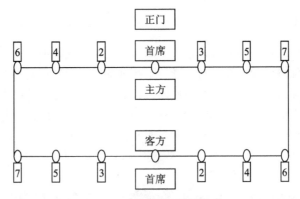

图8-1　双边谈判席位排列（1）

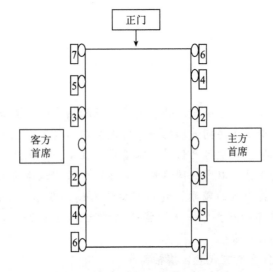

图8-2　双边谈判席位排列（2）

在国际商务谈判中，在安排座次的时候应注意，参与谈判人员的总数不能是13人，东道主一方可以通过增加临时陪座的方法来避免出现这个数字。

多边谈判一般采用圆桌的形式（如图8-3所示），有时为了强调对贵宾的尊重，己方人员有不满座的习惯，即坐2/3即可，但须视情况而定。

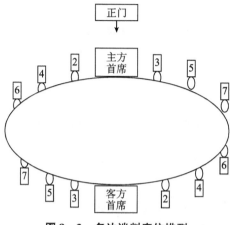

图8-3　多边谈判席位排列

座次排列属于重要的礼节，不能出现半点错误。为了避免因为座次排列出错而失利或导致尴尬的局面，在座次安排妥当后，每个座位前可以放置一个标牌以便识别。

如果条件允许的话，谈判人员可以安排迎送人员对入座的人员进行引导。

二、会谈礼仪

（一）交谈

交谈是国际商务谈判的中心活动，在谈判中，遵守交谈礼仪具有十分重要的意义。在国际商务谈判中，遵守了交谈礼仪未必会使谈判成功，但是一旦违背了交谈礼仪必定会造成许多不必要的麻烦，甚至造成谈判破裂。因此，在国际商务谈判活动中必须遵守以下交谈礼仪。

1. 尊重对方，谅解对方

在交谈中只有尊重对方，理解对方，才能赢得对方的尊重和信任。因此，谈判人员在交谈之前应当调查研究谈判对象的心理状态，选择其容易接受的交流方法和态度；分析谈判对象讲话的语言习惯、文化程度、生活阅历等，做多手准备，以便有的放矢。谈判人员千万不可信口开河，更不可咄咄逼人。当发现谈判对象失言或有语病时，不要立即加以纠正，更不要当场表示惊讶，的确有必要告诉谈判对象的应当委婉地告诉对方。交谈中，当谈判人员自己出现失言或失态时，应当立即向谈判对象道歉，不要自我辩解。

2. 态度和气，言语得体

在国际商务谈判中，谈判双方交谈的内容一般不要涉及生病、死亡等不愉快的事；不要直接询问谈判对象的履历、工资收入、家庭财产、衣物价格等个人生活问题；不要询问妇女的年龄、婚姻、体态等问题。谈判对象不愿意回答的问题不要追问。一旦涉及谈判对象反感的问题要表示歉意。不要批评长者、身份高的人，不要讥讽人，不要随便议论宗教问题，不要议论他国内政。争论问题要有节制，不能进行人身攻击。交谈词语的选择要得体，能准确地表达自己的意思。

3. 及时地肯定对方

当谈判双方的观点出现类似或基本一致时，谈判人员应当迅速抓住时机，用溢美之词，肯定双方的共同点。如有可能，谈判人员还要想办法及时补充、发展双方一致的论点，引导、鼓励谈判对象畅所欲言，将交谈推向高潮。

4. 注意语速、语调和音量

在交谈中，谈判人员在陈述意见时要尽量做到速度平稳，因为说话太快，谈判对象难以集中注意力正确领会和把握己方的实际意图，有时还会给谈判对象留下敷衍了事的印象，导致双方交谈不畅。如果谈判人员说话太慢，节奏不当，吞吞吐吐，欲言又止，容易被谈判对象认为不可信任。当然，在特定情况下，谈判人员可以通过改变语速来引起谈判对象的注意，加强表达的效果。另外，谈判人员要保持适当的音量，切忌出现失控的情况，以免损害自己的礼仪形象。

（二）目光

人的眼睛富有表现力，谈判人员必须正确地运用自己的眼神。一般来说，目光以看着对方脸的上部三角部分，即以双眼为底线、前额为上顶角的部位为宜，这样既能把握谈判的进程，又不至于因为无礼而令谈判对象感到不愉快。在正常情况下，视线接触谈判对象脸部的时间应占全部谈话时间的39%～60%，超过或不足都不合适。如果对方人员是女性，注视时间长就会显得失礼。如果注视时间太短，表明对其谈话兴趣不大，心不在焉。

目光注视谈判对象的比较规范的做法是散点柔视，即在进行国际商务谈判时，谈判人员用和善的目光，对谈判对象的脸庞进行整体多点式注视，让谈判对象没有被逼视或被审查的感觉。这样既显示出真诚，又不会使谈判对象感到不自在。谈判人员要正确地把握对视的时机，一般可以视交谈内容而定。当强调某一问题或谈判对象注视谈判人员发出的交流信号时，可以与其对视。其他情况下，要视谈判对象的脸部为一个整体，不要将目光集中在谈判对象的某一部位，且目光要柔和。

需要特别注意的是，由于文化背景、风俗习惯的不同，目光的运用在不同的国家也有较大的差异。欧美国家一般倾向于在谈话时双方对视，认为这样才能显得坦诚与相互依赖。但也有例外，如英国人在交谈时不喜欢打量对方，对两眼紧盯着对方的人特别反感，认为这是不礼貌的行为。

三、签约礼仪

谈判过程的最后阶段是签约，签约也有一定的礼仪和规范需要遵循。

（一）签约的方式

签约表示谈判过程的完成，签约方式一般分为以下三种。

1. 直接签约

直接签约即谈判双方的法人代表针对谈判达成的协议直接签订合同的方式，大部分交易都采用直接签约的方式。

2. 指定签约

指定签约即第三人在取得谈判一方的代表就某项交易的委托证明后，按照委托书的授权范围签订合同的方式。

3. 会议签约

会议签约即谈判双方的法人代表或法人的委托人以会议的形式就某项谈判中达成协议后签订合同的方式，有时主管部门征得所属企业的同意，亦可在会议上代其签订协议。

（二）签约的规范

签约仪式是谈判双方就达成的交易签订协议的一种仪式，往往比较正式、隆重，礼仪规范比较严格。

1. 签约的准备

在签约仪式前，谈判人员应做好各种文本的准备工作，包括定稿、翻译、校对、印刷、装订等，另外还要准备签字笔、吸墨器等物品，指派助签人员，安排签约仪式的程序和其他有关细节。正式参加签约仪式的一般是双方参与谈判的全体人员，有时还邀请双方的高层人士出席仪式，以示正式和庄重。签约仪式的场所布置应有所考究，符合一定的礼仪规范。悬挂、摆放双方所在国家的国旗时，右边挂客方国家的国旗，左边挂本国的国旗。

2. 签约过程

签约仪式开始，双方参加人员应按礼宾次序进入签约厅；主签人员入座时，双方人员按身份顺序入座排列；助签人员分别站立于本方签约人员的外后则，协助翻揭文本、指明签字处，必要时代双方主签人交换文本、相互握手；此时，一般还要安排礼仪小姐或礼仪先生分别为双方的主签人或全体人员呈上一杯香槟酒，双方干杯、祝贺、道谢。最后，一般还要在签约厅合影留念。

（三）签字厅的布置

谈判人员可以将会议室、洽谈室、会客厅临时用作签字厅。签字厅的布置应该整洁庄重。谈判人员可以将长方形签字桌（或会议桌）横放在签字厅内，台面摆设绿色台布。座椅应该根据签字双方的情况来摆放。双方的主谈人可以并排就座于签字桌面向大门的一边，除了桌椅以外，其他家具陈设则可免去。

（四）签约的禁忌

签约是谈判最后的一个环节工作，如果把握不好，就可能使谈判前功尽弃。因此，谈判双方要特别注意签约的禁忌。签约的禁忌有以下六个方面。

（1）协议不完整，存在矛盾、漏洞或有含糊之处。

（2）文本有错漏，翻译不准确，印刷、装订不好，正本的数量不够。

（3）签约的助签人员没有做好准备，文具、物品准备不充分。

（4）双方参加签约仪式的人员，尤其是主签人不对等。

（5）签约仪式的场所布置不庄重，准备仓促，座次安排不规范，国旗倒置或悬挂不同比例的国旗。

（6）签约的顺序颠倒、程序错漏等。

四、送别礼仪

送别人员应事先了解来宾离开的准确时间，提前到达来宾住宿的饭店或宾馆，陪同来宾一同前往机场、码头或车站，也可以直接前往机场、码头或车站恭候来宾，与来宾道别。在来宾上飞机、轮船或火车之前，送行人员应按照一定的顺序同来宾一一握手道别。当飞机起飞、轮船或火车开动之后，送行人员应向来宾挥手道别。

商务礼仪是商务活动中体现相互尊重的行为准则，掌握必要的商务礼仪是国际商务谈判人员必须具备的基本素质。

问题探讨

上海某贸易公司经过长达半年的国际商务谈判，终于和澳大利亚某化妆品公司达成协议。可是，在签约当日，该贸易公司总经理因身体不适，不能参加签约，于是他派秘书代替他去参加签约仪式，化妆品公司总经理一看是秘书前来签约，非常不高兴，拂袖而去。

阅读以上资料，请思考在国际商务谈判中，最后的签约阶段，谈判人员需注意哪些方面的礼仪？

本部分重点内容网络图

国际商务谈判礼仪
- 国际商务谈判礼仪惯例
  - 礼仪的概念
  - 礼仪的作用
  - 国际商务谈判礼仪
- 谈判人员的仪表与修饰
  - 会面礼仪
  - 仪表与修饰
  - 商务仪态
- 主场、客场谈判礼仪
  - 主场谈判礼仪
  - 客场谈判礼仪
- 谈判过程礼仪
  - 座次安排
  - 会谈礼仪
  - 签约礼仪
  - 送别礼仪

复习思考题

一、简答题

1. 礼仪的作用是什么？
2. 会面礼仪的注意事项有哪些？
3. 从事国际商务谈判的男士要注意哪些方面的仪容仪表？
4. 国际商务谈判中座次安排有哪些注意事项？

二、案例分析

在一次交易会上，各地厂商云集，企业家们济济一堂。长江公司的李经理在交易会上听说向阳集团的张董事长也来了，他想利用这个机会认识一下这位从未见过面的商界名人。于是，在午餐会上，他们见面了，李经理彬彬有礼地走上前去，"张董事长，您好，我是长江公司的经理，我叫李旭，这是我的名片。"说着，他便从随身带的公文包里拿出名片，递给对方。张董事长显然还沉浸在之前与人谈话的内容中，他顺手接过李经理的名片，回应了一句"你好"并草草看过，便放在了一边的桌子上。李经理在一边等了一会，未见这位董事长有交换名片的意思，便失望地走开了。

【分析】在日常交往中，名片是介绍身份的一种方式，在社交中是否恰当地接受名片显得尤为重要。

【思考】请结合本学习情境所学内容谈谈这位张董事长的失礼之处。

实践与训练

1. 实训内容

（1）主题：毛绒玩具出口。

（2）谈判方：A组代表广东某毛绒玩具进出口公司的销售代表，B组代表美国某进口商。

（3）背景：广东某毛绒玩具进出口公司是一家中小型玩具进出口公司，这是它们第一次和这家美国进口商合作洽谈，此次洽谈地点选在广州，美国进口商将在中国逗留3天。

2. 实训目的

考查学生对本学习情境理论知识的理解和运用。

3. 实训要求

各组成员做好分工，模拟一次谈判，设计好谈判过程，正确地运用国际商务谈判过程中的礼仪规范，并做好主场谈判与客场谈判的各项准备。

4. 实训步骤

5～7人分成一组，两组为一个项目组，项目组由A组和B组组成，项目组就以上主题和情形进行模拟谈判。

参 考 文 献

[1] 罗伊 J. 列维奇，戴维 M. 桑德斯，布鲁斯·巴里. 国际商务谈判［M］. 5版. 北京：中国人民大学出版社，2012.
[2] 克劳德·塞利奇，苏比哈什·C. 贾殷. 国际商务谈判［M］. 檀文茹，等译. 北京：中国人民大学出版社，2014.
[3] 刘园. 国际商务谈判［M］. 3版. 北京：中国人民大学出版社，2015.
[4] 王冠，邓俊. 国际商务谈判［M］. 武汉：武汉大学出版社，2015.
[5] 刘莉. 国际商务谈判［M］. 北京：清华大学出版社，2014.
[6] 王威，李莉. 国际商务谈判［M］. 厦门：厦门大学出版社，2014.
[7] 刘春生. 国际商务谈判［M］. 北京：对外经济贸易大学出版社，2013.
[8] 王桂林. 国际商务谈判［M］. 西安：西安交通大学出版社，2013.
[9] 王淙，丁晶. 国际商务谈判［M］. 北京：对外经济贸易大学出版社，2013.
[10] 李朝明. 国际商务谈判［M］. 上海：立信会计出版社，2012.
[11] 黄卫平，董丽丽. 国际商务谈判［M］. 北京：机械工业出版社，2012.
[12] 黄卫平. 国际商务谈判［M］. 北京：中国人民大学出版社，2011.
[13] 李雪梅，张弼. 国际商务谈判［M］. 北京：北京交通大学出版社，2011.
[14] 仲鑫. 国际商务谈判［M］. 北京：机械工业出版社，2011.
[15] 刘宏，白桦. 国际商务谈判［M］. 2版. 大连：东北财经大学出版社，2011.
[16] 陈岩. 国际商务谈判学［M］. 北京：中国纺织出版社，2010.
[17] 白远. 国际商务谈判——理论案例分析与实践［M］. 3版. 北京：中国人民大学出版社，2012.
[18] 周晓菊. 国际商务谈判［M］. 北京：中国电力出版社，2010.
[19] 窦然. 国际商务谈判与沟通技巧［M］. 上海：复旦大学出版社，2009.
[20] 吕维霞，刘彦波. 现代商务礼仪［M］. 北京：对外经济贸易大学出版社，2009.